U0856944

2013年度浙江省社科联省级社会科学学术著作
出版资金全额重点资助出版（编号：2013CBZ01）

浙江省社科规划一般课题（课题编号：13CBZZ02）

当代浙江学术文库
DANGDAI ZHEJIANG XUESHU WENKU

多元价值的均衡：沃尔泽政治哲学研究

刁小行 著

中国社会科学出版社

图书在版编目（CIP）数据

多元价值的均衡：沃尔泽政治哲学研究／刁小行著．—北京：中国社会科学出版社，2014.9
ISBN 978－7－5161－4713－9

Ⅰ.①多…　Ⅱ.①刁…　Ⅲ.①沃尔泽，M.—政治哲学—研究　Ⅳ.①B712.59

中国版本图书馆CIP数据核字(2014)第193435号

出 版 人　赵剑英
选题策划　田　文
责任编辑　武　云
特约编辑　范丽雯
责任校对　张　伟
责任印制　王　超

出　　版　中国社会科学出版社
社　　址　北京鼓楼西大街甲158号（邮编100720）
网　　址　http://www.csspw.cn
　　　　　中文域名:中国社科网　　010－64070619
发 行 部　010－84083685
门 市 部　010－84029450
经　　销　新华书店及其他书店

印　　刷　北京君升印刷有限公司
装　　订　廊坊市广阳区广增装订厂
版　　次　2014年9月第1版
印　　次　2014年9月第1次印刷

开　　本　710×1000　1/16
印　　张　19.25
插　　页　2
字　　数　326千字
定　　价　58.00元

总　序

浙江省社会科学界联合会党组书记　**郑新浦**

源远流长的浙江学术，蕴华含英，是今天浙江经济社会发展的“文化基因”；三十五年的浙江改革发展，鲜活典型，是浙江人民创业创新的生动实践。无论是对优秀传统文化的传承弘扬，还是就波澜壮阔实践的概括提升，都是理论研究和理论创新的“富矿”，我省社科工作者可以而且应该在这里努力开凿挖掘，精心洗矿提炼，创造学术精品。

繁荣发展浙江学术，当代浙江学人使命光荣、责无旁贷。我们既要深入研究、深度开掘浙江学术思想的优良传统，肩负起继承、弘扬、发展的伟大使命；更要面向今天浙江经济社会的发展之要和人文社会科学建设的迫切需要，担当起促进学术繁荣的重大责任，创造具有时代特征和地方特色的当代浙江学术，打造当代浙江学术品牌，全力服务“两富”现代化浙江建设。

繁荣发展浙江学术，良好工作机制更具长远、殊为重要。我们要着力创新机制，树立品牌意识，构建良好载体，鼓励浙江学人，扶持优秀成果。“浙江省社科联省级社会科学学术著作出版资金资助项目”，就是一个坚持多年、富有成效、受学人欢迎的优质品牌和载体。2006 年开始，我们对年度全额资助书稿以“当代浙江学术论丛”（《光明文库》）系列丛书资助出版；2011 年，我们将当年获得全额重点资助和全额资助的书稿改为《当代浙江学术文库》系列加以出版。多年来，我们已资助出版共 553 部著作，对于扶持学术精品，推进学术创新，阐释浙江改革开放轨迹，提炼浙江经验，弘扬浙江精神，创新浙江模式，探索浙江发展路径，产生了良好的社会影响和积极的促进作用。

2013 年入选资助出版的 27 部书稿，内容丰富，选题新颖，学术功底较深，创新视野广阔。有的集中关注现实社会问题，追踪热点，详论对策破解之道；有的深究传统历史文化，精心梳理，力呈推陈出新之意；有的收集整理民俗习尚，寻觅探究，深追民间社会记忆之迹；有的倾注研究人类共同面对的难题，潜心思考，苦求解决和谐发展之法。尤为可喜的是，资助成果的作者大部分是我省的中青年学者，我们的资助扶持，不唯解决了他们优秀成果的出版之困，更具有促进社科新才成长的奖掖之功。

我相信，“浙江省社科联省级社会科学学术著作出版资金资助项目”的继续实施，特别是《当代浙江学术文库》品牌的持续、系列化出版，必将推出更多的优秀浙江学人，涌现更丰的精品佳作，从而繁荣发展我省哲学社会科学，充分发挥“思想库”和“智囊团”的作用，有效助推物质富裕、精神富有现代化浙江的加快发展。

2013 年 12 月

目　　录

前　言

当代政治哲学家关注的主要问题，是在坚持基本人权以及平等、自由、宽容、多元主义和正义这些古典自由主义价值的同时，如何找到一种方式，将文化与共同体的共享意义的完整性与多元性给予严肃的探讨。这也是自由主义—社群主义之辨的实质问题。沃尔泽认为，可以通过他所说的社会善的共享理解来实现。共享理解意味着共同体的观念以及自由、正义等其他重要道德观念，是产生并内在地镶嵌于特定的文化及其历史发展之中的。它们并非与某种普遍的人性、自然法或从特定文化中抽象出来的普遍原则相联系。这些共享理解适用于它所产生的文化世界，但并不一定适用于其他的文化世界，除非是以某种最小主义的或稀薄的方式使用。他认为，特定的文化价值对表达它们的人们而言，不是次要的，而是本质性的。

美国当代政治学家迈克尔·沃尔泽（Michael Walzer）拥有惊人的跨学科的研究能力，包括社会学、哲学、历史学、伦理学与宗教研究等。他并非传统意义上的政治哲学家。他并不像某些政治哲学家那样，首先提出关于正义的抽象标准或关于好生活的抽象理念，然后再将它们运用于人类共同体之中；相反，他首先考察人类在其共同体之中发展和做出道德决断的丰富多样的方式，然后再根据历史与社会的现实，形成自己的理论关注。沃尔泽的研究领域也很独特，几乎涉及政治哲学的所有重要领域，包括清教徒的革命与战争伦理、分配正义、复合平等、政治宽容、文化多元主义、公民社会和犹太政治传统等。他认为，政治哲学家的任务是作为社会的批评者去行动，帮助人们形成关于已知事物的更为清晰的观念；是解释特定共同体的共享理解而不是去发现或创造道德原则。沃尔泽同时也是美国最重要的公共知识分子之一，他担任美国左翼杂志《异议》的编辑工作50余年，他也经常参与美国重大的政治运动和公共辩论。可以说，沃尔泽是一位亲近美国左翼的理论家和活动家，这一点对其思想也产生了重要影响。

本书主要采用历史主义的方法对沃尔泽的论著进行解释和研究，这种方法将沃尔泽定位在特定的历史情境中，这样做可以更为清晰地解释和理解他的整个思想。在分析哲学传统之下，很多学者将沃尔泽归入社群主义者的行列，并认为他的思想在本质上是相对主义的和保守主义的。本书认为，社群主义者的标签是具有误导性的。就像沃尔泽本人所承认的，他的思想虽具有社群主义的特征，但他并非社群主义者；如果一定要贴一个意识形态标签，他自认为是一位社会民主主义者。作为一位社会民主主义者，沃尔泽更为关注平等的生活体验而不是哲学分析；他承认自由主义的正义理论是平等主义的，但它对人们真实平等的实际关注还不够，尤其在社会学、历史学和人类学方面的理解明显不足。本书认为，沃尔泽思想的核心特征是发展一种复合和阐释的思想形态，冲破意识形态的“纯化”，为民主主义、社会主义、自由主义和社群主义的多元价值留下空间。

本书的主体部分按照年代的顺序对沃尔泽的主要论著进行了解释和研究，对其思想历程、重要论题以及思想特点进行了呈现。论述的时间跨度近 60 年，共分 4 个阶段，基本上是以 15 年为一个阶段。

除导论之外，本书的第一部分主要涉及沃尔泽的早期思想和经历。在这个阶段，沃尔泽主要受到三种传统的强烈影响，并开始形成其思想的一些基本观念。这一部分主要介绍了影响沃尔泽的重要思想和人物以及他的主要思想论题，重点对《圣徒的革命》、《政治行动》和《论义务》等论著进行了解析。在这个时期，沃尔泽思想的中心主题是论证政治行动的意义和重要性。他在这个时期所使用的研究方法深刻影响了他的整个学术生涯，他也一直保持着在该时期形成的基本理念。

第二部分主要涉及沃尔泽在 20 世纪 70 年代和 80 年代前半期的论著。在这一阶段，随着《正义与非正义战争》、《正义诸领域》以及一些重要论文的发表，如《哲学与民主》、《自由主义与区分的艺术》等，沃尔泽的战争伦理、复合平等和分配正义等核心思想开始出现。他也开始成长为一位著名的政治哲学家。在本章中，本书开始注重将沃尔泽的思想置于特定的历史情境中进行理解，逐步解释分析哲学传统对沃尔泽思想的误解。沃尔泽坚持认为，政治哲学家应该解释我们共享的价值，正义应该忠实于特定共同体的共享理解。他的这些主张起始于他对美国激进民主传统和公共辩论的参与。沃尔泽自认为是一位社会民主主义者，他的平等主义更具包容性，也更为注重实际的生活体验和社会学上的理解。本章涉及了沃尔泽的多元主义、复合平等、政治参与、共同体和正义等核心思想，对其思想发展以及阐释和复合的思想形态进行了论述。

第三部分主要是沃尔泽思想的巩固和完善，涉及其从20世纪80年代后半期一直到21世纪的论著。本章集中关注了《阐释和社会批判》和《批评家群体》这两本著作以及一些重要论文，后者是对前者所提出的“哲学方法”的“政治论述”。在这个时期，沃尔泽的主要关注在于，面对政治哲学中占主导的平等自由主义和美国政治上的新保守主义，提供一种社会民主主义的应对。沃尔泽并没有否认以罗尔斯为代表的平等自由主义比自由至上的自由主义所具有的进步性，但他一直相信一种普遍主义的理论对推进实质性平等而言意义并不大。平等自由主义对差异政治关注较少，这种自由主义误解了平等的本质。沃尔泽的很多社群主义倾向的理论论述，实际上反映了他对社会民主主义原则的援用，以及从左翼激进民主传统中所汲取的洞见。他在这一时期更为关注公民社会以及文化多元主义社会中的差异的调节问题。此外，他也开始了对犹太政治传统的研究。

第四部分主要涉及沃尔泽最近十年的论著。他在这一时期的首要关注是犹太政治传统，并对战争伦理重新进行反思。他对犹太政治传统的关注似乎更多的是个人兴趣使然，他对以色列一直保持着浓厚的兴趣并有定期出访以色列的经历；而他对战争伦理的重新反思，主要是由美国所发动的战争和反恐行动等政治现实所激发。最后，本书进一步强调，沃尔泽的思想倾向是对不同传统的融合并反映了其社会民主主义的承诺；与罗尔斯、麦金太尔等同辈的理论家相比，沃尔泽的思想始终保持着对社会和政治现实的关注，并随着社会和政治现实的变化而不断发展。这也是对其思想进行历史研究的一个重要理由。此外，沃尔泽在一定程度上也是美国左翼政治思想的一个重要人物，这也是其思想研究中需要注意的一个方面。

第五部分主要阐释了沃尔泽的四位主要批评者的观点以及相应的辩护和回应。沃尔泽的批评者认为，他的思想存在相对主义、保守主义以及缺乏批判性等缺陷。本书主要通过对“不可公度性”、“不可兼容性”以及一种普遍的最低限度的道德模式的分析说明，来为沃尔泽进行辩护。此外，作为这种辩护的继续，本书通过对沃尔泽进行一种语境主义和历史主义的解读，支持其思想中所具有的批判性。

最后本书对沃尔泽的思想进行了简要的总结和评价。本书主要对沃尔泽的政治哲学思想进行了历史性研究。相较于简单的哲学分析方式而言，这样的方法可以使我们更好地理解沃尔泽的论著，更合理地把握他的整个思想逻辑。沃尔泽在《异议》杂志的工作，以及作为反越战运动和公民权利的积极行动者，使他参与了类型多样的政治活动。这些活动使其发展了不同于德沃金和柯亨的平等观念，以及不同于罗尔斯的政治哲学观念。沃尔泽早期的大多数论著，主要受到三种思想传统的启发，或者试图调和这些传统中相冲突的理念。随着思想的发展，他在这些传统的影响之下，逐渐发展出自己的研究主题。这在一定程度上也是对这些传统的一种超越。从概念上而言，将沃尔泽视为社群主义者并不合适。这既是因为它未能认真对待沃尔泽将自己视为社会民主主义者的自我描述，也是因为它低估了沃尔泽试图将社会主义、自由主义、社群主义甚至保守主义的基本洞见相调和的努力。这种调和是沃尔泽思想的一个重要特征。对沃尔泽而言，纯粹的意识形态从来不是政治哲学应该追求的东西，政治哲学应该吸收和利用任何有用的意识形态论证，并应该避免意识形态派系之间的偏见。沃尔泽对政治哲学的最大贡献，是开拓了政治哲学研究的一种不同模式。这一点与当代政治哲学的主流研究方法具有明显不同，这也使得沃尔泽的思想独具一格。他一直强调，他本人既是理论家，也是行动者；既是政治哲学家，也是寻求促进社会民主主义事业的政治行动者；既是学院型的学者，也是公共知识分子。沃尔泽作为一位成功的公共知识分子，既是由于其学术论著的巨大影响力，也是由于其终生致力于公共杂志的编辑工作。因此，他已经指出了一条连通政治参与的政治哲学道路。这条道路超越了纯粹的学术研究，以一种平静、反思但有担当的方式，直接表达日常政治生活中的问题。就这一点而言，美国乃至整个知识界都将长久地受惠于他。

第一章
导　论

第一节　自由主义与社群主义之辨

政治哲学家通常都通过自由主义理论来看待正义问题，罗尔斯的经典文献《正义论》为政治自由主义提供了广为接受的理论基础。他的目标是“将自由主义建立在我们的能力与责任之上，利用康德主义的道德力量来形成、追求并在必要时调整我们的人生计划，同时也尊重他人的自主权”。[①] 总而言之，自由主义政治哲学强调“平等、自由、宽容以及对人类不同行动样式的真正开放”。[②] 特别是自由主义假定了一个理性的主体，它具有衡量不同行动方案和价值的能力，可以相对审慎地判断这些方案和价值最终对自己生活的意义。因此，自由主义政治哲学需要通过政治自由，来捍卫个体本身关于人类行动的可能的信念。威廉姆·高尔斯顿（William A. Galston）以这种方式解释了自由主义的政治哲学：“自由主义需要一种稳健的但可以辩解的假定，来支持个体或群体主导他们自认为适宜的生活，这种生活以一种合理的多样化的方式，与他们为生活所赋予的意义和价值相一致。”[③] 他对自由主义政治哲学的类型进行了一种分类，将自由主义政治哲学家分为“独立式一元论者”（freestanding/monist），如罗尔斯；“综合式一元论者”（comprehensive/monist），如德沃金；“独立式多元论者”（freestanding/pluralist），如沃尔泽；“综合式多元论者”（comprehensive/pluralist），如拉兹。在自由主义的理论结构中，政治体系

---

① ［美］丹尼尔·贝尔：《社群主义及其批评者》，李琨译，生活·读书·新知三联书店2002年版，第5页。

② C. F. Delaney，Lanham，*The Liberalism-Communitarianism Debate*：*Liberty and Community Values*，MD：Rowman & Littlefield Publishers，Inc.，1994，p. ⅶ.

③ William Galston，*Liberal Pluralism*：*The Implications of Value Pluralism for Political Theory and Practice*，Cambridge：Cambridge University Press，2002，p. 3.

可以最好地保卫公民的平等与幸福，尊重公民的道德选择，确保公民选择他们自己所理解的善的不同样式。这种开放性必然反对不顾个体自身的选择，进行指令性命令或者对某一特定的善进行强制支持。自由的价值根源于个体对自身目的的自我决定能力，而不是自我对社会效用的贡献。自由主义对自由的承诺内在于对人类善的多元观念的开放性，并承认个体有能力对其做出判定。因此，自由主义需要民主国家的公民，宽容其他人不同的甚至是相冲突的人类行动。

但是，宽容并不意味着公民可以自由地追求他们自认为善的东西，因为某些选择有可能对其他人造成侵害，包括对政治共同体利益的侵害。正因如此，自由主义政治哲学家试图对人们追求善的自由进行限制，同时发展“一种关于个人权利并不是寄生在任何有关人类善的特定独立想象之中的解释”①。自由主义政治哲学具有两种基本派别：第一种是以功利主义为基础的；第二种是以权利为基础的。罗尔斯的正义理论属于新康德主义的权利派别。最终，自由主义政治制度的目标，就是合理地裁定个人之间关于好生活观念的冲突。② 政治制度应确保公共利益的最大化，并且不能践踏基本人权或自由，尤其是个体决定认同与生活目的的自由。也就是说，只要没有妨害其他人的基本权利，个体就有权自由追求自己的生活目标并免于政治的压制。自由主义政治的目标，就是保证人们自主追求各自生活目的的必要自由，但其本身应保持中立而避免刻意推进某种生活方式。这样一来，自由主义政治制度在扩展个人自由的同时也扩展了个人追求幸福的能力。

尽管自由主义理论带来了巨大的社会与政治利益，尤其是个人平等、自由与宽容的价值，但不同学派都表示了对自由主义关于个人与中立国家观念的担忧。一些政治哲学家如桑德尔、麦金太尔、泰勒以及沃尔泽等都对自由主义的某些方面提出了批判。他们的批判都涉及社群主义的诉求，因为这些思想家都表达了对个人自由主义所具有的腐蚀本性的忧虑，尤其是关于家庭、宗教和文化共同体的忧虑。③ 这些思想家一般都被认为是社

① William Galston, *Liberal Pluralism: The Implications of Value Pluralism for Political Theory and Practice*, Cambridge: Cambridge University Press, 2002, p. 3.

② Ibid.

③ ［美］丹尼尔·贝尔：《社群主义及其批评者》，李琨译，生活·读书·新知三联书店2002年版，第17页。

群主义者，但他们都没有明确地将自己视为社群主义者。在“自由主义的社群主义批评”一文中，沃尔泽将社群主义视为一种暂时的“知识时尚”，是自由主义的一种“易变的特征和周期性修正”①。也就是说，这些思想家都认为，人类的认同并不仅仅是个体自由选择的总和，自由主义政治哲学并没有充分论述共同体在确定与塑造个体认同、宗教承诺、公民义务、文化忠诚与何为好生活的观念等方面所发挥的重要影响。他们追问使个体做出负责任的和自律的选择所需要的社会条件，但他们的批判并不是寻求摧毁或取代自由主义理论而是要保存文化共同体的道德塑造能力。

不同思想家对自由主义政治哲学的批判，既具有独特性又具有重叠性。桑德尔主张，古典自由主义过多地依赖关于自我的观念，这种自我观念与塑造个体的共同体相分离。《自由主义与正义的局限》② 是对罗尔斯的一种批评，也被认为是自由主义与社群主义之辨的一个序幕。按照桑德尔的理解，如果个体的幸福在于选择自己的生活目的，而不管这种目的是什么，这样一来，就有可能意味着那些个人未曾选择的承诺类型必然是具有内在缺陷的。而且，他追问，除非先在的共同体已经赋予其选择的权利和权力，否则自我如何能够了解它所具有的选择的完整性。他得出结论认为，自我并不能理解自身，除非首先成为共同体的成员，其次才能成为区别于这些共同体的个体。人们可能会认为，正是他们的选择，增进了个体与共同体的利益。但是，这种说法似乎是矛盾的或似是而非的。对大多数人而言，或许正是那些未经选择的价值，发挥了重要的或必不可少的作用。因为人类生活的大多数特征都是构成性的，是不经人们的选择而赋予他们的。这些特征是人们一出生就“给定”了的，如家庭、性别、宗教共同体，政治与民族共同体等。一旦脱离这些特征，人们就无法宣称自己是道德主体。自由主义政治哲学认为，人类幸福的根本点就在于理性地做出可以增进善的选择。但桑德尔的批评表明，这样的认识是不充分的。不可否认，理性选择在人们构想和实践好生活方面发挥着显著的作用，但生活中的很多幸福，还要依靠人们共同拥有的和已经习惯的某些无意识的选

① Michael Walzer, “The Communitarian Critique of Liberalism”, *Political Theory: An International Journal of Political Philosophy*, vol. 18, 1990, p. 6.

② ［美］迈克尔·桑德尔：《自由主义与正义的局限》，万俊人等译，译林出版社 2001 年版。

择。人类真实的境况或许是处于“命运”与选择的绝对自由之间。

麦金太尔则强调了共同的社会实践与传统，在形成和保持自我中的重要作用。启蒙运动试图仅靠理性来确立道德，并将理性从传统与社会实践中解放出来。麦金太尔主张，自由主义理论本身就是一种传统以及表达人类善的共享观念。他认为，个体一旦脱离其所在的共同体，就不能给出关于自我的一致的道德解释。“我是某人的儿子或女儿，又是某人的叔叔；我是某城市的公民，某个团体或协会的成员；我属于某个部落、氏族和民族。因此，对我而言，关于什么是好的认识，就是那些与我具有同样角色的人的认识。我继承了我的家庭、城市、部落、民族等合理的预期与义务。这些构成了给定的生活，也是我道德的起点。这也部分地赋予了我的生活的道德独特性。”① 在他看来，个体不是独立于共同体，相反个体依赖它们。“……把对共同体的参照，看做是任何有关人类自我、行为以及实践推理说明的主要部分……对共同体的构成性归属是一种重要的人类善。”②

与之相似，泰勒主张，个体在语言学意义上也是依赖共同体的，因为人们是使用语言来解释他们的文化与道德世界的，语言是内在于社会和实践的，并且是在共同体中习得的。人类的道德主体在根本上依赖于其先在的语言共同体。③ 因此，泰勒和麦金太尔都强调了自由主义政治哲学所面临的另一种困境：没有认真对待个人所归属的共同体。中立的自由主义理论认为，对待“厚重的”文化，最好采取宽容的态度，或通过支持一种“稀薄的”人类生活观念来削弱这种“厚重性”。④ 而沃尔泽则主张，自由主义正义原则是根源于人类善的“厚重的”观念的，是建立在共同体的共享意义而不是普遍的出发点之上的。

这些批评者还认为，自由主义也在一定程度上消除了某些道德直觉以

---

① Alasdair MacIntyre, *After Virtue: A Study in Moral Theory*, 2nd ed., Notre Dame, IN: University of Notre Dame Press, 1984, pp. 204 – 205.

② ［英］斯蒂芬·缪哈尔、亚当·斯威夫特：《自由主义者与社群主义者》，孙晓春译，吉林人民出版社 2007 年版，第 184 页。

③ Charles Taylor, “Cross Purposes: The Liberal-Communitarian Debate”, in Nancy L. Rosenblum, *Liberalism and the Moral Life*, Cambridge, MA: Harvard University Press, 1989.

④ 关于文化阐释的“厚重”与“稀薄”的解释，参见［美］克利福德·格尔茨《文化的解释》，韩莉译，译林出版社 1999 年版。或 Michael Walzer, *Thick and Thin: Moral Argument at Home and Abroad*, Notre Dame, IN: Notre Dame University Press, 1994。

及历史共同体赋予其成员对抗非正义和压迫的权利。根据社群主义的观点，正义理论并不是要遮蔽性别、文化、宗教和历史的独特性，而是要利用这些独特性和公共叙事。另外，自由选择也并不意味着与共同体相分离，因为正是共同体在意义上确定和塑造了自由人的道德选择。[①]

最后，这些批评者主张，自由主义理论通过强调个人目的与权利，优先于公共利益与价值的方式，削弱或摧毁了个体对社会和共同体的责任感。自由主义通常主张个体与群体都享有追求他们所信奉的好生活的自由，并认为这样的生活可以给他们带来最大的意义。因此，政治、宗教或文化共同体不能命令、压制或干涉个体追求好生活的选择与实践。[②] 但批评者提出了如下问题：个人自由是否会最终破坏共同体所寻求加强的团结一致性和参与性？人们通过自由选择的方式获得关于善的认识，但通过这种自由选择的方式，个人或共同体的利益是否必然就得到了最好的维护？这些批评者认为，无论是文化的、种族的、宗教的或家庭的共同体经常会在利己主义的个人选择面前瓦解。这种状况势必会引发这样的问题：自我决定和自由选择是否只是日益增长的孤立的自我中心主义的一种隐匿表达，或者只是为了逃避共同体的责任？援引帕特南（Robert D. Putnam）的说法，自由主义是否会导致国家公民“独自打保龄”？帕特南认为，民主质量的好坏或民主制度的绩效，可以从公民社会的状况得到解释。如果某个社会的民主运转出现了问题，从根本上说，那一定是公民社会（公民意识、公民组织、公民行为等）发生了变化，如社区生活走向衰落。他通过对美国公民参与热情度降低、投票率下降的研究，敏锐地意识到：当初托克维尔所描述的美国社区生活正在逐渐衰落，那种喜好结社、喜欢过有组织的公民生活、关注公共话题、热心公益事业的美国人不见了；今天的美国人，似乎不再愿意把闲暇时间用在与邻居一起喝咖啡聊天，一起走进俱乐部从事集体活动，而是宁愿一个人在家看电视，或者独自去打保龄。于是，他用“独自打保龄”这个词来形容和概括美国社会的这一变化，并力求对这种变化的性质和原因做出理论解释。在他看来，“独自打

---

① Charles Taylor, *Hegel and Modern Society*, Cambridge: Cambridge University Press, 1979, pp. 157 – 159.

② William Galston, *Liberal Pluralism: The Implications of Value Pluralism for Political Theory and Practice*, Cambridge: Cambridge University Press, 2002, pp. 3 – 4.

保龄”的现象意味着美国社会资本的流失，造成这种现象的原因可能是复杂而不易确定的，但后果却是明确的，那就是公民参与的衰落。[①]

这些批评者得出结论认为，从本质上看，自由主义政治哲学所强调的自我决定权，既不能保证个人的善也不能保证公共的善。赋予个体对道德善的选择权，可能不仅是天真的，而且对个体自由也是具有破坏性的。[②]也就是说，自由主义政治哲学并没有提供道德资源，来支撑个体对共同体的承诺。那种认为人们有能力合理选择自己生活目的的观念，可能从一开始就是错误的。表面看来，人们似乎每天都在根据个人的价值体系做出选择，但他们最终发现这些选择其实是自我毁灭的，同时也给政治共同体的其他成员造成了负担。

以上的批评也促使自由主义政治哲学家重新反思他们的理论，如罗尔斯就通过《政治自由主义》重新反思和修正了他的正义理论。[③] 总的来看，当代政治哲学家关注的主要问题是，在维护基本人权及平等、自由、宽容、多元主义和正义这些古典自由主义价值的同时，如何尊重文化与共同体的共享意义的完整性与多元性。高尔斯顿、金里卡、拉兹和沃尔泽等政治哲学家都围绕这个问题展开研究和论述。[④] 对于这个问题，沃尔泽认

---

① 关于美国的个人主义，参见［美］罗伯特·帕特南《独自打保龄：美国社区的衰落与复兴》，刘波等译，北京大学出版社 2011 年版。或者 Robert Bellah, Richard Madsen, William Sullivan, Ann Swidler, and Steven Tipton, *Habits of the Heart*, Berkeley, CA: University of California Press, 1985。

② ［加］威尔·金里卡：《当代政治哲学》，刘莘译，上海三联书店 2003 年版，第 418—449 页。

③ ［美］约翰·罗尔斯：《政治自由主义》，万俊人译，译林出版社 2011 年版。自由主义理论家对社群主义的思考可以参见［英］斯蒂芬·缪哈尔、亚当·斯威夫特《自由主义者与社群主义者》，孙晓春译，吉林人民出版社 2007 年版。［美］丹尼尔·贝尔：《社群主义及其批评者》，李琨译，生活·读书·新知三联书店 2002 年版。

④ William Galston, *Liberal Purposes: Good, Virtues, and Diversity in the Liberal State*, Cambridge: Cambridge University Press, 1991; William Galston, *Liberal Pluralism: The Implications of Value Pluralism for Political Theory and Practice*, Cambridge: Cambridge University Press, 2002;［加］威尔·金里卡：《自由主义、社群与文化》，应奇等译，上海译文出版社 2005 年版；［加］威尔·金里卡：《多元文化的公民权》，杨立峰译，上海译文出版社 2009 年版；［加］威尔·金里卡：《少数的权利：民族主义、多元文化主义和公民》，邓红风译，上海译文出版社 2005 年版；［英］约瑟夫·拉兹：《自由的道德》，孙晓春等译，吉林人民出版社 2006 年版；［美］迈克尔·沃尔泽：《正义诸领域：为多元主义与平等一辩》，褚松燕译，译林出版社 2002 年版。

为，可以通过他所说的“社会善的共享理解”来实现。[①] 根据沃尔泽的观点，“共享理解”意味着自由、正义以及其他重要的道德观念，产生并内在地镶嵌于特定的文化及其历史发展之中，而并非与某种普遍的人性或自然法，或某些从特定文化中理性抽象出来的普遍原则相联系。这些“共享理解”适用于它所产生的文化世界，或者以某种最小主义的或稀薄的方式适用于其他的文化世界。例如，“正义”在不同的文化中可能具有不同的实质性意义，因此它只能在最低限度的意义上进行跨文化的理解与适用。而从跨文化的角度进行审视，某些名称相同的价值，如“正义”、“自由”等也很可能具有不同的意义，这样一来，某些“极端排他主义的”价值也就有可能产生。[②] 因此，价值在性质上就是多元的。沃尔泽的论著，广泛描述了特定文化共同体为其成员所产生、发展、信奉和传承的不同价值。他认为，特定的文化价值对表达它们的人们而言，不是次要的而是本质性的。因此，文化是非常重要的，它对人们的道德生活而言也是本质性的，政治哲学家必须认真探讨这些文化价值以及与其相关的社会的善。在这方面，沃尔泽拥有进行跨学科研究的惊人能力，他可以在社会学、哲学、历史学、伦理学与宗教研究的基础上进行哲学对话。他为正义、民主、社会批评、共同体与宽容等论题做出了独特的社会政治学的贡献。

第二节　生平与学术经历

迈克尔·沃尔泽出生于1935年3月3日，成长于纽约的布朗克斯区。他的父母都是第一代犹太移民，父亲家族来自奥地利的加利西亚，母亲家族来自白俄罗斯。他的父亲是皮毛贸易商，母亲是约翰·福斯特·杜勒斯法律事务所的第一位犹太人秘书，沃尔泽是他们的长子。沃尔泽曾在一家左翼幼儿园读书，他的父母也经常阅读一份名为“PM”的纽约日报，他们支持“人民阵线运动”，但并不是共产主义者。沃尔泽父亲的皮毛贸易

---

① ［美］迈克尔·沃尔泽：《正义诸领域：为多元主义与平等一辩》，褚松燕译，译林出版社2002年版，第5页。

② Michael Walzer, *Thick and Thin: Moral Argument at Home and Abroad*, Notre Dame, IN: Notre Dame University Press, 1994.

在1937年的经济大萧条中破产，此后到1944年，一直在一家兵工厂工作。1944年，他们一家搬到宾夕法尼亚州的约翰斯顿，他的父亲也开始在一家珠宝商店担任经理。同年，沃尔泽的妹妹朱迪丝出生，朱迪丝现在是美国威斯康星大学麦迪逊分校的研究员和医学与科学史教授。

沃尔泽在1953年进入布兰迪斯（Brandeis）大学学习，当时的校长聘用了很多在麦卡锡主义时期很难找到工作的学者担任教职，其中最著名的是马尔库塞。这种聘用政策对这所大学的政治和学术风气产生了重要影响。在大学期间，对沃尔泽产生重要影响的教师是科泽（Lewis Coser），他是沃尔泽学习马克思主义的第一位老师。另一位对其产生影响的教师是豪（Irving Howe）。沃尔泽在1953年首次听到豪的讲座，此后便对这位导师深表钦佩。不久之后，沃尔泽开始在豪和科泽创办的杂志《异议》（*Dissent*）担任助手，这本杂志于1954年创立并一直发展至今。沃尔泽参与了他们的论著《美国的共产党：一种批判的历史》一书的写作。[①] 这本著作对反斯大林主义的社会主义做了典型论述，也是了解这两位老师对其影响的重要文本。此外，从事思想史研究的曼纽尔教授（Frank Manuel）也对沃尔泽产生了重要影响，曼纽尔教授的研究主要关注启蒙运动，沃尔泽每年都会选修他的课程。虽在同一所大学，但沃尔泽从来没有选修过马尔库塞的课，他对马尔库塞的追求者感到反感，但他读过马尔库塞的所有著作，也承认马尔库塞对其观点的形成产生了一定影响。多年之后，沃尔泽在其著作《批评家群体》一书中批评了马尔库塞的《单向度的人》。[②]

大学毕业以后，沃尔泽在1956—1957年通过富布莱特奖学金留学剑桥大学，在埃尔顿教授（Geoffrey Elton）的指导之下，开始了对16—17世纪英国清教历史的研究，后来成为其博士学位论文的选题，也是其第一本著作《圣徒的革命》的蓝本。[③] 在英国学习期间，沃尔泽经常参加《大

---

① Lewis Coser, Irving Howe, *The American Communist Party: A Critical History*, New York, Frederick A Praeger, 1962. 沃尔泽参与了其中的第九章和第十章，分别是："Are the Yanks Coming?" pp. 387 - 436；"The Cold War: Repression and Collapse", pp. 437 - 499.

② M. Walzer, *The Company of Critics: Social Criticism and Political Commitment in the Twentieth Century*, New York: Basic Books, 1988, pp. 170 - 190。

③ M. Walzer, *The Revolution of the Saints: A Study in the Origins of Radical Politics*, Cambridge: Harvard University Press, 1965.

学与左翼评论》(*Universities and Left Review*)杂志的学术沙龙，这本杂志后来更名为《新左翼评论》(*New Left Review*)，并结识了著名的马克思主义者米利班(Ralph Miliband)和多伊彻(Isaac Deutscher)。在1957年，沃尔泽返回美国，开始在哈佛大学攻读博士学位，师从毕耶(Samuel Beer)，毕耶影响了沃尔泽在理论与实践之间，对历史进行反复研究的观念。在沃尔泽看来，他使用历史阐释理论并运用历史事例来检视理论的方法，就是源于毕耶。这种方法在沃尔泽的主要著作，如《正义与非正义战争》和《正义诸领域》中大量运用。在哈佛大学学习期间，对沃尔泽产生影响的还包括哈兹(Louis Hartz)和摩尔(Barrington Moore)以及弗里德里希(Carl Friedrich)的学生斯科拉(Judith Shklar)。斯科拉最初是沃尔泽的部门领导，后来他们成为终生的朋友。在哈佛大学期间，沃尔泽还组织了一个左翼俱乐部，主要是一些研究生参与其中，后来他们中的很多人在学术上都颇有成就，如科尔森(Martin Kilson)、瑟斯特罗姆(Stephan Thernstrom)以及费尔德曼(Gordon Feldman)。1961年，沃尔泽从哈佛大学毕业，并在普林斯顿大学获得一份教职，也是在这一年他的第一个女儿出生；1966年，沃尔泽又回到哈佛大学任教，巧合的是，也是在这一年他的第二个女儿出生。在普林斯顿大学任教期间，沃尔泽结识了很多哲学家，并同诺齐克、内格尔成为朋友。此时，他受到了汉普夏(Stuart Hampshire)的影响。同时，由于当时整个政治系都在集中关注政治哲学史的研究，沃尔泽的研究兴趣也开始从观念史转移到政治哲学。汉普夏多次参与了沃尔泽早期关于政治哲学的讲座，并给了他有益的反馈。[①] 在20世纪60年代中期，沃尔泽加入了哈佛大学伦理与法哲学学会，这个学会每月都要开展学术讨论，也是当时政治哲学研究的最重要的学术团体之一。它的成员包括罗尔斯、德沃金、诺齐克、内格尔、汤姆森(Judith Thomson)、斯坎伦(Tim Scanlon)、弗里德(Charles Fried)、柯亨(Marshall Cohen)等人。他们都是沃尔泽最亲密的对话者，在《正义与非正义战争》、《正义诸领域》等著作中沃尔泽都对他们表示了感谢。这个学会对沃尔泽而言是一个意气相投的哲学团体，因为它在哲学与公共事务

---

① 沃尔泽后来将这个讲座的内容写成论文“The Obligation to Disobey”, in M. Walzer, *Obligations: Essays in Disobedience, War, and Citizenship*, Cambridge: Harvard University Press, 1970, pp. 3 - 23。

的跨学科研究中是深具影响力的，而这也是沃尔泽所感兴趣的领域。1971年，这个学会创办了深具学术影响的《哲学与公共事务》（*Philosophy and Public Affairs*）杂志。当时，沃尔泽已经回到哈佛大学任教，并出版了两部著作：《论义务》和《政治行动》。在1971—1972年间，沃尔泽写了一篇关于审判路易十四的长篇论文，这篇论文后来成为另一本著作《弑君与革命》的主要内容，并开始写作《正义与非正义战争》。当时由于美国卷入了越南战争以及1967—1973年的以色列战争，引起了沃尔泽对战争伦理的思考，他在20世纪70年代的大部分时间里都在从事《正义与非正义战争》这本著作的写作。此外，沃尔泽还为《异议》杂志写了很多文章，其中比较重要的论文，结集成为于1980年出版的《激进原则》一书，这本著作在诸多方面包含了于1983年出版的《正义诸领域》一书的很多重要思想。从20世纪70年代开始，沃尔泽开始定期出访以色列，通常在每年的6月份去那里待上两周到一个月的时间。他也是耶路撒冷希伯来大学的理事会成员。此外，在哈佛大学任教期间，沃尔泽主要教授17世纪文学、社会主义思想、民族主义、研究方法、义务论和正义战争伦理等方面的课程。

1980年，沃尔泽离开哈佛大学，接受了普林斯顿高等研究院的一个研究职位，并一直任职至今。在这个研究院，沃尔泽受到了人类学家格尔茨（Clifford Geertz）以及经济学家赫希曼（Albert Hirschman）的深刻影响。沃尔泽在研究院的职位非常自由，不再承担教学工作，潜心进行研究和著述，他的重要著作大多是在来到研究院之后完成的。《正义诸领域》一书是他来到研究院之后出版的第一本著作，两年之后他又出版了《出埃及记与革命》一书，这也是他最喜爱的著作之一。由于德沃金对《正义诸领域》一书的批判性评论，沃尔泽在20世纪80年代的后半段时间，发展了他的解释主义方法论，并试图论证解释主义是可以与平等主义和社会批评相容的。这个结果就是《阐释和社会批判》（1987）、《批评家群体》（1988）以及《厚与薄》（1994）三本著作的出版，它们论证了支配沃尔泽正义理论写作的解释主义方法，是如何与其战争理论中所体现的对普遍人权的承诺相一致的。从20世纪90年代开始，苏联解体和美国移民潮促使沃尔泽开始关注文化多元主义、差异的调节、政治生活中公民社会的作用及其与国家的关系、政治论辩中的理性与激情等论题。除了《多元主义、正义与平等》（1995）和《论战争》（2004）这两本著作仍然对早期关于分配正义、战争伦理等主题的持续关注外，沃尔泽在过去20年里出版的所有著作几乎都涉及文化多元主义论题。包括《何谓美国人》（1992）、《论宽容》（1997）、《政治与激情》（2005）、《政治性的思考》（2007）以及论文集《走向全球公民社会》（1995）等。此外，沃尔泽还参与了一项名为“犹太政治传统”的研究项目，它的两卷本同名著作《犹太政治传统》[①] 以及论文集《犹太教中的法律、政治与道德》[②] 都已经出版。他最近出版的著作是关于美国军队从伊拉克撤兵的论文集《离开》（2009）。[③] 同时，沃尔泽不断在《异议》等杂志发表文章，自从1993年豪去世之后，沃尔泽就一直是《异议》杂志的主编。

第三节　研究方法

在本节中，笔者将解释本书的研究方法。在对沃尔泽的研究中，主要使用了历史主义的研究方法，这种方法有助于我们更清晰地理解其思想历程和思想发展，以及不同思想传统是如何对其产生影响的。总体看来，沃尔泽试图调和几种不同的思想传统，或者试图从相异的甚至不相容的方法论、哲学实践与政治承诺中发展出一种一致的世界观。他的很多关键性论述都是从这种努力中发展出来的。像罗尔斯这样的自由主义传统之下的分析哲学家，都相当明确地将方法论、哲学与政治之间存在的差异表达出来，而在沃尔泽的思想中，这些差异则比较模糊。这大概是因为，沃尔泽受到了不同思想传统的影响，他正是针对这些传统中出现的突出问题，或者在这些传统相互碰撞的过程中建立了自己的思想体系。到目前为止，虽然他仍然受到这些传统的影响，但他独特的理论洞见已经在某种程度上将每种传统都转变和融合为自己的立场。

---

① M. Walzer, M. Lorberbaum, N. Zohar, and A. Ackerman, ed., *The Jewish Political Tradition*, volume one: authority, New Haven: Yale University Press, 2000, and volume two: membership, New Haven: Yale University Press, 2003. 中文版参见［美］迈克尔·沃尔泽等编《犹太的政治传统（卷一）》，刘平等译，华东师范大学出版社2011年版；［美］迈克尔·沃尔泽等编《犹太的政治传统（卷二）》，冯洁音译，华东师范大学出版社2011年版。

② M. Walzer, ed., *Law, Politics, and Morality in Judaism*, Princeton: Princeton University Press, 2006.

③ M. Walzer and N. Mills, ed., *Getting Out: Historical Perspectives on Leaving Iraq*, Philadelphia: University of Pennsylvania Press, 2009.

历史研究的方法不可回避很多基本问题，如传统是什么、传统如何影响人们以及人们如何调和相冲突的传统等。历史方法对传统的诉诸，并不是轻视理论中人类理性的作用，而是强调社会历史情境对形成我们运用理性的背景的重要性，“我们无法充分地认同我们自己的或他人的承诺——除非我们把这些承诺置于使它们成为现在这个样子的那些历史之中”[①]。漏掉对传统的考察，可能会误解那些受到传统影响的人所提出的特定主张。麦金太尔认为：“一种传统即是一种通过时间而延伸的论证。在这样一种论证中，某种基本的一致是按照两种冲突而得到规定和重新规定的：一种是批评者与那些传统以外的全然否认或至少是否认那些基本一致之关键部分的敌人之间的冲突；另一种是内部的解释性论战，通过这些论战，基本一致的意义和理论基础逐步得到表达，且依靠这些论战的进步，一种传统便得以构成。”[②] 也就是说，定义传统是一个持续的过程，社会性嵌入的论证能够使我们避免将传统视为“可实体化的实体”。[③] 我们只有通过研究受到传统影响的那些人的信念，才能识别传统。换言之，不存在定义传统的特定方式，因此对传统的选择性解释也是不可能的：如果存在这种选择性解释，传统就将失去其现世的延展性。通过在传统中定位自己，一个人会做出“其他人可能不会同意的历史主张”[④]。如马克思本人并不能对马克思主义进行最后的解释。无法对传统进行定义意味着，传统中的成员可以对彼此保持不赞同，也意味着历史学家可以在诸多不同的传统中对人物进行定位。而且，由于传统是持续发展的论证，也就不能给出一个无可置疑的定义，这个事实意味着传统影响而不是决定其成员的信念。

传统观念对人们如何获得他们的信念具有很强的解释力，但它并不能解释我们是如何发展我们所继承的信念的。虽然传统为人们发展他们的信念留有余地，但它并没有为如何解释这种发展方式提供指导。理解这种发展方式必须解决两个问题：一是思想困境的问题；二是人们如何

---

① ［美］阿拉斯戴尔·麦金太尔：《谁之正义？何种合理性?》，万俊人等译，当代中国出版社 1996 年版，第 18 页。

② 同上书，第 17—18 页。

③ M. Bevir, *The Logic of the History of Ideas*, Cambridge: Cambridge University Press, 1999, p. 208.

④ Ibid. , p. 209.

调和相冲突的传统。思想困境可以被定义为“权威性的理解使现存的信念网络出现问题。困境促使信念的变革，因为它们由新的信念所构成，而任何新的信念必然对当事人的信念网络形成挑战”①。换言之，思想困境就是对当事人世界观的挑战，它可以由新体验、新理论以及那些对我们现存信念进行的反思所激发。在遭遇困境时，当事人由于追求一致的世界观或信念网络而不得不调整其信念。思想困境的最重要起因就是传统之间的冲突。当冲突发生时，通常没有中立的方式来裁决，因为竞争性的传统无法对冲突的对象提供解释和说明。在本书中，笔者将遵循麦金太尔所提出的关于如何调和传统的著名论断。他认为，当某个传统的主要当事人承认他们的传统由于“不可解决的自相矛盾”，而不能在某种程度之外发展其探求时，进步就出现了。这些当事人开始意识到另一种可选择性传统的存在，也就有可能拥有资源来解决这种困境，而这些资源对那些仍囿于原来传统范围的人而言，是难以达到的。因此，传统本身的这种“不可通约”问题是无法解决的。麦金太尔断言，对竞争性传统问题的解决，要依赖历史的“解释能力”，这种“解释能力”是每个传统都能够诉说的。② 换言之，传统通过它们能够诉说的故事或叙事来证明自身的正当性。

传统、思想困境以及传统之间的调和等观念，对理解沃尔泽的思想至关重要。本书认为，只有通过对形成沃尔泽思想背景的各种思想传统的解释，才能更好地探求他思想的意义。本书的核心论证之一就是，那些没有对沃尔泽的思想背景进行解释的分析哲学家，错误地将其描述为社群主义者。如果这种论证是正确的，本书对当代思想史而言将是有意义的，这对那些将观念视为具有永恒本质或具有循环特征的思想者构成了挑战。沃尔泽本人正是采用了本书所主张的这种历史方法，而且他本人也从麦金太尔对传统的解释中受益颇多。

本书将在下一章详细解释对沃尔泽产生重要影响的那些传统。按照重要性顺序，最重要的传统是美国的激进民主传统，尤其是《异议》杂志

① M. Bevir, *The Logic of the History of Ideas*, Cambridge: Cambridge University Press, 1999, pp. 221 – 222.

② ［美］阿拉斯戴尔·麦金太尔：《谁之正义？何种合理性?》，万俊人等译，当代中国出版社 1996 年版，第 525 页。

学术圈的激进民主传统；其次是历史主义研究方法的学术传统，主要是毕耶以及哈佛大学的其他导师对他的影响，这种方法强调从历史研究中揭示理论洞见。最后是分析哲学传统，尤其是哈佛大学伦理与法哲学学会对他的影响。

第二章
思想的发端:传统与基本观念
(1956—1970)

第一节　影响沃尔泽的思想传统

1956 年，21 岁的沃尔泽以最优等成绩从布兰迪斯大学毕业，获得历史学学士学位。同年，通过获得富布莱特奖学金在剑桥大学学习一年，之后进入哈佛大学进行研究生的学习。获得博士学位后，沃尔泽于 1962—1966 年在普林斯顿大学获得一份教职，而后又在 1966—1980 年的 15 年间担任哈佛大学的教授。他所教授的课程非常广泛，包含文学、政治学、思想史和方法论等。沃尔泽在研究生时期的研究方向主要是政治史和思想史，他最早的作品发表在《异议》等一些关于时事政治的杂志上。他的第一本著作《圣徒的革命》在 1965 年出版，是以他的博士学位论文为基础整理而成的，主要研究 17—18 世纪英国的清教政治运动。在这本著作中，他强调组织与纪律是加尔文主义成功的重要保障，加尔文主义使用“圣徒”这个术语也是试图在其皈依者中建立一种共同体意识。他将加尔文主义定义为“政治激进主义的最早形式”①。这些描述有助于我们了解沃尔泽的思想，在学术理论与政治活动以及前期与后期的统一性。在沃尔泽的整个思想体系中，他一直强调共享观念对构建共同体、进行内在的社会批评以及政治参与的重要性。他的第二本著作《论义务》和第三本著作《政治行动》分别在 1970 年和 1971 年出版。《论义务》是一本规范的

---

① M. Walzer, *The Revolution of the Saints: A Study in the Origins of Radical Politics*, Cambridge: Harvard University Press, 1965, p. vii.

政治哲学著作，主张“重述社会契约理论”。[1] 这个主张与罗尔斯在1971年出版的《正义论》中的主张，具有惊人的相似之处。在这两本著作中，沃尔泽的核心论证是，人们正是通过他们的行动，而不是通过不行动、默示的或者假定的同意来发展政治义务的。对他而言，义务规范的合理化与政治行动是不可避免地联系在一起的：如果与特定共同体的生活相分离或者不顾人类学与社会学的现实，义务的合理化将是很愚蠢的；同样，没有关于其目的的伦理论证，政治参与也不可能发生。这是沃尔泽一贯的观点。

沃尔泽的思想主要受到三方面的影响。

第一，历史化的理想主义，它是20世纪50年代，沃尔泽在哈佛大学研究生学习期间所受到的影响。在哈佛大学学习期间，对沃尔泽影响最大的是其导师毕耶。沃尔泽在《圣徒的革命》的序言中提到，毕耶是其“关于政治的正确的研究观念和思想的主要灵感”[2]。毕耶出生于1911年，在牛津大学获得罗氏奖学金以及富布莱特奖学金，他将沃尔泽的兴趣引导到对英国政治史的研究中。他的代表作是《集体主义时代的英国政治》，此书获得伍德罗·威尔逊基金奖励。[3] 他也影响了沃尔泽博士论文的选题，也就是后来的《圣徒的革命》。毕耶对政治哲学的研究方式充满理想主义气质，这吸收了他自己的博士生导师——牛津大学的林赛（A. D. Lindsay）以及鲍桑葵（Bosanquet）和布兰德利（Bradley）所发展的，“由宗教所直接引导的行为，是建立在理性的共享理解基础之上的自由主义社会的典范”的观念。[4] 从沃尔泽后面的学术生涯来看，他一直保持着通过社会传统与意识形态而不是通过抽象的理性来理解社会生活的观念。

第二，激进民主传统。《异议》杂志的创立者、哈佛大学的教授豪，是另一位对青年沃尔泽产生重要影响的学者。豪是一位有坚守的知识分

---

① M. Walzer, *Obligations: Essays on Disobedience, War, and Citizenship*, Cambridge: Harvard University Press, 1970, p. 9.

② M. Walzer, *The Revolution of the Saints: A Study in the Origins of Radical Politics*, Cambridge: Harvard University Press, 1965, p. ix.

③ S. Beer, *British Politics in the Collectivist Age*, New York: Alfred Knopf, 1965.

④ M. Bevir, D. O'Brien, "From Idealism to Communitarianism: The Inheritance and Legacy of John Macmurray", *History of Political Thought*, vol. XXIV, No. 2, Summer 2003, p. 321.

子和社会批评家。迄今为止，沃尔泽在《异议》杂志已经担任了 50 多年的编辑，这一点也证明了豪的理想对他的影响。沃尔泽多次声称自己是一名激进的民主主义者，在《政治行动》这本著作中，他的这种倾向表现得很明显。他并不认为《政治行动》是一本规范的理论著作，只是“一种政治回应以及随之而来的情感爆发……我不主张与所要描述和批评的政治与民众相分离”①。在沃尔泽看来，政治并不是一种仅从学术的观点就可以研究的事物；它是公民必须持续参与的一种事物。这也成了沃尔泽早期著作的思想主旨，他不断强调政治行动的重要性。在他看来，激进民主之所以是民主的，原因就在于它强调民众应尽可能广泛地参与到政治过程中；之所以是激进的，就在于它对平等主义的承诺。青年沃尔泽经常将他的对话者描述为“伙伴”，并声称自己是一名社会学家。这在很大程度上都是豪对其影响的结果。《异议》杂志的命名也表明了它对政治主流的抗拒与反对，可以说，豪和沃尔泽都是“富有激情的异议者”。

第三，英美分析哲学传统。青年沃尔泽并没有太多地接触分析哲学，2003 年，在接受《印记》（*Imprints*）杂志采访时，他说出了部分原因，“在 1960 年代的很多时间里和 1970 年代，我是在学习从事政治哲学而不是正在从事政治哲学”，而且他感到“在哲学所要求的高度抽象的层次上进行思考和写作并不是很轻松”。② 当然，沃尔泽对抽象的哲学方法是否适合政治哲学研究，一直是存有疑问的。“我很快对那种离我们所生活的世界越来越远的抽象的假设感到厌烦。”③ 沃尔泽在研究生学习期间所接受的学术训练，加强了他对现实世界的关注，并反对将政治问题的解答建立在纯粹的哲学分析之上。

沃尔泽在哈佛大学任教的前几年，对其思想发展而言是很重要的。在哈佛大学期间，诺齐克和沃尔泽共同教授“资本主义与社会主义”这门课程，诺齐克也一直是沃尔泽重要的对话者。在《无政府、国家和乌托

---

① M. Walzer, *Political Action: A Practical Guide to Movement Politics*, Chicago: Quadrangle Books, 1971, p. 9.

② M. Walzer, *Thinking Politically: Essays in Political Theory*, New Haven: Yale University Press, 2007, pp. 307 - 308.

③ Ibid., p. 308.

邦》一书中，诺齐克特别强调了他从沃尔泽那里获得了很多的启发和教益。[①] 诺齐克也是沃尔泽在《正义诸领域》一书中首先提到的要感谢的人。而且，在上文提到的《印记》杂志的采访中，沃尔泽提到，诺齐克和罗尔斯都是他在20世纪60年代后期，学习如何从事政治哲学的“老师”。在这个采访中，沃尔泽再次提到了“资本主义与社会主义”这门课程，他将其描述为一场“长达一学期的思想论辩”。[②] 换言之，诺齐克向沃尔泽介绍了政治哲学研究的另一种方法——分析哲学的方法。沃尔泽在这次采访中也强调了伦理与法哲学学会在这方面对他的影响，他在《正义与非正义战争》一书中提到了这种影响。[③] 通过该学会，沃尔泽逐渐熟悉了在20世纪70年代占主导的这种政治哲学研究方法。在《正义诸领域》一书的序言中，沃尔泽也提到，这种方法倾向于使用哲学与经济学的方法，而不是他在研究生时代所熟知的那种历史学与社会学的方法。这个学会包括了那个时代美国最好的一批政治哲学家，除了沃尔泽、诺齐克与罗尔斯之外，还有德沃金、内格尔、斯坎伦、弗德里、柯亨以及汤普森等。沃尔泽每月都要参与该学会的活动，以此为起点，“他开始尝试用一种哲学的方式进行写作”,[④]《论义务》可以算作这种尝试的第一本著作。但沃尔泽从来没有变得过于抽象，他一直保持着对抽象的不适应和对其作用的怀疑。在其整个学术生涯中，他一直使用着历史学、人类学和社会学这样的社会科学方法。

第四，其他的影响。另外两个对青年沃尔泽的思想产生影响的都是他的家庭成员。沃尔泽的妹妹朱迪斯（Judith Walzer Leavitt），比沃尔泽小五岁，出生于1940年，现在是威斯康星州立大学麦迪逊分校的医学与科

---

① ［美］罗伯特·诺齐克：《无政府、国家和乌托邦》，姚大志译，中国社会科学出版社2008年版。诺齐克在这本著作的致谢中对沃尔泽表示了感谢。“过去一些年，当我就本书的某些话题反复验证迈克尔·沃尔泽的想法的时候，我得益于他的评论、提问和反驳。”

② M. Walzer, *Thinking Politically: Essays in Political Theory*, New Haven: Yale University Press, 2007, p. 307.

③ ［美］迈克尔·沃尔泽：《正义与非正义战争：通过历史实例的道德论证》，任辉献译，江苏人民出版社2008年版。沃尔泽在本书的致谢中提到了诺齐克的影响。“我与罗伯特·诺齐克就战争理论中最困难的问题进行了友好的争论，他的观点、假想案例、质问和建议帮助我形成了读者所见到的这本书。”

④ M. Walzer, *Thinking Politically: Essays in Political Theory*, New Haven: Yale University Press, 2007, p. 308.

学史教授，她在20世纪60年代早期毕业于安提亚克学院，后来又在芝加哥大学进行研究生学习，从事历史学研究。另一个则是他的妻子朱迪斯·布罗德维克沃尔泽（Judith Borodovko Walzer），是一位文学教授，她在20世纪50年代中期与沃尔泽相识。从那时起，她对沃尔泽的生活和学术都产生了重要影响。沃尔泽在这一时期的三本著作中都提到了她的影响。他在《圣徒的革命》一书中写道："在我理解清教圣徒和写作这本书的过程中，她是我经常性的伙伴和批评者。"① 在《论义务》中，她帮助沃尔泽加深对阿摩司书的理解。②

上文详细描述了对沃尔泽的思想产生重要影响的传统和人物。下面将主要探讨他在这个时期的主要论著和思想观念。

第二节　早期思想的基本观念

一　政治行动与加尔文主义

政治行动既是沃尔泽一著作的名字，也是青年沃尔泽思想的主旨，它是一条主线，将沃尔泽在该时期的三本主要著作和他发表在《异议》和《新共和》杂志上的文章串联起来。对沃尔泽而言，政治行动是民主政治体制的基本要求，按照他的解释，"民主体制为我们参与政治生活提供了一个固定的场所"③。事实上，在沃尔泽看来，没有政治行动就没有政治。他将政治行动定义为，"与别人一起或为了别人的行动"，"当我们为了公共的而不是私人的目的进行行动，或至少除了私人目的之外，为了公共的原因进行行动之时，我们才成为政治人"④。换言之，如果一项行动背后的促进力量不是公共的，那么这种行动就不是政治行动；如果一个人没有从事公共的行动，那么这个人也就不是政治人。只有当我们考虑的是公共的利益，而不仅仅是我们的私人利益时，我们才是政治的。

---

① M. Walzer, *The Revolution of the Saints: A Study in the Origins of Radical Politics*, Cambridge: Harvard University Press, 1965, p. ix.

② M. Walzer, *Obligations: Essays on Disobedience, War, and Citizenship*, Cambridge: Harvard University Press, 1970, p. viii.

③ M. Walzer, *Political Action: A Practical Guide to Movement Politics*, Chicago: Quadrangle Books, 1971, p. 15.

④ Ibid., p. 18.

沃尔泽关于政治行动的论述，明显受到卢梭关于“公意”与“众意”观念的影响。对卢梭而言，民主政体中的公民应该能够按照政治的目的来调整自己，能够认识到作为一个整体的共同体的利益；对沃尔泽而言，只有当我们这样做时，我们才是政治的。同卢梭一样，沃尔泽的《论义务》一书也考察了民众的反抗权、为国家献身的义务、退出国家的权利、公民权的实质与为国家而生存的义务以及社会契约的本质等问题。但沃尔泽与卢梭有一点明显不同，即尽管他们都认为政治的行动应该是以公共为导向的，但沃尔泽反对卢梭关于“政治的范围超出了行动的范围”的观点。按照沃尔泽的理解，政治义务是通过我们实际做了什么来定义的：“人们是通过重要的行动进行联系的，而不是通过他们的感受或思想进行联系的；行动是道德承诺的决定性语言。”[①]“我们不能必然地宣称坚持某种道德善，除非我们自己就是这样做的。”[②] 这是《论义务》一书的核心观点。它与洛克在《政府论》一书中所提出的观点形成了根本对立。洛克认为通过默许或默示的同意，人们可以形成义务的意识。后来，罗尔斯发展了洛克的观点，即共同生活的人们实际同意的某种强制性联结是具有约束力的。而沃尔泽坚持认为，人们在具体情境中的实际行动，会对现代自由主义的这种观点构成有力的挑战。沃尔泽同样反对马克思的观点，他坚持认为自治总是必要的和有益的，“自治是一种要求很高的旷日持久的事业……最终它很可能需要不断的行动，生活将变成一系列的集会”[③]。青年马克思在《德意志意识形态》中描绘了社会主义社会的图景：免于劳动分工，并能够按照自己的意愿生活。但他忽视了政治活动的重要性。按照沃尔泽的观点，自由主义者和马克思主义者都低估了政治参与在确定我们应如何生活和决策中的重要性。

沃尔泽主张，人们应该生活在一种共同体中，共享公共生活和意义，公共的政治安排不应阻碍这样的生活。就像他所说的，“义务感与实际身负义务完全是两回事”[④]。公共生活的发展不会自动发生，也不会一蹴而就，如何去建设一种公共生活，构成了《政治行动》一书的重要主题。

---

① M. Walzer, *Obligations: Essays on Disobedience, War, and Citizenship*, Cambridge: Harvard University Press, 1970, p. 98.

② Ibid., p. 101.

③ Ibid., p. 231.

④ Ibid., p. 98.

对于这一点，沃尔泽认为寻找到合适的“支持者”是重要的，这样的“支持者”将会拥护政治运动，并能够清楚如何、何时以及为什么与其他的行动者建立一种联盟。沃尔泽对构建共同体意识的关注，有助于解释他为什么对新教加尔文主义感兴趣。在他看来，加尔文主义是激进政治行动的最早例子，而且圣徒在个人与社会活动中具有高度的自律性，这种自律性也是构建共同体的关键因素。在加尔文主义中，“政治共同体”的建立，首次被认为要依赖共同体成员的政治行动。根据沃尔泽的说法，“清教徒的热诚并不是一种私人激情；它反而是一种高度集体性的情感，它赋予圣徒一种新的非个人的纪律……加尔文主义者的良知赋予战争与政治……一种方式与目的的新意识”①。在他看来，加尔文主义不仅是一种寻求获得一批追随者的运动政治，更是一种能力，如加尔文主义有能力说服法国人放弃他们的家庭关系而加入到日内瓦的“忠诚的伙伴关系”中来。② 对沃尔泽而言，重要的是，加尔文主义影响了“政治思想的重心从君主到圣徒的转变，也为独立的政治行动构建了一种理论上的正当性”③。因此，加尔文主义对沃尔泽的重要性是双重的：它既强调了普遍民众作为政治生活关键角色的作用，同时也强调和正当化了普通民众的独立行动。它将民众放置在一种规制的统一的“集合”中，而不是像17—18世纪政治思想和社会契约传统那样将其定义为分离的个体。因此，作为一种运动的加尔文主义，对沃尔泽的政治想象力影响很大。

因此，笔者将政治行动作为沃尔泽早期思想的一个核心主题，因为它可以将其思想的各个部分统一起来。沃尔泽早期论著的读者是多面向的。他既是为学者也是为普通民众进行著述，主题涉及当代社会和历史、理论与经验、自由主义和社会主义以及宗教和世俗等问题。这些多样性的论述主题，构成了他整个学术思想的基础。例如，1967年是沃尔泽这位哈佛大学新晋教授多产的一年。在这一年，他的著述涉及抵抗苏联集团的情报工作、杜鲁门主义对战后欧洲的影响、出埃及记与革命思想的关系、战争期间所适用的道德规范、人们反对政府的权利以及政

---

① M. Walzer, *The Revolution of the Saints: A Study in the Origins of Radical Politics*, Cambridge: Harvard University Press, 1965, pp. 12 - 13.

② Ibid., p. 48.

③ Ibid., p. 2.

治思想中象征的重要性等问题。① 政治行动则是这些不同关注背后的潜在主题，也是他在该时期出版的三本著作的一贯主题。沃尔泽之所以对政治行动问题感兴趣，原因可能是多方面的，但毕耶的影响无疑发挥了关键作用。毕耶的著作倾向于进行比较的历史分析，热衷于那些影响人们生活的现实问题以及政治制度中的观念问题。对毕耶和沃尔泽而言，观念最好在其出现的制度背景中进行研究，观念不能与其出现的制度背景相分离。因此，沃尔泽关于政治行动的思想，是与其早期论著中的其他主题密不可分的。下面进一步考察沃尔泽在《圣徒的革命》中对加尔文主义的研究。

加尔文主义之所以吸引沃尔泽，是因为它是激发政治行动的一个成功事例。但加尔文主义并没有激发人们对共同体的平等参与，它所激励的仅是个体行动的自主性。与天主教和路德新教不同，加尔文教是“现世的”，它是“激励现世的手段”②。而且，它的组织和纪律以及对行动主义的推动，就像“通常的激进主义……当代的理论家称之为现代化的广泛的历史运动的一个方面”③。但加尔文教并不是一种现代性的运动，它不是“与现代性相联系，而是与现代化相联系，是一种过程而远非某种结果”④。在沃尔泽看来，现代性是通过加尔文主义所遗留的传统而出现的。尽管加尔文主义提供给人们某些中世纪所缺失的，如“自治与民主参与”等现代性因素，但它和“自由主义世界”之间的关系“可能是一种历史的预备，但并不是一种理论上的预备，在圣徒成为自由主义者之前，还有很多工作要做”⑤。

这些论述在一定程度上解释了沃尔泽对加尔文主义感兴趣的原因。沃

① M. Walzer, "Anti-Communism and the CIA", *Dissent*, May-June 1967, pp. 274 - 280; "The Condition of Greece: Twenty Years After the Truman Doctrine", *Dissent*, July-August 1967, pp. 421 - 431; "The Exodus and Revolution: An Exercise in Comparative History", *Mosaic*, vol. 8, 1967, pp. 6 - 21; "Moral Judgment in Time of War", *Dissent*, May-June 1967, pp. 284 - 292; "The Obligation to Disobey", *Ethics*, vol. 77, 1967, pp. 163 - 175; and "On the Role of Symbolism in Political Thought", *Political Science Quarterly*, vol. 82, 1967, pp. 191 - 204.

② M. Walzer, *The Revolution of the Saints: A Study in the Origins of Radical Politics*, Cambridge: Harvard University Press, 1965, p. 28.

③ Ibid., p. 18.

④ Ibid., pp. 300 - 306.

⑤ Ibid., p. 303.

尔泽本人对当代自由主义是有很多批评的，但自治和民主参与对他而言是极其重要的。加尔文主义已经创造了某些自治和民主参与的条件，而且这些条件具有很多现实的可能性。同时，这也向我们呈现了沃尔泽在20世纪五六十年代政治哲学思想的另一个核心主题：通过政治行动消除不平等和非正义。“常规政治通常隐藏着非正义和压制，而‘引发关注的时刻’对动员、反抗和社会变革而言，不仅是危机时刻也是机遇时刻。公民政治是抓住这种机遇的最重要的方式之一。”[①] 对沃尔泽而言，政治行动不仅是一种善，也是一种关键手段。通过这种手段，我们能够更好地了解我们的社会和我们自己，为我们自己以及我们的后代创造一个更为公平的世界。在早于桑德尔的著作《民主的不满》十多年以前，[②] 沃尔泽就已经意识到，即使在“和平与平等的政治时刻”，美国也处于一种“更为深刻的危机边缘”，因为在这个国家中，“政府与经济日益脱离公民的有效控制，公民感到没有权力，也没有组织性”[③]。公民的这种无权力性使公民政治日益虚弱和边缘化，趋向一种无“集体规制”的形式。[④] 沃尔泽强调，政治行动的一个重要作用是，公民的参与和行动可以确定共同体关于好生活的观念，这是一件必须通过集体而不是个体来完成的事情。正是由于这个原因，沃尔泽认真思考了人们是否能够被强制地为国家而生活的问题。他认为，“强制人们为了政治共同体（或为了国王或革命）而生活必须提供一种理由”[⑤]。未经个人同意，共同体就不能对个人提出这样的要求，人们的政治义务源于他们明确的行动而非默示或假定的同意。也就是说，为了国家而生活的义务是一种可以自由选择的义务。

---

① M. Walzer, *Political Action: A Practical Guide to Movement Politics*, Chicago: Quadrangle Books, 1971, pp. 120 - 121.

② ［美］迈克尔·桑德尔：《民主的不满：美国在寻求一种公共哲学》，曾纪茂译，江苏人民出版社2008年版。

③ M. Walzer, *Political Action: A Practical Guide to Movement Politics*, Chicago: Quadrangle Books, 1971, p. 121; M. Walzer, *Obligations: Essays on Disobedience, War, and Citizenship*, Cambridge: Harvard University Press, 1970, pp. 203 - 204.

④ M. Walzer, *Political Action: A Practical Guide to Movement Politics*, Chicago: Quadrangle Books, 1971, p. 121.

⑤ M. Walzer, *Obligations: Essays on Disobedience, War, and Citizenship*, Cambridge: Harvard University Press, 1970, p. 188.

二 历史化的观念论

青年沃尔泽非常强调政治生活中的共享意识形态和观念的重要性。他认真考察了描述压制和自觉反抗的可能性，在《论义务》中，他使用专门一章对其进行了论述。他主张，为了更好地描述压制，知识分子不能仅仅寻求“移情”或“理解”，而必须从想象上和智识上进入那些相关者的“情境、意识形态、主张和选择之中”，只有这样，“正确的批评”才能建立。[①] 也就是说，为了进行社会批评，我们必须参与到我们所批评的共同体中去。同样，为了呈现压制的原因，我们必须试图成为一名内部的参与者。在《论义务》中，沃尔泽最早提出了内在的社会批评的主张，并在之后的《阐释和社会批判》、《厚与薄》等论著中进行了详细阐发。在他看来，稀薄的普遍道德，存在于潜在的更为厚重和精细的特殊道德之中；而更为厚重的道德，则蕴含在一系列制度安排和共享的意识形态之中。现代多元社会中的任何一个共同体，都将由共享某些基本稀薄观念的重叠群体所构成，而且这些观念会随着事件的发展而变化。“意识形态经历着变革和发展的过程……人们运用意识形态术语开展行动并解释他们的行动。在这个过程中，他们不断地转变他们作为表达方式的语言、想象和概念。这种转变是以不同的方式发生的。由于急剧的社会变革或政治失败与迫害的压力，惊恐和不确定的人们经常以一种惊人的不顾一切的方式，将非常不同的甚至是相互冲突的表达模式，带入不稳定的和暂时的和谐之中。”[②] 这些引语为下文将要探讨的沃尔泽关于历史与观念对制度的影响的理论，提供了一个重要线索。在沃尔泽看来，某种共享的意识形态，会随着不同群体对所面临的形势和所处的社会地位的不同认识而发生变化。因此，他提到，由于群体所处情境之间的差异，胡格诺和玛利亚教派对加尔文主义的理论和实践产生了非常不同的反映。这两个教派对待主权国家和统治者权力问题的不同方式，也说明了意识形态与其情境之间的融合方式，以及共享某种稀薄道德的共同体在制度和利益方面是如何不同的。从这里也可

---

① M. Walzer, *Obligations: Essays on Disobedience, War, and Citizenship*, Cambridge: Harvard University Press, 1970, p. 73.

② M. Walzer, *The Revolution of the Saints: A Study in the Origins of Radical Politics*, Cambridge: Harvard University Press, 1965, p. 66.

以看出，沃尔泽对宗教的兴趣，主要是将宗教作为一种社会力量，他更为关注宗教观念是如何塑造共同体以及如何与外在的世界进行互动的。他将加尔文主义者作为一个完整的、富有纪律的并共享某些意识形态原则的共同体的典型。

对沃尔泽而言，意识形态应服从于依赖特定情境的各种实践模式。作为法国贵族，胡格诺教徒建立了与玛利亚教派不同的新教派别。也就是说，与物质环境相重叠的观念，或者行动者对这些环境的感受，创造了特定的制度安排。这就是上文对沃尔泽的引语中所提到的，人们会在解释他们行动的语言上进行概念的转变。这样一来，对政治思想史或观念史的一般性研究将变得没有意义。根据某种预设的合理性假定，来研究思想的抽象体系并对其进行评价，也将变得没有意义。在《印记》杂志对其的采访中，沃尔泽提到，哲学并不能与公共事务相分离，因为哲学所使用的语言与概念本身，就是长期的社会组织和制度安排的结果。所以，某种观念的意义，对产生它的局内人与其他的局外人而言是不一样的。就像他在《论义务》中所主张的，应在“想象上进入或智识上参与到可能的场景、意识形态、主张和选择中去”①。这似乎包含了沃尔泽关于如何进行观念史研究的论述，与斯金纳的主张具有一定的相似性。但沃尔泽也经常采用某些斯金纳所反对的方式，如沃尔泽经常援引近代早期思想家的论述，来阐述他自己的立场，如霍布斯、卢梭、马克思和密尔就是他经常引用的思想家。与斯金纳相比较而言，他对待智识传统和意识形态的方式具有一种动态的特征。正如我们所看到的，对沃尔泽而言，人们不断地对他们的意识形态意义进行争论，以及对他们在形成这些意义的过程中所使用的语言和概念进行争论。而且这些语言和概念在本质上很可能是相互竞争的，关于它们的确切含义并没有特定的答案。沃尔泽对传统的理解是相当宽松的，他认为，他所涉及的许多意识形态和观念在我们中间是充分共享的。显然，他认为，传统是能够被抓住和理解的。对于历史学家或政治哲学家而言，只要他们进入所要探讨的人们的智识世界，寻求从历史中进入某种争论就是合理的和有用的。这是因为，观念总是在一系列物质环境中以及在对这些观念的争论中形成的；每一个特定的人类共同体都能够创造和重

① M. Walzer, *Obligations: Essays on Disobedience, War, and Citizenship*, Cambridge: Harvard University Press, 1970, p. 73.

塑传统，这种创造和重塑的过程将是永不停止的。因此，胡格诺教徒和玛利亚教徒发展了与加尔文主义不同的新教派别，不仅是因为这两个群体所处的物质环境不同，而且也是因为这两个群体采用了不同的方式来对加尔文主义进行阐释。即使他们所面临的物质环境是相同的，他们在观念、语言等方面的差异也必将使他们产生不同的新教派别。换言之，对沃尔泽而言，历史就是个体构建和重塑共同体的持续过程，无数个体对如何过公共生活不断地进行争论。这些争论受到特定历史时期的物质条件、观念和语言的影响，同时它们也影响着这些条件、观念和语言。

三　小结

现在，笔者对沃尔泽在 1956—1970 年间的思想做一个简单的总结。正如所看到的，在这个时期，沃尔泽思想的中心主题是论证政治行动的意义和重要性，他在这个时期所形成的基本观念和研究方法深刻影响了他的整个学术生涯。他也一直保持着在该时期所形成的大多数理论信念。虽然青年沃尔泽的研究兴趣与其后期有所不同，但通过考察其整个思想历程，仍可以看到在其思想中存在的连续性，如《圣徒的革命》、《政治行动》和《论义务》等著作与其中后期的代表性著作《正义与非正义战争》、《激进原则》、《正义诸领域》、《阐释和社会批判》以及《厚与薄》等著作之间，存在着基本观念上的连续性。而且，沃尔泽在其整个学术生涯中，都在呼吁一种“在社会学上更为丰富”的自由主义理论。[①]

---

① M. Walzer, *Politics and Passion: Toward a More Egalitarian Liberalism*, New Haven: Yale University Press, 2005, p. vii.

第三章
思想的发展与确立:对传统的融合和超越(1971—1985)

第一节 政治与学术背景

20世纪70年代对沃尔泽而言是非常重要的十年，在这十年里，他从一位青年教授成长为政治哲学领域的重要学者。沃尔泽在1980年成为普林斯顿高等研究院的社会科学基金教授之前，整个70年代他一直在哈佛大学任教。在70年代，沃尔泽最重要的著作是《正义与非正义战争》,① 该著作使沃尔泽在国际关系领域赢得巨大声誉。他在70年代的多半时间里都在从事这本著作的写作，它的基本内容曾在他与诺齐克共同开设的"资本主义与社会主义"课程中做过讲述。此外，他还保持着对美国政治中左翼行动主义以及道德与政治参与之间张力问题的关注。前者的思想主要反映在1980年出版的论文集《激进原则》中,② 这本论文集也包含了他在1964年所写的两篇文章以及《论义务》中一篇名为"一位社会主义公民生活中的一天"的论文;③ 后者的思想主要反映在《弑君与革命》这本著作的导论中，《弑君与革命》是沃尔泽所做的关于审判路易十六的讲座，它支持对路易十六和查理一世的处决。此外，这方面的思想还包含在《哲学与公共事务》杂志上发表的论文，主要讨论了政治领导者在民族危

---

① [美] 迈克尔·沃尔泽:《正义与非正义战争:通过历史实例的道德论证》，任辉献译，江苏人民出版社2008年版。该著作最初发表于1977年，先后在1992年、2000年和2006年三次修订。

② M. Walzer, *Radical Principles: Reflections of an Unreconstructed Democrat*, New York: Basic Books, 1980.

③ M. Walzer, "A Day in the Life of a Socialist Citizen", in *Radical Principles*, pp. 128 – 138.

机时刻能否僭越道德原则的问题。[①]

在本节中，笔者将简要考察沃尔泽在该时期的思想背景。正如前文所提到的，沃尔泽在70年代一直是哈佛大学的教授。这个时期的美国政治状况就像他在《激进原则》中所提到的：从20世纪60年代开始，激进主义运动急剧减少，新左派组织也不断解体，“褊狭的内部斗争，堕落的意识形态，虚假的革命暴力”[②]。作为结果，“政治参与急剧下降，政治上充满犬儒主义情绪，任何类型的左翼行动都变得极端困难”[③]。沃尔泽是在1972年写下上面这些论述的，之后几年便爆发了石油危机，新右派也在政治上取得胜利。在20世纪70年代，沃尔泽在60年代所参与的政治激进主义在美国政治生活中逐渐式微，整个80年代都是右翼在主导政治活动。这也是沃尔泽在70年代更少关注激进主义的一个原因。此外，值得注意的是，沃尔泽在20世纪70年代中期加入了伦理与法哲学学会。他自己写到，这个决定影响了他在该时期所写的《正义与非正义战争》的论证方式，“运用历史事例在一定程度上是对学会的那些朋友假定的论证方式的一种回应”[④]。同时，沃尔泽在哈佛大学所接受的学术训练，毕耶对他的影响以及历史化的观念论也都促使他走向了这种论证方式。随着1971年罗尔斯《正义论》的发表，政治哲学领域已经发生了很大的改变。在这之前，拉斯略（Peter Laslett）在《哲学、政治学与社会》中认为政治哲学已死。由于逻辑实证主义的影响和语言哲学的转向以及政治哲学中功利主义的主导，在密尔和格林之后、罗尔斯之前的这段时间里，英语学术界并没有系统地对待政治哲学，规范性的论证被认为是不合时宜的。直到罗尔斯对社会契约理论进行革新之后，这种状况才逐渐得到改善。值得注意的是，沃尔泽在《论义务》中也尝试了一种社会契约论证，这本著作在《正义论》的前一年发表。但沃尔泽并没有完全转向罗尔斯，他本人在《正义诸领域》中提到，罗尔斯更多的是使用了哲学和经济学的方

---

① M. Walzer, “Political Action: The Problem of Dirty Hands”, in *Thinking Politically*, pp. 278 - 295.

② M. Walzer, *Radical Principles: Reflections of an Unreconstructed Democrat*, New York: Basic Books, 1980, p. 157.

③ Ibid.

④ M. Walzer, *Thinking Politically: Essays in Political Theory*, New Haven: Yale University Press, 2007, p. 306.

法，而他自己则更多的是使用了历史学与人类学的方法。但伦理与法哲学学会在该时期仍然对沃尔泽产生重要影响。在《正义与非正义战争》的致谢中，他提到了该学会对他的影响，特别感谢了汤普森和诺齐克。在这个时期，文学也一直是沃尔泽写作灵感的一个重要来源。在《正义与非正义战争》、《弑君与革命》和《激进原则》中，他大量引用了莎士比亚的戏剧，尤其是《哈姆雷特》和《理查德二世和亨利五世》以及萨特的《肮脏之手》和卡缪的《最后的刺客》；在《激进原则》的导论中，他反复引用了布莱希特的诗歌《马哈格尼的兴衰》，在结论处也引用了惠特曼的诗歌。

第二节　论著解读与理论阐释

在本节中，笔者将主要对沃尔泽在该时期的主要论著进行阐释。

一　战争伦理：《正义与非正义战争》

笔者将从《正义与非正义战争》开始，尽管它的出版晚于《弑君与革命》和“政治行动”，但很显然，它是沃尔泽在该时期的主要著作。就像奥瑞德（Brian Orend）所主张的，“沃尔泽的战争理论展现了他对政治哲学基本问题的更为丰富和深刻的思考”①。正是由于这个原因，他在《沃尔泽论战争与正义》一书中，使用了七个章节中的四个章节来分析这本著作。《正义与非正义战争》共分为五个部分，每个部分都论证了正义战争理论的不同方面，还有一篇编后记，讨论了甘地的非暴力不合作行为作为一种自卫战争手段的可行性。沃尔泽在第一部分解释了为何战争活动应接受道德原则的约束，并主张与“道德实在论”相对照，存在一种与“军事策略”相类似的“战争的道德现实”，它由“人类的意见”所确定。② 他认为，尽管人们对战争持有不同的意见和评价，但这并不意味着“所有的评价都是同等的”或关于战争的“道德权威”并不存在。相反，

---

① B. Orend, *Michael Walzer on War and Justice*, Cardiff: University of Wales Press, 2000, p. 2.

② ［美］迈克尔·沃尔泽：《正义与非正义战争：通过历史实例的道德论证》，任辉献译，江苏人民出版社2008年版，第17页。

“道德权威与一种能力有关，这就是以令人信服的方式唤起和再现共同接受的原则，并将这些原则应用于具体事件的能力”①。这是沃尔泽关于元伦理的道德推理本质的重要论述，将在下文中进一步讨论。第二部分是关于开战正义或如何进行战争是正义的问题。沃尔泽的主张是，只有自卫性的战争才是合理的，但他同时也接受特殊情况下的先发制人和打击分离主义以及人道主义干涉的合理性。在第三部分中，沃尔泽讨论了“战争规约”的问题，即不顾目标的正义性，根据这些规则必须进行的战争。他主张对“开战正义”与“战争法”、“交战正义”进行区分，强调平民的豁免权以及尊重人权的重要性。第四部分探讨了战争中的伦理困境，尤其是赢得战争与尊重战争规约之间的张力问题，这种困境在“最高危机”情形中表现得最为突出。同时他也考察了战争中的中立性和核威慑问题。最后，第五部分讨论了战争犯罪的责任分配问题。

在这本著作的前言中，我们可以清楚地看到沃尔泽的写作目的。作为具有左翼激进主义倾向的他，集中思考了美国参与越南战争的伦理问题。按照他的看法，道德与政治哲学对激进主义分子而言，仅能起到间接的作用，尤其是在战争期间，因为战争危机是非常紧迫的以致没有时间进行哲学反思。但哲学也绝不是无用的，对美国的反战运动而言，从“一整套我们都知晓并且别人也知晓的相互关联的名词和概念”中会受益很多。②这些“名词和概念”就是正义战争原则，人们可能对正义战争的理论意义了解得并不多，但人们知道“……侵略和中立、战俘和平民的权利以及暴行和战争犯罪”。③ 沃尔泽认识到人们经常很随意地运用一些正义战争概念，这部分是因为战争危机的压力，但更重要的是因为分析哲学对待规范伦理的态度。因此，他主张，“……要用一种冷静的、反思的方式厘清关于战争的道德论证”。④ 从这里也可以看出，《正义与非正义战争》这

① ［美］迈克尔·沃尔泽：《正义与非正义战争：通过历史实例的道德论证》，任辉献译，江苏人民出版社2008年版，第320页。

② 同上书，第23页。

③ 同上。

④ 同上书，第24页。关于分析哲学，沃尔泽写道：“我们接受了一种教育，它教育我们：(伦理术语）不可能有适当的描述性用法和客观的意义。道德话语被排除在科学甚至是社会科学的世界之外。它表达情感而不是认知，并且无法确切地表达情感……它具有一种主观的倾向，而这种倾向发挥作用的适当领域是诗歌和文学批评。”沃尔泽在书中详细地回应了这种观点，并认为道德理论就是要令人信服地唤起人们普遍持有的原则。

本著作的写作，更多的是由现实的政治关注而非抽象的理论关注所激发的。对沃尔泽而言，这并不奇怪，因为他热衷于将政治事件以一种规范的术语进行理论化。

沃尔泽对战争的关注，主要是由现实的政治事件所激发，同时也是他对政治哲学的一种特定研究方法的捍卫。在前言中，他对这种方法进行了解释。首先，虽然他所使用的语言与国际法的语言很相似，但他的目的并不同于国际法学家的目的。他寻求解释公民如何对战争进行讨论，“我的主要兴趣不是道德世界的形成过程而是其现有特征”①。就像他经常提到的，这种讨论预设了理解的可能性，因为如果不是这样，我们既不能对我们的行为进行合理化，也不能批评别人的行为。因此，沃尔泽相信，他所寻求解释的概念能够揭示：“一种作为人类活动的战争的完整观点，一套系统化的道德学说。这套学说有时会与现有的法律学说有重叠之处，但并非总是如此。”② 由此，《正义与非正义战争》使正义战争理论重新成为政治哲学家关注的一个论题。它通过回溯“最初形塑西方政治和道德的宗教传统”③，而不是通过描述那个传统的历史来实现这样的结果。这本著作援引了很多当代的政治人物，包括哲学家、政治家和士兵等。沃尔泽解释说，他自己并不是“打算从基础开始阐明道德问题”，因为这样做将是一项永无止境的工作，而且他对道德的基础也并不确定。④ 作为一本“实践道德”著作，《正义与非正义战争》在很大程度上是与伦理上的基本问题相关的，“这本著作是关于实践性道德的。对现实世界中的具体判断和

---

① ［美］迈克尔·沃尔泽：《正义与非正义战争：通过历史实例的道德论证》，任辉献译，江苏人民出版社 2008 年版，第 27 页。

② 同上书，第 26 页。

③ 同上书，第 27 页。

④ ［美］迈克尔·沃尔泽：《正义与非正义战争：通过历史实例的道德论证》，任辉献译，江苏人民出版社 2008 年版，第 28 页。沃尔泽坚持认为，“你的道德是什么？”（What is this morality of yours?）这个怀疑论问题要比怀疑论者所想象得更为激进，因为“它不仅将他从道德一致性的世界中排除，而且也将其从一致性和非一致性、辩护和批判的更大世界中排除”。怀疑论者也不可能是一贯的批评者：因为我们共享一种道德世界，不仅因为我们同意而是“因为我们都承认达成决定所面临的同样的困难……它是不容易解决的，只有那些邪恶的人和愚蠢的人才会去尝试”。实际上，这种认识与圣经逾越节有关。某人有四个儿子，一个很有智慧，一个很邪恶，一个很愚蠢，一个很幼稚。这个邪恶的儿子问他的父亲：“你的节日是什么？”这个父亲认为，当他的儿子问这个问题的时候，他已经将自己排除在共同体之外了。这段话表明沃尔泽的正义战争观点明显受到犹太人出身的影响。

论证的研究，或许会有助于我们逐渐接近道德哲学中最抽象的问题，但是并不需要立即解决这些问题。事实上，试图解决这些问题的哲学家们，经常对眼前紧迫的政治和道德争论视而不见，他们对那些正面临着艰难抉择的人们帮助甚少。但它并不直接涉及这些问题。直接涉及这些问题的哲学家经常忽视政治与道德讨论的即时性，对人们所面临的紧迫选择帮助较少”。[①] 对沃尔泽而言，对道德论证和这些论证之间一致性的讨论是一个重要工具，通过这个工具可以论证深层次的承诺并揭示那些虚假性承诺。“揭露伪善是道德批评最普遍也是最重要的方式。我们基本上不需要发明创造新的道德原则，如果那样做，我们的批评就很难被那些我们试图谴责其行为的人们理解。我们还不如迫使伪善者坚持自己的原则，不过我们会以他们之前没有想到的方式，展开和整理这些原则。”[②]

沃尔泽认为，以一种令人信服的方式整理道德概念体系是可能的，讨论战争伦理的最令人信服的方式是，“承认和尊重个人权利及由个人组成的共同体的权利”[③]。虽然在某些情形中，功利性的考虑是有价值的，但战争伦理必须通过在极大程度上尊重权利来限制这种考虑，在“使用武力的需要”情形中也是如此。[④] 这本著作序言的最后一点，是关于“实践道德”本质的看法。沃尔泽通过对特殊事例的考察来进行论证，《正义与非正义战争》就是“一种充满历史事例的道德论证”。这些特殊事例被概括出来只是作为一种典型，“对此感到沮丧的读者可以姑且认为这些事例是虚构的——是想象设计出来的而不是从史料中研究出来的。然而，我所讲述的是人们真实的经历和人们确实曾发生过的争论，这对于我自己所从事的事业的感情来说是很重要的”[⑤]。这本著作的前言部分不仅是沃尔泽写作意图的一个关键指引，而且也是他所主张的道德与政治哲学观点的重

---

① ［美］迈克尔·沃尔泽：《正义与非正义战争：通过历史实例的道德论证》，任辉献译，江苏人民出版社 2008 年版，第 28 页。

② 同上书，第 28 页。这段描述是沃尔泽在《阐释和社会批判》中关于道德理论的合理路径的观点的前兆。

③ ［美］迈克尔·沃尔泽：《正义与非正义战争：通过历史实例的道德论证》，任辉献译，江苏人民出版社 2008 年版，第 28 页。

④ 同上书，第 29 页。

⑤ 同上。在这本书序言的结论中，沃尔泽认为，战争理论的困境集中体现为获胜和以正当方式作战的两难困境。他认为，在战争中，道德困境是一个比战争规则更为重要的问题。这种道德困境也是他在“政治行动”一文中探讨的“肮脏之手”问题。

要陈述。就像在《正义诸领域》中一样，他将自己视为一位特殊主义的思想家，但他仍认为进行规范的理论化是必要的，因为我们生活在一个价值和规范共享的世界中。而且，他在《正义诸领域》中的论证也表明，政治哲学应该运用历史学而不是哲学或经济学的方法；《阐释和社会批判》则表明政治哲学家应该致力于解释而不是发现或创造伦理原则。但《正义与非正义战争》与其后期的这两本著作经常被认为存在某种不一致，因为这本著作是以权利理论为基础的，而在后期的著作中，沃尔泽似乎并不依赖人权观念。

《正义与非正义战争》的第一部分表明，沃尔泽是将正义战争理论视为对战斗人员和指挥人员的一系列有意义的限制。在第一章中，他极力反对“在战争中法律缄默无声”的现实主义主张。[①] 这种现实主义主张正是修昔底德所提到的米尔斯对话中，雅典指挥官所持有的观点。修昔底德指出了现实主义的主要观点：战争可能是残酷的，但参战人员的活动却不能因此而被批判。沃尔泽对现实主义立场的批判，主要立足于他对“必然性”的性质的认识。他认为，将某些事物视为“必然的”，就意味着它是“不可缺少的”或“不可避免的”。修昔底德可能模糊了这种特性。正是由于坚持这种特性，沃尔泽能够将战争视为一个伦理可以在其中发生作用的领域。战争并不能被严格地视为“必然的”，因为人类还可以有其他的选择。因此，战争行为并非是“不可避免的”。一旦将军事行动视为可以选择的事物，沃尔泽就能够主张道德的语言与军事策略一样，可以一种相似的方式运行。[②] 他主张，道德是在共同体之间变化的，因为共同体“关于正当性的观念是持久不变的”。[③] 这种主张似乎与其在《正义诸领域》中的主张存在矛盾，因为在《正义诸领域》中他认为正义是与社会意义相关的。例如，只要与所适用的共同体的共享理解相一致，

① ［美］迈克尔·沃尔泽：《正义与非正义战争：通过历史实例的道德论证》，任辉献译，江苏人民出版社 2008 年版，第 3 页。

② 同上书，第 15—17 页。按照沃尔泽的观点，就像道德判断一样，军事判断也是规范性的和描述性的。战略家所做的战略部署，就像道德一样是“一种用来证明正当性的语言”。它们以一种参与者可以理解的方式来解释实际发生了什么。而且，在这两种情形中，“只有当道德和军事策略术语的实质性内容，已经非常清晰明确时，才能以祈使的方式使用它们，才能以规则的形式，表达这些术语包含的智慧”。

③ ［美］迈克尔·沃尔泽：《正义与非正义战争：通过历史实例的道德论证》，任辉献译，江苏人民出版社 2008 年版，第 18 页。

种族制度也可以是正当的。沃尔泽提供了大量的历史事例来证明战争期间道德原则的连续性。笔者将在后面进一步考察《正义与非正义战争》中的论证，是否与《正义诸领域》中的相对主义论证相一致。在该著作的第一部分还有另外两个章节，其中一章意在解释战争作为一种罪行究竟意味着什么，另一章则解释了存在战争规则的原因以及为“交战正义”观念辩护。

第二部分的四个章节主要是关于“侵略的理论”，这一部分是存在争议的。沃尔泽的批评者认为，他对不干涉原则的强调，使他的理论看起来是保守主义的，而且这也损害了他所发展的以权利为基础的正义战争理论。这引起了沃尔泽对“国家道德身份”的思考。他认为，“侵略是我们赋予发动战争的罪名……侵略观念是值得关注的……它是国家能够对别的国家犯下的唯一罪行：所有其他行为都只能说是不良行为而已”[①]。政治共同体具有两种基本权利：领土完整与政治主权以及国家总是具有进行自我捍卫的权利。因此，这也使得很多批评者将沃尔泽的理论视为社群主义的。他在《正义与非正义战争》中主张，国家的权利源于个人的权利。国家捍卫自己的理由是，对国家的攻击就意味着对其成员的攻击，这不仅威胁到他们的生命，而且威胁到他们共同的自治权。因此，在论证反对侵略的主张中，沃尔泽反复强调，“个人（对生命和自由的）权利，构成了我们对战争做出的那些最重要判断的基础”[②]。在《论义务》中，他将国家建立在契约的基础之上，目的也是捍卫个人的权利，包括在作为共同体的国家中所共享的那些权利。这也是沃尔泽视为“法条主义范式”的基础，战争犯罪可以与公民在国家中同等意义上的犯罪进行一种“国内类比”。[③] 按照沃尔泽的说法，尽管国际社会比最弱意义上的国家都缺乏一种完整的法制结构，但这种范式仍是有意义的。对作为整体的国际社会而言，侵略就是一种威胁。由于缺乏一种国际性的警察力量来阻止战争犯罪的发生，所以，“必须维护成员国的权利，因为正是为了这些权利，国际社会才产生和存在。如果不能维护这些权利，（至少有时）国际社会就会

---

① ［美］迈克尔·沃尔泽：《正义与非正义战争：通过历史实例的道德论证》，任辉献译，江苏人民出版社2008年版，第59页。

② 同上书，第62页。

③ 同上书，第67页。

崩解而陷入战争状态，或者变成全球专制制度”①。

沃尔泽从“法条主义范式”中得出两个结论：一是抵制侵略总是正当的，因为自卫是对整个共同体的一种捍卫；二是在任何战争中，总有至少一个国家要为战争负责。对沃尔泽而言，战争的双方有可能都是非正义的，但不可能都是正义的。通过使用“法条主义范式”，沃尔泽总结了关于侵略理论的六个命题：（1）“存在一个由独立国家组成的国际社会”；（2）“国际社会存在一套规定了其成员权利的法律——其中最重要的权利是领土完整和政治主权”；（3）“一个国家使用武力或威胁使用武力，侵犯另一个国家的政治主权和领土完整的任何行为都构成了侵略，属于犯罪行为”；（4）“侵略使两类武力反应正当化：受害国进行的自卫战争，以及受害国和国际社会的任何成员国进行的执法战争”；（5）“只有遭到侵略才能证明战争是正当的。这个理论的核心目的是限制发生战争的可能性”；（6）“一旦进行侵略的国家在战场上被击败，也可以惩罚它”②。这就是沃尔泽所主张的“开战正义”的理论。除此之外，在“优先打击”、分离主义或民族解放、反干涉以及极端情况下的人道主义干涉等情形中也存在开战的“免责条款”。在对这些“免责条款”的讨论中，沃尔泽坚持认为，“预防性”的战争并不包含在内，因为这样的战争是对“非紧迫威胁”的一种回应，它是“自卫者”在对威胁进行自我评估的基础上，所做出的一种自由选择。只有在如果不进行“优先打击”，国家的领土完整或政治主权将面临严重的威胁之时，这种“优先打击”才是正当的。正是由于这个原因，沃尔泽认为以色列在1967年主动发动针对埃及的战争是正当的。埃及在以色列边境运用武力，已迫使以色列处于战争的边缘，对以色列造成了严重的威胁。而“预防性打击”只是战争恐惧意识的一种反应，但只有当国家被威胁时而不是感到恐惧时，战争才能够被发动。

沃尔泽运用同样的理由来论证民族解放战争的情形，即一个“特殊共同体”为了自身独立而反对实质上外在于它的某种力量，即使这种力

---

① ［美］迈克尔·沃尔泽：《正义与非正义战争：通过历史实例的道德论证》，任辉献译，江苏人民出版社2008年版，第68页。

② 同上书，第70—72页。

量在事实上控制着这个共同体。[①] 该论证与对“优先打击”的论证在本质上是一致的。按照沃尔泽的理解，反侵略理论建立在一种保持多元世界秩序的渴望之上，当民族解放战争促进了这样一种多元秩序时，这种理论的精神就得到了最好的尊重。正是基于这样的理由，沃尔泽坚持不干涉原则。笔者将在考察沃尔泽的“国家的道德身份”一文时，对此进行详细讨论。沃尔泽的论证在本质上追随了密尔，即自治不仅是一种政治权利，而且也是共同体获得独立的唯一方式：“一如个人必须自己培养自己的德性，政治共同体的成员也必须自己谋求自己的自由。自由不能由外部力量给予，就像德性不能由外部力量给予。”[②] 也就是说，在帮助国家保持或实现自由方面，外在的干涉不可能成功，这就像个人不可能被强制自由一样。自治的权利是人们“通过自己的努力获得自由”的权利，不干涉是对实现这种自由的权利的一种尊重。[③] 而自治的理想能够在人道主义中得到最大限度的展现，也正是由于这个原因，沃尔泽很支持对奴役或大屠杀等情形进行人道主义干涉。对人道主义的诉诸“与作为整体的共同体的自由相关；当共同体成员的自由处于危险时刻时，它无力去捍卫”。[④] 在沃尔泽看来，自治是最基本和最重要的人权之一，当作为自治前提条件的更为基本的权利处于危险之中时，自治也将被践踏。但沃尔泽也担心进行人道主义干涉的动机，所以他主张，除非在最极端的情形下，否则自治必须首先得到尊重。人道主义干涉只有“作为对‘震撼人类道德良知’的行为反应时”才是正当的。[⑤]

沃尔泽在第二部分的结尾考察了这样一些情形，为了赢得某项事业可能促使我们赞同一些超越自卫性质的战争，尤其是讨论了二战期间要求德国和日本无条件投降的联盟政策。按照他的解释，无条件投降的要求通常是不可接受的，因为虽然侵略国家由于破坏了和平而应受到惩罚，但这种要求仍然违背了被惩罚国家自主选择政体的权利。他强调，正义战争并非一项改革运动，在要求无条件投降时必须非常谨慎，除非在一些特殊情形

---

① ［美］迈克尔·沃尔泽：《正义与非正义战争：通过历史实例的道德论证》，任辉献译，江苏人民出版社 2008 年版，第 105 页。

② 同上书，第 99 页。

③ 同上书，第 100 页。

④ 同上书，第 113 页。

⑤ 同上书，第 120 页。

中，由于所涉及的政体性质本身所具有的威胁性而必须这样做。因此，沃尔泽认为，无条件投降的联盟政策只适用于德国而不适用于日本。因为纳粹政体是如此的“邪恶”，以至于它“将自身置于可以谈判和容忍的道德世界之外”。[①] 所以，同盟国拒绝与纳粹领导者进行谈判是正当的。“在占领德国和设立新的政体之前，德国不存在政府。”任何形式的纳粹政权的存在，都将威胁国际秩序的稳定，因此德国政府丧失了自决的权利，但德国人民并没有丧失自决的权利。虽然无条件投降政策提出德国人民“临时丧失政治自由”，但这是因为他们自己无法推翻纳粹政权，他们可以被视为处于“政治托管”之中，但这种“政治托管”是“有限的和暂时的”。[②] 除此之外，任何惩罚都将违背德国人民进行自决的权利。最后，沃尔泽得出结论认为，“法条主义范式”的第五种修正，对解释国内惩罚与国际惩罚间的差异是必要的。正义战争“在特征上是保守的”，它不能像国内的惩罚那样寻求“消灭一切非法的暴力”，而仅仅是“应对特定的暴力行为”。[③]

《正义与非正义战争》的第三部分，主要关注了“交战正义”问题。“交战正义”最重要的原则是，非战斗人员在军事战争中的豁免权以及在战争中对武力的运用应遵循适当的原则。沃尔泽首先批判了那些认为在正义战争中可以使用任何措施的观点，“因为双方军人个人的道德地位是完全平等的：他们走上战场是出于对自己国家的忠诚和合法的服从。他们大多相信自己正在进行的战争是正义的……”[④] 他强调，不能将士兵的行为与国内罪犯的行为相类比。此外，他还考察了西季威克关于“任何行动都是有用的，适当的行动就是正当的行动”的观点。[⑤] 尽管沃尔泽承认西季威克的规则是寻求“节约武力”，但他认为它们是不充分的，并认为它们未能“解释我们对军人、将军行为的最重要的判断”。[⑥] 士兵并不是想仅仅计算他们行动的功用，而是对一系列不能违背的规则的坚持，尤其是

① ［美］迈克尔·沃尔泽：《正义与非正义战争：通过历史实例的道德论证》，任辉献译，江苏人民出版社 2008 年版，第 127 页。

② 同上书，第 129 页。

③ 同上书，第 135 页。

④ 同上书，第 141 页。

⑤ 同上书，第 142—143 页。

⑥ 同上书，第 144 页。

不能攻击非战斗人员，不能进行掠夺的规则。[①] 沃尔泽也反对另一种观点，即最好的战争是能够最快地实现结果的战争。因为这样的战争有可能毁掉未来和解以及“恢复战前活动”的可能性。[②] 在这一点上，沃尔泽遵循了康德的主张。沃尔泽强调，没有约束的战争将不会减少未来战争的可能性，反而会导致仇恨和报复；而对战争进行约束的最好方式是，尊重非战斗人员和未参加战斗士兵的权利。“所谓正当的战争行为，就是不侵犯该行为所针对的对象的权利的行为。……不能强迫任何人战斗或者以生命冒险，不能对任何人以战争相威胁或对其发动战争，除非因为他们自己的某些行为而放弃或丧失了权利。”[③] 在这一点上，《正义与非正义战争》与《论义务》中的观点存在重叠。在《论义务》中，沃尔泽认为，一个人只对他已经明确同意的承诺负责，只有在明确同意的情况下才能被命令去战斗。

沃尔泽强调，在实践中，非战斗人员的豁免权是一项必须严格捍卫的原则。“战争规约的第一原则是：一旦战争开始，军人在任何时候都可以被攻击，除非他们被俘或受伤。”[④] 沃尔泽认为，那些参加战斗的军人已经丧失了生命权。为了强化这种观点，他列举了一些士兵不情愿杀死其他士兵的情形，在这些情形中，某些士兵没有自卫能力或没有武装或正在吸烟或睡觉等，杀死这样的士兵并不违背战争规则。但沃尔泽也认为拒绝向这样的人开枪，似乎抓住了战争规约的真正核心精神。因为“认为一个人具有生命权究竟意味着什么？这么说的意思是，如果一个同类的人对我没有威胁，他的活动是享受和平和同志友谊，我就承认他的生命和我自己一样有价值。敌人总是被说成是和我们不同，虽然这让我们先入为主地产生了把他们看得丑陋怪诞的刻板形象，不过这自有其道理。当敌人杀死我时，他是我的异己对立物，也是我们共同人性的异己对立物”[⑤]。换言之，这样的人将战争施加于参战的士兵，他们就变成了合法的打击目标，因为即使他们是不情愿的，但他们在事实上威胁了士兵们的生命。

---

① ［美］迈克尔·沃尔泽：《正义与非正义战争：通过历史实例的道德论证》，任辉献译，江苏人民出版社 2008 年版，第 145—146 页。

② 同上书，第 146 页。

③ 同上书，第 150 页。

④ 同上书，第 153 页。

⑤ 同上书，第 158 页。

沃尔泽一再强调，即使在“军事需要”的情况下，平民也不能成为攻击目标。他认为，事实上，这根本与“需要”无关，这是一种隐秘的言说方式，或一种谈论可能性和危险的夸张方式。“战争理性只能证明杀死那些我们有理由认为应该杀的人的正当性。这里考虑的与其说是可能性和危险，不如说是要杀的人的身份。”[①] 沃尔泽认为，只有那些为战争提供军事必需品的工人，才是合法攻击的对象。“关键的区分不在于他们是否为战争事业工作，而在于他们是为军人制造作战所需的产品，还是像我们所有其他人一样为自己制造生活所需的产品。当军事需要时，可以攻击坦克工厂、杀死那里工作的个人，然而却不能攻击食品加工厂的工人。前者类似于军人——应该说是部分类似，因为他们不是武装起来、准备作战的人，所以只能在工厂里（而不能在家里）攻击他们，那时他们正在实际从事威胁和有害于敌人的活动。后者即使只为军队生产，他们的工作也不一样。他们与生产医药用品、穿着用品以及所有那些无论是和平时期还是战争时期都以不同形式为人所需的产品的工人一样。”[②] 按照这个逻辑，只有造成军事威胁的人，才有可能成为攻击的对象。

沃尔泽是平民豁免权的绝对捍卫者，交战军队必须确保不能杀害平民，必须避免以他们为目标。他运用“双重后果”观念对战争规约的第二个原则（即任何情况下都不能攻击非战斗人员）进行论证。但在军事目标受到攻击的过程中，有可能对非战斗人员造成伤害，非战斗人员遭受危险常常不是人们有意攻击他们，而仅仅是由于他们靠近别人作战的战场。[③] 沃尔泽认为，只有在以下四个条件成立时，才允许可能造成不利后果的行为：（1）行为本身是正当的，至少是中立的，就是说，在我们看来它是一个正当的战争行为；（2）直接后果在道德上是可以接受的，比如摧毁敌人的军事后勤供给或杀死敌方军人；（3）行为者的意图是好的，即他的目的仅仅是可以接受的后果；不利后果不是行为者的目的，也不是达到其目的的手段；（4）有利后果足够好，足以弥补和抵消允许的不利后果，这一点可以用西季威克的相称规则来证明。[④] 但这并不适用于军事

---

① ［美］迈克尔·沃尔泽：《正义与非正义战争：通过历史实例的道德论证》，任辉献译，江苏人民出版社 2008 年版，第 160 页。

② 同上书，第 162 页。

③ 同上书，第 168—169 页。

④ 同上书，第 170 页。

恐怖主义，因为对平民的伤害必须只是行动的一种副作用而不是其目的。“坏后果”应被尽可能地减少，士兵必须表现出“对保护平民生命的一种积极承诺……如果保存平民的生命意味着要以军人的生命冒险，这样的危险必须接受”①。

在第三部分的其他章节中，沃尔泽进一步强调了非战斗人员在各种战争情形下的豁免权。在对城市进行包围的战斗情形中，城市作为关键的军事目标很可能受到攻击，这通常会造成平民伤亡。在这种情况下，交战双方都要对城市居民的安全负责，应允许被围困城市的居民从城中离开。但如果是这些居民自愿留下来，那么他们就成了合法的军事目标。在游击战中，非战斗人员的豁免权很难实现，因为从事游击战的战斗人员通常混合在平民中间，很难进行区分。在这种意义上，游击战是在故意破坏“交战正义”，并且“挑战了战争规则最基本的原则”②。他们本身可能不会攻击平民，但无法保证其敌人不那么做。游击战的信条是“人民战争”或“全民动员”，“游击队员不认为自己是躲藏在人民中的孤独战士，而是认为全体人民都已被动员起来参加战斗，他自己只是众多战士中的忠诚一员”③。沃尔泽认为，人民的支持是确定游击战“交战正义”的关键因素。如果游击战在事实上获得了人民群众的支持，那么它就获得了战争权利。“如果民众没有给予这样的认可和支持，游击队就可以正当地被视为匪徒或罪犯。但是，如果有相当数量的民众支持，游击队就获得了传统上提供给战俘的‘仁慈隔离’的资格，只要他们没有特别的罪行，比如刺杀或者暗中破坏，因为也可以惩处军人的这些行为。”④

这个论证清楚地确定了游击队的权利，也提出了人民的权利这个最为重要的问题，它是游击战的关键问题。“必须把游击队与平民隔开，将其与所受的保护切断，同时保护平民免受战斗的伤害。最后一点在游击战中比在正规战中更重要，因为在正规战中假定了‘敌方平民’的敌对性，在游击战中却必须寻求平民的同情和支持。游击战是一种政治性的甚至是

① ［美］迈克尔·沃尔泽：《正义与非正义战争：通过历史实例的道德论证》，任辉献译，江苏人民出版社 2008 年版，第 173 页。

② 同上书，第 198 页。

③ 同上书，第 199 页。

④ 同上书，第 205 页。

意识形态的战争。”[①] 在沃尔泽看来，如果不能做到这一点，反游击战可能无法取得胜利，也就不应该进行这种战争。因为游击战拥有人民的支持，而反人民的战争就是反自决权利的战争，就是一种侵略战争。这也是沃尔泽批评美国参与越南战争的理由，也是他写作这本著作的重要目的之一。在他看来，越南战争这种情形中，尽管“开战正义”与“交战正义”的原则在逻辑上彼此独立，但它们本质上是一致的。因为像越南战争这样的情形，“这场战争不能获胜，也不应该获胜。这场战争不能获胜，是因为唯一可以使用的军事策略必然导致一场针对平民的战争；它不应获胜是因为，平民对游击队的支持一旦达到排除了其他策略选择的程度，那么游击队就成了这个国家合法的统治者。对他们的战争不仅是非正义的战争，也是只能以非正义的方式打下去的战争。这场战争如果是由外国人来打就是侵略；如果是由本国政府来打就是暴政。反游击武装的论证从两个方面都站不住脚”[②]。正是因为美国正在进行一场实质上是侵略的帝国战争来对抗整个国家，进行这场战争也就不符合正义战争的规则。

最后一种类型是报复行为，在这种类型中，非战斗人员的豁免权成为一个棘手的问题。沃尔泽认为，报复行为会阻止当事人肆无忌惮地进行战争，就这一点而言通常是合理的。但在道德上是有争议的，因为它是一种简单的功利性的行动类型：战争的一方处决了若干名战犯，因此另一方也相应地处决同样数目的战犯，但这些战犯却不应受到这样的惩罚。按照沃尔泽的理解，如果这种报复行为是正当的，那它就是一种功利主义计算的结果，这样的计算允许侵犯无辜者的权利，而所有针对无辜者的报复行为都必须受到谴责。但沃尔泽也对一些轻微侵犯战争规约的报复行为表示了宽恕，如禁止使用毒气，这样的禁止在道德上并不是必需的，因为士兵是合法的攻击目标。也就是说，战争规约致力于使国家免受威胁但并不对抗无辜的旁观者。

综上而言，沃尔泽主张，不侵犯原则可以不适用于“优先打击”、分离主义、反殖民主义、反干涉、在重大灾难中的人道主义干涉等情形；非战斗人员的豁免权是“交战正义”的最重要原则；具有双重后果的军事

---

① ［美］迈克尔·沃尔泽：《正义与非正义战争：通过历史实例的道德论证》，任辉献译，江苏人民出版社2008年版，第206页。

② 同上书，第217页。

行动必须谨慎从事；围城战、游击战、恐怖主义以及报复活动必须进行严格的限制。但在这些情形中，严格遵守战争规约会不会导致军事上的失败？沃尔泽在《正义与非正义战争》的第四部分对这个问题进行了探讨。他最重要的理论出发点，是讨论“最高危机”观念。沃尔泽认为，如果国家处于“最高危机”之中，就可以超越但不能无视战争规约。他概括了适用战争规约所面临的困境以及中立的权利。

对“最高危机”的论证，最重要的观点是“权利同比变动说”。按照这种观点，“谁的战争越正义，谁的权利就越多。……我进行的战争事业越正义，为了这个事业我可以违反的规则就越多”。但某些规则是“永远不能违背的”。[①] 这种观点既承认个人的权利，也允许为了实现战争胜利而对自由进行一定程度的侵犯。它表现了“开战正义”与“交战正义”之间存在的张力：它默认了在赢得战争的需要与进行战争的道德要求之间的妥协。沃尔泽明确反对“为了赢得正义战争可以不择手段”的极端观点。“权利同比变动”的观点对战时的领导者而言，更容易使他们认为是被“强迫”违背战争规约的。换言之，这种方法容易将权利视为能够被“侵蚀或消减的”。而沃尔泽强调，权利只能被暂时超越而不能被无视，超越权利的人必须“承受道德的后果以及犯罪的责任”[②]。而且，“最高危机”的观念意味着权利只有在真正必要的情形下才能被超越。

中立是一个关乎非战斗人员的豁免权而不是战争困境的问题，它是非战斗人员的标准德性。沃尔泽在这本著作的后面探讨了这个问题，并将其作为“何时超越战争规约是合理的”这个问题的典型。根据他的观点，在保持中立的权利与中立的当事人的权利之间进行区分是重要的。中立问题之所以与超越战争规约的问题如此紧密相关，原因在于，当侵略者对普遍的和平造成威胁时，保持中立的权利将是脆弱的，此时，中立的当事人在某种程度上被认为是不道德的。但是，沃尔泽强调国家的权力是中立的，因为国家并不能像公民那样可以依靠警察力量，国家卷入战争所带来的风险，与公民卷入国内斗争所带来的风险是不同的。进行战争的国家必

---

① ［美］迈克尔·沃尔泽：《正义与非正义战争：通过历史实例的道德论证》，任辉献译，江苏人民出版社 2008 年版，第 253 页。

② 同上书，第 256 页。

然“谴责对其公民造成的无限伤亡”。[①] 中立的权利最好被视为一种限制战争扩散的方式。沃尔泽认为，中立在道德上不合理的唯一情形是，侵略者造成了一种普遍的威胁：“因为即使中立国有权利，或者可能有权利让别国人民在他们自己的争端中死亡，也没有权利让他们为了别人的利益而死。”[②] 在一定意义上而言，对中立的限制发生在涉及所有人的情形中，并依赖涉及所有人的事情必须由所有人来决定的原则。沃尔泽曾在《激进原则》中对这一原则进行了辩护。

这也将我们带入了沃尔泽对“最高危机”观念的考察。这个术语借用了丘吉尔对英国在1939—1940年间所面临形势的描述，它表示国家面临“紧急”而且是“灾难性的”危险，只有同时符合这两个条件才能被称为“最高危机”。沃尔泽考察了英国前首相鲍德温（Stanley Baldwin）对这种情势的理解，即任何人在面临迫切的死亡危险时，在拥有武器的情况下都会拿起武器为拯救自己而战。在沃尔泽看来，这种类比具有一定的道理，“如果极端手段对个人逃脱死亡或者国家避免军事失败是必要的（不可缺少的），人们将必然（不可避免地）采用极端手段”[③]。但同时这种观点也是存在缺陷的，鲍德温忽视了存在一种“紧急”但并非“灾难性”的情形，如某些军事失败只会带来较小的损失，又如只是给战胜方赔款，在这种情况下，国家在道德上就有义务接受战败。只有当“危险是非同寻常的和非常可怕的”时，一个国家才能“运用极端措施”。在沃尔泽看来，反对纳粹主义的战争就是这样一种情形，“它对人类的价值造成了巨大的威胁，因而它的迫近肯定会构成一种最危急的时刻”[④]。沃尔泽对国家如何面对“最高危机”进行了认真思考。例如，英国在1940年决定对德国进行恐怖式轰炸，他认为这是正当的，那时丘吉尔相信这对英国的生存和最终取得战争胜利而言是必要的。但英国在1942年再次进行这样的轰炸行为就构成了一种战争犯罪，因为当时苏联和美国的援助已经为英国提供了其他的可能性，这种情形使得英国的形势不再是一种“最高危机”。在这种情况下，国家应该承认战败，这是一种危机但并不是一

① ［美］迈克尔·沃尔泽：《正义与非正义战争：通过历史实例的道德论证》，任辉献译，江苏人民出版社2008年版，第261页。

② 同上书，第263页。

③ 同上书，第279页。

④ 同上书，第280页。

种紧急的“最高危机”。因此，国家仍应遵照战争规约进行战争。沃尔泽认为，英国在1942年之后实施的恐怖式轰炸，“……是一种功利论，这种论证强调的不仅是胜利本身，还有获胜的代价和时间”①。为了证明这一点，他通过批评美国向广岛投放原子弹的行为，进行“最高危机”的论证。就像他所指出的，爱因斯坦和其他参与原子弹研究的科学家后来提到，如果不是担心德国首先研制出原子弹，他们无论如何也不会参与到原子弹的研究中去。换言之，这些科学家认为，如果这是击败或阻止纳粹的唯一方式，对德国使用原子弹就是正当的。沃尔泽认为，对日本的战争并不是如此的紧急以至于必须使用原子弹，“轰炸广岛唯一可能的辩护是一种没有权利同比变动的功利计算，因为没有权利同比变动的余地，这种计算提出了越过战争规约和日本平民权利的要求”②。他进一步指出，原子弹轰炸的事例表明，将功利主义作为思考战争的道德基础是不合理的。投放原子弹的决定“与我所说的1940年英国所面临的情形是不同的。它不具有这种形式：如果我们不做X（轰炸城市），他们就会做Y（赢得战争、建立暴政统治、杀戮他们的反对者）。鉴于美国的实际政策，可以将其概括为：如果我们不做X，我们就会做Y”③。在美国政府看来，为了达到使日本无条件投降的要求，这样做是合理的。但这种要求本身就违背了战争规约，因为“如果人们有权利不被迫战斗，他们也有权利在战争本来可以恰当结束时不被强迫继续战斗。这样一来，最高危机的时刻、关于军事需要的争论和避免生命牺牲的解释都不可能了。强迫战争继续，等于是再次犯下侵略罪行。1945年夏季，获胜的美国欠下日本人民一次谈判的尝试。使用原子弹，杀死、恐吓平民而甚至没有进行谈判的尝试性努力，属于双重犯罪”④。

这本著作的第四部分主要讨论了战争的困境与“最高危机”的性质问题，第五部分则主要考察了战争犯罪的责任分配问题。这些都是二战以来国际政治中日益重要的问题。沃尔泽分别考察了政治领导人、公民、士兵和军事领导人在战争中的责任问题。沃尔泽所关心的主要是道德责任，

① ［美］迈克尔·沃尔泽：《正义与非正义战争：通过历史实例的道德论证》，任辉献译，江苏人民出版社2008年版，第289页。

② 同上书，第294页。

③ 同上书，第295页。

④ 同上书，第296页。

他对道德责任的考察与其对道德推理的认识紧密相关，即“道德权威与一种能力有关，这就是以令人信服的方式唤起和再现共同接受的原则，并将这些原则应用于具体事件的能力”[①]。因此，对战争犯罪的裁决，既是可辩护的也是必要的。

在沃尔泽看来，战争责任的最重要承担者是政治领导人，因为正是他们最初进行了侵略犯罪，并使他们的国家卷入战争。他强调，政治领导人并不对“国家的行为”负责的观点是不合理的，因为“国家行为同时也是某些个人的行为，当这些行为具备了侵略战争的形式，个人就要对罪行负责”。国家的首脑及其直接的顾问是最应负责任的一批人。此外，民主政治之下的公民，同样也要为他们国家的战争犯罪负责，“在公共领域中，自由行动的可能性越大，共同体成员对于以所有人名义实施的罪行的罪责就越大”[②]。但那些投票反对战争或拒绝参加战争的公民并不负有责任。支持战争的那些公民“……应该受到指责，不是因为侵略战争，而是因为他们不好的公民信念”[③]。除普通的公民之外，“还有一群更有知识、政治学家称之为外交政策精英的人，他们离国家的领导者不那么遥远，这些人中的一部分和与他们有联系的人一起，可能形成一个‘反对派’，甚至形成一场反对战争的运动。如果是侵略战争，我们也许可以将全体知识分子视为应受指责者，至少是潜在的应受指责者，除非他们反对战争。……这些人中肯定有许多人在我们对越南的侵略战争中是政府的道德同谋者”[④]。

战场上的士兵虽不是战争犯罪最重要的但却是最直接的责任承担者。在对士兵过失的考察中，沃尔泽对他们的过失表示同情，士兵的行为在“激烈的战场上”是在履行义务，这种观点“其实是以暂时性的精神失常来辩解”。[⑤] 尽管对士兵的行为表示同情，但沃尔泽并不允许士兵回避他们的战争责任。虽在激烈的战场上，但士兵也应尽可能地保持他们日常的道德意识，如果能够拯救平民的生命，士兵就必须接受个人可能承受的风

① ［美］迈克尔·沃尔泽：《正义与非正义战争：通过历史实例的道德论证》，任辉献译，江苏人民出版社 2008 年版，第 320 页。

② 同上书，第 332 页。

③ 同上书，第 335 页。

④ 同上书，第 336 页。

⑤ 同上书，第 341 页。

险。“军人永远不可能成为纯粹的战争工具。扳机永远是武器的一部分，而不是人的一部分。……虽然他们受到的训练是‘毫不犹豫地服从’，却仍然可以犹豫。……把军人视为根本不做任何道德判断的机器人肯定是错误的。相反，我们必须非常仔细地研究他们所处环境的具体特征，努力理解：在这样的环境下，在这一时刻，服从或者抗拒命令可能导致什么后果?”① 也就是说，我们在判断军人的行为时，必须对服从军事纪律的需要与人道的要求予以权衡取舍。此外，在士兵不知情或被强迫的情形下，军事领导人应对战争犯罪承担主要责任。沃尔泽指出，战役属于军事指挥官，而不属于普通士兵；指挥官可以获知所有的可用信息，也拥有获取更多信息的手段；他们对自己指挥的全部行动和期望收到的效果有全面的了解。因此，如果不符合“双重后果说”的条件，就应该毫不犹豫地要求指挥官对此做出解释。其次，军事指挥官在组织力量时，必须积极执行战争规约并用规约约束部下。

笔者将以沃尔泽在编后记中对和平抵抗的反思，来结束《正义与非正义战争》的讨论。需要强调的是，对沃尔泽而言，战争中的张力，主要存在于“打赢”与“打好”或者“集体生存与人类权利”之间，这也产生了唯一的和真正的军事需要。② 正是这种张力使得沃尔泽认为，非暴力只有在战争规则得到遵守时才是可行的。他对和平抵抗侵略表示赞同。“如果不能指望道德的规则，非暴力主义要么是经过伪装的投降，要么是军事失败后保卫共同价值的最低限度的方式，我不想低估后者的重要性。”③ 例如，遇到像希特勒这样的敌人，非暴力抵抗是不可能的。正是由于这个原因，非暴力抵抗将不能摆脱“赢得战争”与“维护道德规则”之间的张力。换言之，正义战争理论与非暴力抵抗都无法使其追随者承诺不侵犯人类权利。沃尔泽解释说，他的目的从来不是赞美战争，而是解释为什么它能够在我们所生活的世界中存在。正义战争理论与非暴力抵抗都是寻求限制战争的方式，只有在前者成功地使政治家和士兵遵守战争规约的前提下，后者才能有效。

---

① ［美］迈克尔·沃尔泽：《正义与非正义战争：通过历史实例的道德论证》，任辉献译，江苏人民出版社 2008 年版，第 346 页。

② 同上书，第 363 页。

③ 同上书，第 369 页。

二　社会民主主义的反思：《激进原则》

《激进原则》是一本论文集，是沃尔泽在1964—1979年间为包括《异议》、《新共和》、《纽约书评》、《马克思主义视界》以及《社会调查》等杂志所写的论文。但这本著作仍然具有连贯统一的结构。它主要由四个紧密相关的主题构成，反映了沃尔泽对每个主题的观点在这15年间的变化。这些变化是社会政治背景变化的反映，同时也表明了沃尔泽在政治哲学思想方面的发展。

《激进原则》的第一部分是“撤退中的自由主义”，主要涉及的是在社会变革和来自左右派反对的情形下，自由主义和美国的福利国家所面临的困境。第二部分是“新左派”，主要论述了新左派的政治活动及其衰落。第三部分涉及社会变革以及一些方法论形式。沃尔泽在这一部分考察了现代化理论的假定是否正确，即每个国家最终将遵循相同的社会经济发展路径的假定是否正确；此外，这一部分还考察了“无先锋的革命”的可能性以及希望知识分子更多地参与国家治理。第四部分考察了“社会民主主义”的一系列问题，涉及自我克制、提供学校教育的民主方式以及公民的政治参与。

总的来看，这本著作的中心主题是，在20世纪六七十年代，美国社会民主主义的“核心原则”如何能够持续，以及它需要以何种方式进行变革。例如，这本著作的前两部分直接关注的是，美国左派所面临的问题和前景以及它与主流的自由主义和新保守主义之间的关系；第三和第四部分考察了社会民主主义可以采取何种方式来重整美国社会，第三部分主要集中社会民主主义在国家和国际层面的发展，第四部分则主要涉及地方和个体层面的问题。沃尔泽认为，《激进原则》并不像批评者所说的是“一位顽固的民主主义者的反思”，而是一位社会民主主义者的反思。在整个著作中，沃尔泽一贯主张：“民主主义者和社会主义者的目标是分享和合法化而不是废除所有权。”[①] 沃尔泽将自己视为一位社会民主主义者，主张经济再分配和少数群体应在决策中享有和多数群体一样的参与权。此外，他对待福利国家的态度则是比较模糊的：“它代表了一种经济政治成

① M. Walzer, *Radical Principles: Reflections of an Unreconstructed Democrat*, New York: Basic Books, 1980, p. 11.

就并产生了它自己的日常政治，它本身并不能产生一种工人的共同体或公民的共同体。它将我们带入了一种超越了资本主义社会的古典结构但还没有达到社会主义的一个阶段。"① 这一论述具有双重重要性。首先，它表明了沃尔泽对社会主义（一种工人共同体的形式）和民主（一种公民共同体的形式）的双重承诺。其次，它说明了沃尔泽的社会主义不是马克思主义的变种。因为马克思主义认为，"福利国家将无产阶级吞没在虚伪的意识形态中"。

在这部著作的导论中，沃尔泽解释了自己与马克思主义在历史哲学和对当代社会的解释方面的差别。他反对依靠任何一种"深度理论"对社会进行解释，包括马克思主义者所主张的，所有的历史都是阶级斗争的历史这样的理论。在沃尔泽看来，阶级分析虽然具有启发意义，但 20 世纪的历史、战争、民族主义以及领导我们走向社会主义社会的工人党派的不稳定性，都违背了将社会的相互作用作为阶级认同基础的观点。而且，马克思主义也未能解释自由主义的资本主义在一定程度上给民众所带来的"自由"，因为"它严重低估了法律平等与合法反对的重要性"。②

这本著作的第一部分的五个章节，解释了压制仍是一个问题的原因。沃尔泽的基本主张是，福利国家是通过满足不同群体日益增长的权利和服务来运行的，但它并不能直接而充分地将民众包含在政治过程中。就像他所指出的，"福利的支出虽然重要，但平等的对待更重要，仅靠福利支出本身是不充分的，因为它表明的是小群体和仁慈的精英分子的活动。民主是我们这些余下人的活动，人们在他们的集会和委员会上进行统治，对日常生活的各个方面进行讨论。因此，大体来讲，民主与社会主义是一回事：程序正义的两种形式。它们都关注并表达了与人类相关的最深层次的价值的某些人类活动的观念"③。换言之，这一部分解释了为什么福利国家形式的自由主义最终不能使社会民主主义者感到满意的原因。这是因为它关于人类活动的观念不是充分包含的：在福利国家中，大多数人并没有机会对公共生活进行讨论，更不用说对公共生活的所有方面进行参与了。

---

① M. Walzer, *Radical Principles: Reflections of an Unreconstructed Democrat*, New York: Basic Books, 1980, p. 9.

② Ibid., pp. 4 - 5.

③ Ibid., p. 17.

虽然自由主义使政治成为一种工具性的活动，但自由主义本身也并不是一种目的。即使它将所有人都包含在经济再分配的范围内，但为了在政治决策领域创造更大的平等，进一步的再分配还是会出现。这个主张在一定程度上是《正义诸领域》中关于保持分配领域分离和阻止支配的观点的前奏。更为直接的是，它表明了第一部分各篇文章的统一性，它们在不同方面说明了美国自由主义的非包容性。

这本著作最核心的一章毫无疑问是“福利国家中的不满”，它也是这本著作中篇幅最长的一章。它的主要观点是，当福利国家“将其利益扩展至所有成员时”，自由主义将无力满足公民之后的要求。就像马克思主义者所做的那样，沃尔泽并不想否认福利国家的成就。他从四个方面对其成就进行了概括：（1）进一步“启蒙”了政治及功能；（2）“不断增长的国家的理性和合法性”；（3）“国家规模方面的巨大增加”；（4）“政治生活的衰退”。[①] 问题是，福利国家的进步是与国家权力的增长相伴随的，因此有可能导致“政府专制的危险”。除了自治之外，福利国家的公民被视为“完全自由地做出选择并衡量自己幸福的个体。但事实上，这样的个体从来不存在”[②]。这也是沃尔泽提到社会民主主义和自由主义概念之间的差别时所要表达的东西。换言之，如果我们是自由和理性的个体，对我们自己的权利享有自治权，那福利国家将恰好为我们服务。但我们不是，福利国家不是也不可能是。按照沃尔泽的理解，福利国家从来没有满足我们的所有要求，因为它建立在一种关于人类本质的错误观念之上。就像他所指出的，“人们都是群居在一起，总是发现他们自己只有有限的选择，还有很多不可选择的共享的社会标准。如果他们曾经自由地选择新的限制和标准，那他们一定会以某些合作的方式去做，在他们自己中间进行讨论，达成一种共同的决定。但如果要这样做，像功利主义的至高无上的个体那样集体行动，他们就必须分享政治权力。政府就必须对他们的具体意愿而不是（像现在这样）仅对他们习惯上所确定的要求进行回应”[③]。沃尔泽在这里的主张与社群主义者的观点很相似。

---

① M. Walzer, *Radical Principles: Reflections of an Unreconstructed Democrat*, New York: Basic Books, 1980, p. 31.

② Ibid., p. 37.

③ Ibid.

我们能够想象得出，桑德尔和泰勒会认为，个体只有在共同体中才会变得至高无上。虽然沃尔泽仍然以与桑德尔和泰勒不同的方式保持着对平等的承诺，但他想要表达的是，社会平等的纯粹再分配模式是存在很大局限的。对他而言，政治不应是工具性的，人们需要参与到集体决策中去。他认为，政治参与是有价值的，不仅因为它在“角色塑造”的过程中是必要的，而且因为公民必须能够自由地塑造或重塑福利制度及其利益的分配。

正是由于这个缘故，沃尔泽强调，自由主义者与社会主义者之间的争论，并不是个人主义者和集体主义者之间的争论。对于两者而言，“个体被认为具有根本性的价值；社会主义和自由主义作为对立的意识形态，都将国家视为具有在道德上独立于其特定成员的意志和合理性”①。也就是说，两者争论的焦点集中在政治是不是“纯粹工具性的”。按照社会主义者的解释，它显然不是工具性的：“自由主义的功利主义”是有缺陷的，因为它“不重视民众在确定公共生活的形式和内容方面所发挥的作用”。②因此，福利国家不断增强包容性的做法，并不能使社会主义者满意。社会主义者寻求不断表达共同要求和政治参与，而且这样的要求应在文化、教育等一些较小规模的活动中以及一些超越国家的活动中实现。国家可以存在下去，但必须“坚守它自己的范围……国家不会衰弱；但它必须被掏空”③。在中空的空间里，两种组织类型将在公共生活中发挥更大的作用：首先，“较大的功能性组织，如，贸易协会”；其次，“工厂、教育和文化的地方单位”④。公民应该能够比福利国家所允许的更多地参与到这些活动中去，以便于他们对公共决策的要求能够被更充分地倾听。也就是说，社会主义者的主要关注不是国家的权力，而是“权力的权利，这样的权利必须一直是自下而上的，它在商店、大学、城市等地方性单位之中”⑤。换言之，沃尔泽意义上的社会主义，是地方化的权利单位对中心权力的抵制，其中“行动的政治学”取代革命，对国家的警觉性与没有哪个国家

---

① M. Walzer, *Radical Principles: Reflections of an Unreconstructed Democrat*, New York: Basic Books, 1980, p. 40.

② Ibid., p. 41.

③ Ibid., p. 46.

④ Ibid., pp. 46 - 47.

⑤ Ibid., p. 49.

永远是合法的认识结合在一起。[①]

笔者已经详细考察了“福利国家中的不满”这篇文章，它概括了《激进原则》中的很多关键命题，并表明了沃尔泽是如何发展了他在《正义诸领域》中充分呈现的某些观念：政治参与和地方活动的重要性、政治和分配原则的特异性，以及权力超出政治生活“领域”而变成一种压制性力量的可能性。

第一部分中的其他文章可以简单地考察一下。在“无总统的水门事件”一文中，沃尔泽考察了国家中的某些腐败现象并非仅是领导者的腐败所造成的。他认为，美国深受社团非法行为以及由于缺乏真正的反对党而导致的政治犬儒主义的困扰。他得出结论认为，对尼克松的控告是一个鼓舞人心的时刻，但这仅是一种“仪式”，它或多或少是空洞的，没有“重现共和主义政治”。[②]“保守政治的社会根源”和“紧张的自由主义者”两篇文章都是对美国新保守主义运动的探讨，前者主要讨论了在1964年被挫败的美国金水事件。沃尔泽认为，金水事件并非是对现代美国生活的抵制，它的支持者多是“文雅的和好斗的大学研究生、年轻的社团管理者……他们自信、意志坚强、对权力充满渴望”[③]。他们代表了新兴中产阶级的利益，他们感觉受到“福利国家的平等主义趋势”的威胁。他认为，这场运动更多的是受到了“现代的自私自利”和“现代的不满”的影响，而并不是一种“传统的暴动”。[④]在一定意义上，这篇文章也可以被视为对福利国家及其成就的辩护。但是，沃尔泽也提到，福利国家“需要依赖公共合作的传统，在过去几百年间，这种传统在工会中得到了最好的保持”[⑤]。换言之，他认为，福利国家是重要的但并不充分，不断增加的政治参与，不仅是福利国家扩张的必然结果而且也是维护它的必要因素。在“紧张的自由主义者”一文中，沃尔泽回顾了以往的新保守主义运动。他认为，新保守主义是自由主义被“一种危机和失落的意

---

① M. Walzer, *Radical Principles: Reflections of an Unreconstructed Democrat*, New York: Basic Books, 1980, p. 52.

② Ibid., p. 77.

③ Ibid., p. 85.

④ Ibid., p. 90.

⑤ Ibid., p. 87.

识”所困扰的反映。[①] 在此，沃尔泽想要说明的是，与柏克的保守主义不同，新保守主义的保守主义并非“真实的”，它只是过多地强调了自由主义的危机。在该文中，沃尔泽真正关注的是平等，“平等是萦绕于新保守主义心灵的幽灵”。[②] 正是由于这个原因，新保守主义的主张不大可能实现，日益增长的平等和政治参与，才是当代美国培育“互助与自我克制”的唯一方式。[③] 沃尔泽在“当代美国的礼仪与公民德性”一文中表达了类似的观点。他列举了当代美国公民应该具备的主要德性：首先，“一定程度的承诺或政治忠诚”；其次，公民准备着捍卫自己的国家，在必要的情况下甚至牺牲生命；第三，公民“遵守法律……行为端庄……”第四，公民彼此宽容；第五，公民在事实上参与到政治生活中。[④] 沃尔泽认为，对培育这些德性而言，自由主义是不充分的：“它提供不了太多情感回馈……缺乏温暖和亲密”[⑤]。在他看来，社会民主主义是改变这种情形的唯一方式，它强调政治必须向所有人开放，不断增加政治参与。尤其是政府必须是民主化的，政治活动也应是非集中的，可以允许更小规模的决策。

《激进原则》的第二部分同第一部分一样，主要关注美国政治生活中的某些日常政治问题。但重点已不是探讨为什么自由主义不是美国所面临问题的解决方案，而是集中在美国左翼问题上，尤其是关注“新左翼”所面临的挑战。在“新左派与旧左派”一文中，沃尔泽注意到，自 20 世纪 60 年代以来，新左派发现自己被诸多困难的选择所阻碍，“孤立的感觉、怨恨的情绪、危险的绝望”影响了它的很多成员。[⑥] 越南战争使这种趋势进一步恶化，这场战争使美国让世界看起来很像是帝国主义，新左派所继承的“不是胜利而是过去的失败”，将其“从一块道德的飞地转变为一种政治派别”。[⑦] 沃尔泽认为，新左派的成功离不开美国民主的转变，

---

① M. Walzer, *Radical Principles: Reflections of an Unreconstructed Democrat*, New York: Basic Books, 1980, p. 92.

② Ibid., p. 101.

③ Ibid., p. 109.

④ Ibid., pp. 54 – 64.

⑤ Ibid., p. 68.

⑥ Ibid., p. 109.

⑦ Ibid., p. 121.

首要的是福利国家的实现。换言之，“美国人必须通过完成旧左派的工作来获得权利而拥有一个新左派”①。沃尔泽将福利国家视为左翼行动主义的必要条件：除非福利国家可以包容美国所有的公民群体，否则，寻求超越福利国家和寻求社会政治生活决策过程的民主化改革，将面临不可避免的困境。与马克思主义者认为国家将逐渐消亡的观点不同，沃尔泽认为，在社会主义社会中，政治行动必须是日常政治生活的重要组成部分。在这种意义上，他的社会民主主义站在了马克思主义和自由主义的对立面，他将政治视为任何人类社会的基本要素，政治本身就是有价值的，而不只是一种工具性活动。

在“暴力：警察、军人及其他公民”一文中，沃尔泽考察了暴力在民主制度中的合理运用。与韦伯所主张的国家垄断合法暴力的观点不同，他主张，国家应该节制“大量的暴力手段”。他更多地关注了警察权力的增长以及由这种增长所引起的“政府对政治活动的监管”。在这篇文章中，他主要强调对警察进行训练和规制的重要性，以及应该停止试图促进警察暴力的左翼活动。只有在“警察中间恢复礼仪结构，好战者与我们其余的人生活在一起”才能促进政治发展，社会和政治的变革才有可能实现。②

在“对和平运动的回顾”一文中，沃尔泽解释了反战运动失败的原因。虽然反战运动的支持率在1967—1972年间保持在40%左右，但并没有继续向前推进，因为“它未能渗透到有组织的劳工和工人阶级群体之中，这些人才是民主主义党派的传统力量”。③ 而且，那些地位较高的民主主义者卷入了战争之中，这也对反战运动造成了影响。但反战运动也有积极的影响，它导致了“一个改革过的民主政党”，并在美国自由主义者中间赢得了更多的支持。因此，“和平运动是一个局部的成功。它使发动战争付出了高昂的道德代价；它重新确立了关于军事行动和政治权威的道德和法律对话的重要性；它创造了一批更为负责的选民；或许开启了对政府职能和范围进行限制的漫长过程”④。该文是一篇重要文章，它表达了

---

① M. Walzer, *Radical Principles: Reflections of an Unreconstructed Democrat*, New York: Basic Books, 1980, p. 127.

② Ibid., p. 156.

③ Ibid., pp. 171 - 172.

④ Ibid., p. 174.

沃尔泽在《正义与非正义战争》中很多重要观点的根源，以及越南战争在促使沃尔泽思考战争伦理问题中所发挥的重要作用。

在“新左派的田园式撤退”一文中，沃尔泽对左翼活动从国家层面转向更为地方化的层面表示了肯定。尤其是他重复了在“福利国家中的不满”一文中提出的，福利国家所依赖的某些典型的公民德性。就像他所指出的：“当代福利国家中的组织和措施，创造的是一些顾客而不是自治的公民。”① 但一个更好的社会将是一个公民的社会，而不是顾客的社会，因此，“构成紧密结合群体的成员应不仅是福利的消费者，更应是能够相互支持的积极的参与者”②。

在《激进原则》的第三部分，沃尔泽从一个更为理论化的角度探讨了社会变革问题。这一部分最重要的一篇文章是“革命论”。首先看一下其他两篇文章。在“现代化”一文中，沃尔泽回顾了罗斯托、勒纳、李普塞特、阿尔蒙德等人关于现代化的观点。他们认为，将非洲和亚洲所发生的社会变革，与欧洲所发生的社会变革进行对比是有益的。但沃尔泽认为，这样做只能表明社会发展在过去与当下之间的关联，而不能表明过去与将来之间的联系。他强调，现代化理论“未能提供一种有效的手段来区分不同的现状”③。例如，虽然在苏联和美国之间可能存在某些相似性，但现代化理论并不能解释前者发展的特殊方式，“我们仍将继续生活在显著不同的社会中”。④ 沃尔泽认为，现代化理论对发达国家的解释是存在很大局限的，因为“现代化的实现程度越高，激进的社会变革只是一种过去式的观念就越令人困扰”⑤。对现代性的解释必须提供更多的选择，现代化理论的根本不足在于，它不愿“以一种批判的方式面对现代世界”。⑥

“面向权力的知识分子”一文是《激进原则》中写作最晚的一篇文章。在这篇文章中，沃尔泽寻求对作为“新阶级”的公共知识分子或

① M. Walzer, *Radical Principles: Reflections of an Unreconstructed Democrat*, New York: Basic Books, 1980, p. 183.

② Ibid., p. 185.

③ Ibid., p. 195.

④ Ibid., p. 196.

⑤ Ibid., p. 198.

⑥ Ibid., p. 200.

“作为智囊的知识分子”进行解释。他认为，致力于“规划、福利和再分配的现代国家需要受过教育的人提供大量的服务；知识分子成为其自然的统治者”[①]。他也提出了知识分子成为接替资本家的新阶级的可能性。按照他的解释，知识分子是一个新的阶级但并不是主导性的阶级。虽然“新知识分子”已经整合进了资本家集团，但这只是一种相当简单的变化，并没有“导致权力关系的大量变化”[②]。事实上，他认为只要知识分子仍是“真正的知识分子”，那他们将一直处于权力的边缘。因为“知识分子不只属于社会的范畴，而且更重要的是属于规范的范畴……他们也是诗人……心灵和精神的立法者……正是由于这个缘故，他们从来不是统治阶级的成员”[③]。

“革命论”一文是沃尔泽对后马克思时代革命理论的思考，也是对其社会民主主义概念的理论阐释。在这篇文章中，沃尔泽充实了列宁和托洛茨基提出的“革命后果理论”。他认为，马克思主义者一般不重视革命之后所发生的事情。但这对沃尔泽而言却是重要的，原因在于他对革命性质的认识：它不是一场政变或反对殖民者的斗争，而是“有意识地建立一个新的道德和物质世界，唤起与日常行为完全不同的崭新模式”[④]。他认为，英国、法国、俄国和中国的革命都未能实现一个自由的世界，革命性质问题必须重新讨论。沃尔泽所关注的焦点是列宁主义的先锋政党概念。先锋是为革命事业提供意识形态和实际领导的知识分子精英。在任何革命中，先锋都来源于相似的社会阶层，尤其是来源于中产阶级和专业知识群体。按照列宁的解释，先锋和革命阶级具有不同的自我意识：革命阶级的自我意识来源于由经济秩序所决定的成员的共同利益，而先锋的自我意识则是从“摆脱了旧秩序束缚的知识分子的行为”中出现的。[⑤] 革命在这方面就存在一个问题：虽然先锋的意识通常是激进的，但在特征上可能与革命阶级存在差别，即他们的利益由他们所处的特殊形势，而不是由任何特殊的革命信条所决定。“意识的重叠产生了两种不同种类的政治联

---

① M. Walzer, *Radical Principles: Reflections of an Unreconstructed Democrat*, New York: Basic Books, 1980, p. 225.

② Ibid., p. 230.

③ Ibid., p. 233.

④ Ibid., p. 202.

⑤ Ibid., pp. 203 - 204.

盟。阶级政治是开放而广涵的……先锋群体是封闭而排他的。”① 按照沃尔泽的理解，革命的历史最好被理解为“对不同观念及其承载这些观念的群体之间张力的解决”。② 这意味着革命有可能发展成为恐怖统治或专制独裁。所以，后革命政治的成功有赖于先锋群体和革命阶级之间的相互作用。因此，对革命理论而言，对它们之间关系的研究就是至关重要的了。

沃尔泽认为，在每一次重要的革命中，先锋群体的意识形态的本质都很相似。加尔文主义、马克思主义和共和主义都是对它们的追随者施加一种“智识的支配”，它由理论学习、对历史现象的解释、对教条主义的接纳以及激情所构成。在每一种情形中，先锋群体都强调革命阶级必须进行“自我控制”，并抑制阶级自身最直接的需要。这样一来，先锋群体就变得“越来越像其他的统治阶级，不断沉溺于政治的特权，不断与其人民相分离”③。由此，先锋群体的意识形态将变得程式化和具有支配性，而革命阶级则必须寻求对这种支配的限制。沃尔泽认为，如果先锋群体有可能成为统治阶级并继续支配革命阶级的要求，那么革命就将面临被个人统治或先锋群体的统治颠覆的危险。因此，他提出，一个没有先锋的革命才是革命者的目标。否则，如果先锋群体持续地持有权力，那么它将控制其他的社会阶级并剥夺他们的政治权力。而且，在对意识形态进行程式化的过程中，他们将不再考虑革命者的利益。

沃尔泽认为，没有先锋群体的革命是可能的。但无先锋的革命并非是无领导者的革命，仅是没有“只对彼此负责而不对其他人负责的封闭的意识形态群体”的革命。④ 沃尔泽的这种主张，与他在《正义诸领域》开头的主张有些类似：“被简单化理解的平等只是为背叛平等做好了准备。”只要领导者没有形成一种独特的社会“领域”并对他们的成员负责，具有领导者的革命就可以通过领导者的目标来避免对革命的颠覆。而且，没有先锋者并不意味着没有群体性的激进知识分子，这些群体“可能附属于某种更大的运动，但他们并不能控制这种运动。禁止共谋，他们只能去

① M. Walzer, *Radical Principles: Reflections of an Unreconstructed Democrat*, New York: Basic Books, 1980, p. 205.

② Ibid., p. 206.

③ Ibid., p. 216.

④ Ibid., p. 220.

讨论、说服和劝诫"[①]。但如何实现没有先锋的革命？他的回答是：这样的革命将是一个"渐进的运动"或"长期的示威游行"。在这些活动中，革命阶级逐渐增加其影响力，直到他们最终形成一种类似"工人共和国"的东西。[②] 这种革命在工人高度组织起来的发达工业国家是可能的。西方国家的工人有能力保持民主的组织，他们并未向先锋群体的领导权屈服，而只是接受官僚机构的管理。因此，在"革命论"一文的结论中，沃尔泽重申了贯穿《激进原则》整体的主张，即民主是社会主义和革命的必要因素。

《激进原则》的前两个部分主要说明了美国社会中存在的问题，第三部分探讨了解决这些问题的可能的社会变革类型，第四部分则主要关注社会民主主义所面临的问题。作为《正义诸领域》的前奏，"保卫平等"一文是第四部分中最重要的一篇文章。首先考察一下这个部分的其他三篇文章。在"民主的学校"一文中，沃尔泽认为，对于一个发达的教育制度而言，平等地提供教育是必要的但并不是充分的。因为在一个多元社会中，教育是一个体系性问题。他考察了适用于教育分配的五种组合原则。虽然每种原则都有其优缺点，但"就近原则"应该是儿童择校的最重要原则，这样的原则"使儿童在一个熟悉的世界中参与学习；可以按照一个适当的规模建设学校。它也为多样性的差异留下空间"。[③] 换言之，在这篇文章中，沃尔泽重申了地方化的供给和活动是一项基本原则，这对其社会民主主义观念而言是重要的。

在"城镇会议和工人：一个社会主义故事"一文中，沃尔泽论述了反对经济支配的社会主义主张。他认为，社会主义是"捍卫民主的一种延伸"，"社会主义政治的核心承诺是废除人对人的权力控制"，尤其是反对权威，反对人们以直接或间接的方式服从于"另一人的任意意志"[④]。他使用了"关乎所有人的事情应该由所有人来决定"这样一个中世纪的

---

① M. Walzer, *Radical Principles: Reflections of an Unreconstructed Democrat*, New York: Basic Books, 1980, p. 220.

② Ibid., p. 221.

③ Ibid., p. 272.

④ Ibid., pp. 273 - 274.

格言，来说明社会主义者对权威的反对，并围绕这个格言来构建自己的论证。[①] 他认为，这个格言是反对政治与经济不平等的来源。社会主义反对具有封建经济特征的所有权，并反对少数人对关乎所有人利益的决策的支配。因此，"社会主义可以被描述为从政治到经济领域的民主决策的扩展"。[②]

在"社会主义与自制"一文中，沃尔泽对他的福利国家观点进行了发展。在此之前，他一直认为福利国家的成功要依赖自我克制，而自我克制本身则依赖"公民精神"。沃尔泽将公民精神视为和平时期的爱国主义，是一种参与公共事业、承担公共风险的意识，并能够为公共利益进行自我牺牲。没有公民精神，福利国家将被自私和欺骗损害，而不能涵盖每个人。在这篇文章中，沃尔泽试图发展他早期关于福利国家的观点，并认为福利国家的存在依赖一种"不自利"的精神气质，而在依赖利己主义道德规范的自由主义传统之下，福利国家将不能获得持续发展。

从诸多方面而言，"保卫平等"一文都是《激进原则》中最重要的一篇文章，因为它是沃尔泽的代表作《正义诸领域》的最初版本。在这篇文章中，沃尔泽提出，如果要现实性地捍卫平等，就必须以一种多元论的形式进行。虽然他还未提出"复合平等"，但他的确提到了"平等主义要求多元并举，不同的善应该基于不同的理由分配给不同的人"；[③] 而这正是《正义诸领域》一书的论证核心，即平等不能被"简单"地理解，不能被理解为仅是经济分配或权力分配的问题，平等"需要多样性的分配原则，这反映了人自身和社会善本身的多样性"[④]。换言之，在 1973 年，沃尔泽已经提出了分配领域的概念，以及平等意味着每个领域都是彼此自治的，任何一个领域的优势都不能形成整体性支配的思想。

在此文中，沃尔泽首先批评了保守主义的观点，即平等只是一种乌托邦理想。保守主义认为，人类在能力上就是不平等的。"无论在财富与权力之间如何进行区分，用多少努力去改变它，都只能是暂时的成功，最终

---

① M. Walzer, *Radical Principles: Reflections of an Unreconstructed Democrat*, New York: Basic Books, 1980, p. 275.

② Ibid., p. 278.

③ Ibid., p. 242.

④ Ibid., p. 243.

都将是无用的。”[①] 也就是说，保守主义倾向于，认为平等主义只是知识分子的一种愿望，是由于资本主义经济制度未能满足他们所欲求的影响力而心存怨恨，也只有那些固执己见的人才会批评不平等。而这正是沃尔泽所要批评的立场。他尤其批评了克里斯托尔（Kristol）的主张，即增进平等的唯一方式是通过国家强制来消减人们的自由。因为如果人们“摆脱国家的强制，他们将以一种更加自然的方式进行分配……而这恰好证明了人类的实际不平等”[②]。按照克里斯托尔的观点，才能是根据一种“钟形”曲线进行分配的。在所有的资本社会，收入也是按照这种曲线进行分配的，这恰好反映了才能的实际不平等。针对这种观点，沃尔泽将其对不平等的辩护归结为两个命题：一是才能是不平等分配的；二是才能会过时。沃尔泽并没有直接批评人们应该根据其才能进行分配的主张，而是对才能只能根据某种单一的分配曲线进行分配的观点表示反对。他认为，不同的才能应该根据不同的分配曲线进行分配。就像沃尔泽所指出的，如果不同的才能存在不同的分配曲线，如“智力、体力、敏捷与优雅、艺术创造力、机械技能、领导才能、耐力、记忆力、心理洞察力以及从事艰苦工作的能力”，那么我们就要问它们分别对应的是哪一种曲线。[③] 沃尔泽反对的焦点在于，没有哪一种能力能够单一地决定收入分配曲线；而且，“每一种人类能力都应该得到发展和表达……如果那不是古怪的、道德上不可接受的……不是每一种社会善都应该分配给具有制造货币才能的人”[④]。沃尔泽将医疗分配作为一个例子，医疗的分配原则应该是病患而不是财富、智力或品德，允许财富支配医疗的分配就是一种专制形式，因为医疗并非财富所应发挥作用的领域。

沃尔泽认为，在某个领域内存在不平等并非不正义：“每个人支配他自己的领域而不是其他领域。不同的回应对应不同的品质，爱是对魅力的适当回应，恐惧是对力量的回应，相信是对学习的回应。”[⑤] 从平等主义者的观点来看，任何一种善的不平等分配都将是不合理的。而沃尔泽主张

---

① M. Walzer, *Radical Principles: Reflections of an Unreconstructed Democrat*, New York: Basic Books, 1980, p. 237.

② Ibid., p. 238.

③ Ibid., p. 239.

④ Ibid., p. 240.

⑤ Ibid., p. 244.

一种复合平等理论，他认为，每一个特定领域内的不平等都是很难修正的：“在最好的社会中，我们也无法均等地分配爱。”[①] 平等主义者不应寻求在任何领域内都实现平等，而是要限制它们在相关领域内的不平等。“在一个社会中，没有人能在他的领域之外进行控制，这是唯一值得拥有的平等社会。”[②] 因此，只有不同的分配曲线在总体上是均衡的时候，平等才能实现。但令沃尔泽更为担心的是，某个领域有可能会对社会分配形成总体性的支配。金钱的支配是他最为担忧的，尤其是金钱领域有可能与政治领域形成共谋。对他而言，只有在一种公正和没有腐败的过程中出现的政治不平等，才是可以接受的。不受控制的竞选捐助是美国民主最大的邪恶所在。而控制金钱的困难在于，它在本质上就是“可交换的”，因为它毕竟是一种交换媒介。

最后，沃尔泽通过对配额制度以及自由和平等的相对价值的思考来结束这篇文章。对于前者，他认为，配额在社会主义社会中是“不必要的和难以实施的，但作为一种解决目前阶级结构的方式可能是必要的”[③]。对于后者，他认为，“自由和平等是社会制度的两种主要德性，只有当它们结合在一起时，社会才会更美好”[④]。这句话或许可以作为《激进原则》的一个结束语，因为它概括了沃尔泽将自己视为社会民主主义者的原因：如果我们想要成为自由和平等的，那么民主主义的自由必须与社会主义的平等相结合。

三　民主的先声：《弑君与革命》

《弑君与革命》这本著作是沃尔泽为审判和处死路易十六和查理一世提供的一种辩护。他对“公共弑君”和中世纪欧洲盛行的“私人暗杀”进行了区分。他试图为前者辩护，因为它“永远改变了君主政体，并打破了古老政体的神话”，成为新的民主政体的“创建行动”。[⑤] 换言之，就

---

① M. Walzer, *Radical Principles: Reflections of an Unreconstructed Democrat*, New York: Basic Books, 1980, p. 245.

② Ibid.

③ Ibid., p. 255.

④ Ibid., p. 256.

⑤ M. Walzer, *Regicide and Revolution: Speeches at the Trial of Louis XVI*, London: Cambridge University Press, 1974, p. 5.

像《激进原则》一样,《弑君与革命》最终是对民主的一种辩护。《弑君与革命》的论证可以分为五个阶段。沃尔泽首先区分了两种弑君类型。为了阐明这种区分,他考察了中世纪的“王权意识形态”,并解释了神圣王权这种信念在历史上被阐释的过程。在他看来,一旦这种信念被充分阐释,“反对国王就成为完全可能的了”。[①] 随着对神圣王权意蕴的阐释,王权的很多信奉者都不再相信这种理论。到了查理一世时期,王权就很容易受到致力于揭穿君主政体神话的政治运动的攻击,而取代这些神话的正是“初始的民主观念”。

沃尔泽在导言的第三部分提出,一旦神圣王权观念遭到抵制,就会面临出现革命者的问题。而革命者所面临的核心困境则是国王在法律上是神圣不可侵犯的。就像他所指出的,“英国和法国的国王虽在立法权方面存在一定差别,但他们无疑都不受法律的制约。国王不会犯错:这在英国和法国都是一种法律准则。而这是革命者必须否定的原则,这项任务是其革命的重要部分”[②]。导言的第三部分主要解释了革命者如何克服这些法律难题并审判他们的国王。在英法两国的审判事件中,革命的起点都是试图对国王的权力进行宪法上的限制,由此确保他们的审判能够通过最高法院或议会实施。而路易十六和查理一世则试图摆脱议会进行统治,这样一来,他们自己反而更容易受到专制的指控。一旦他们被认为是专制者,加上他们在实际权力斗争中的失败,路易十六和查理一世就会受到叛国罪的指控。具有讽刺意味的是,国王的叛国罪就是背叛他们自己,但这种讽刺所带来的是一种“伟大的颠覆”和对神圣王权的否定。的确,“在英法两国都没有审判国王的法律基础”。所以,查理一世拒绝承认议会对其进行审判的权利,要使审判合法就需要一种“革命的论证”[③]。

导言的第四部分考察了这种“革命论证”的基础,即一种契约王权的观念。革命者主张,议会有权对国王进行审判,因为议会代表了选举国王的人民。换言之,这里的关键问题是,王权是建立在某种神圣世界的基础上,还是建立在人民同意的基础上。从理论上而言,这与霍布斯的主张

---

① M. Walzer, *Regicide and Revolution: Speeches at the Trial of Louis XVI*, London: Cambridge University Press, 1974, p. 16.

② Ibid., p. 35.

③ Ibid., p. 47.

类似，他在1651年出版的《利维坦》中主张，主权源于人民的授予。但霍布斯坚决认为，主权并不意味着人民可以审判他们的主权者。沃尔泽指出，这样的立场在17世纪中叶的英国理论家中很普遍，尤其是在布拉德肖（Bradshaw）的读者中间更是如此。对布拉德肖而言，“国王可以合理地被袭击甚至谋杀；但他不能在法律上被指控或惩罚”。①按照沃尔泽的说法，在对查理一世进行审判之前，只有布坎南（George Buchanan）提出了关于对君主进行审判的合法性的哲学解释。②

沃尔泽认为，“只有在公正这种新的反对意识出现以后，（似乎是英国清教徒首先将其引入政治生活的，公正比平等更为重要。）国王才可能被审判”③。他在《弑君与革命》中再次重申了《圣徒的革命》中的论题，即清教徒的热情是激进政治发展的关键部分。沃尔泽之所以对弑君这个论题感兴趣，主要是因为弑君这种行为是对君主政体的否定，并且是民主运动的先驱。当然，对沃尔泽而言，民主和激进主义之间的联系，要比其他思想家所认为的更为紧密，因为这两者都强调了广大人民对政治活动的参与。这也是他更为关注政治过程（人们对决策程序的参与）而不是这些过程的结果的原因。

在导言的第四、第五部分，沃尔泽详细考察了审判和处死路易十六的情况。他比较了吉伦特派（强烈坚持正义和法制的形式，坚持对路易十六进行审判）与雅各宾派（反对审判，主张路易十六应该不经审判而直接处死）在革命立场方面的冲突。吉伦特派打算监禁或流放路易十六，给予国王作为法国公民应享有的权利，让他服从同样的法律。而雅各宾派则将国王视为公共的敌人，路易十六是犯了叛国罪的叛徒，因此不能被包含在公民群体之中。沃尔泽注意到，“叛国罪的观念依赖一种成员资格理论，因为只有共同体的成员才有可能成为一名叛徒”④。而路易十六仍然坚持王权是神圣的，反对经由人民同意而进行统治的观念。因此，他就不能被视为政治共同体的成员，“他不承认对其进行审判的权利”。⑤这种争

① M. Walzer, *Regicide and Revolution: Speeches at the Trial of Louis XVI*, London: Cambridge University Press, 1974, p. 49.

② Ibid., pp. 50 - 51.

③ Ibid., p. 51.

④ Ibid., p. 62.

⑤ Ibid., p. 64.

论的结果就是，路易十六既要被审判也要被处死，这也正是沃尔泽所要辩护的。按照他的观点，审判路易十六是必要的，因为这样做有助于确立法国是一个由法律统治，而非由个人权威统治的共同体。审判的政治合法性在于，“人民主权构成了共和国更高的权利，它反对任何邪恶的权势……它代表了对任何未经人民选举的个人权威的否定……”[①] 在此，沃尔泽同意吉伦特派的主张：如果法国想要成功建立一个共和国并克服君主政体的遗患，那么就必须使用对待任何其他法国公民同样的方式来对待路易十六，即任何人都不能超越法律而未经审判就被处死。未经审判而处死路易十六并不能摆脱“私人暗杀”的范畴，因为它仍是建立在君权的意识形态逻辑之上的。

沃尔泽主张，虽然对审判的政治辩护并不具有一种道德上的合理性，但他仍然支持这种审判。在这个意义上，对路易十六的审判是一种“肮脏之手的困境”：某种行动必须被实施，但包含行动者就是一种道德错误。就像沃尔泽所说的，“这个审判能够创立共和国，但对国王而言，这样做似乎又是一种明显的非正义。国王并不知道他的行动是在犯罪；他也从来没有选择成为叛国者，就像他从来没有想象要成为叛国者；他的信念是认为自己是神圣不可侵犯的。我认为……对国王的审判虽在事实上是正义的……但法律面前人人平等的观念对国王而言，是完全陌生的……这里又暗含着审判的不公正”[②]。在对路易十六的审判与处死的辩护中，沃尔泽进一步发展了他的某些主张。对他而言，在政治生活中，某些行动者的行为是其职责所要求的，或者是拯救和建立政权的需要，但这些行为又与人们日常的道德规定相冲突。在一定意义上而言，这些行动者已经在错误地行动。但对路易十六的审判与处死行为中存在的某些错误，会因为旧政权的不公正，以及审判对于建立新政权的重要性而得到缓解。“对国王的审判同时也是对司法程序规则的一种接纳”，是一种“革命性的正义”，这样的正义“为日常的正义指明了方向”。[③] 国王通过法定的司法程序进行审判，有助于确立法国的民主法治制度。

---

① M. Walzer, *Regicide and Revolution*: *Speeches at the Trial of Louis XVI*, London: Cambridge University Press, 1974, p. 75.

② Ibid., pp. 76 – 77.

③ Ibid., p. 79.

《弑君与革命》中值得注意的最后一点，是沃尔泽对处死国王的辩护。从论证结构上来看，它遵循了对审判进行辩护所采用的相同的逻辑：一种重要的公共善对推翻一种特定的非正义而言是充分的。在17世纪的英国和18世纪的法国，叛徒通常都会被处死，但吉伦特派主张只对路易十六进行审判而不处死。在沃尔泽看来，雅各宾派的立场也应该是要求对国王进行流放而保住他的性命。但问题是，如果路易十六被流放或关押将会对革命造成威胁，因为反革命的力量可能会因此而不断行动。处死路易十六作为解决这个问题的办法，在一定程度上是合理的。这也是对国王所犯罪行表达痛恨的一种方式，也有利于民主意识更为牢固地建立起来。就像沃尔泽所说的："对国王的审判就是对王权的审判……这种惩罚一定会引起共鸣……对国王进行关押或流放都是不可能的……这是对绞刑架所象征的王权的进一步谴责。"① 沃尔泽的目的是要主张，公共弑君是对君权意识形态的一种打击，对国王的处死表达了对王权的反抗。

总之，沃尔泽在《弑君与革命》中想要表达的中心思想是，公共弑君"是对神圣权力与政治奴役的拒绝承认"，也是走向民主政治运动的一个基本部分，这使其与"私人暗杀"区别开来。《弑君与革命》、《激进原则》以及《圣徒的革命》共同表明，对民主政治的辩护是沃尔泽政治哲学思想的一个重要主题。

四 政治行动的道德困境："肮脏之手问题"

"政治行动"这篇论文发表在《哲学与公共事务》杂志的第2卷，主要讨论了"一个人必须对两种对其而言是错误的行动方式进行选择时，他是否可能或不得不面对一种'肮脏之手'的道德困境"②。这篇文章比沃尔泽的很多论著都更为抽象。沃尔泽提到，这篇文章的写作冲动源于"一个关于战争规则的研讨会"。但这是一篇关于道德问题的文章，这与其在这一时期重点关注的正义战争理论很不同。

---

① M. Walzer, *Regicide and Revolution*: *Speeches at the Trial of Louis XVI*, London: Cambridge University Press, 1974, p. 85.

② M. Walzer, "Political Action: The Problem of Dirty Hands", *Philosophy and Public Affairs*, No. 2, 1973, pp. 160 – 180. 后又收录在论文集《政治性的思考》，本书的引用采用的是论文集的页码。M. Walzer, *Thinking Politically*: *Essays in Political Theory*, New Haven: Yale University Press, 2007, p. 278.

对沃尔泽而言，“肮脏之手”的道德困境是标准的道德问题，它主要针对这种情形：政治领导者必须放弃传统的道德原则，并将对公民权利的违背作为其工作的一种责任。换言之，这种困境是与政治人物相关的一个问题。在一定意义上，它是由代议制民主政治的本质引起的。沃尔泽认为，“肮脏之手”的道德困境是政治责任的一个最重要问题，它反映了“纯洁”地进行统治的不可能性。政治领导者承诺确保共同体的利益，他就不得不去做有利于共同体根本利益的任何事情，这可能要求政治领导者做出一些看起来是重大错误的行为。“肮脏之手问题”对沃尔泽而言是非常重要的：《正义与非正义战争》中提到的“最高危机”问题以及《弑君与革命》中涉及的对处死路易十六的辩护，都是这一问题的具体表现。

那什么是“肮脏之手”的道德困境呢？沃尔泽遵循了萨特的解释，将其视为这样一种情境：“政府的某个特定行为可能从功利主义的角度来看是非常正当的，但它却使从事这个行为的个人在道德上是有罪的。然后，无辜的人不再无辜。另一方面，如果他为了保持清白，选择内格尔困境中的‘绝对主义的’一面，那么他不仅没有去做正当的事，还可能导致不能履行其职位的后果（这可能使其承担更严重的责任）……‘肮脏之手’的观念源于努力拒绝‘绝对主义’而没有否定实际的道德困境。”① 就像黑尔（Hare）所主张的，关于道德的通常观念并不是仅仅被误解的，而是当这样的观念抵抗功利主义的计算时，理论家应该从它们中间学习。沃尔泽反对将道德原则建立在抽象的哲学化基础之上，并强调正是特定文化中的普通人的共享理解，决定了我们应该如何进行行动。但对政治领导者而言，在出现道德困境时，政府责任就有可能损害这些原则。按照功利主义的计算，政治家在必须之时，应允许“肮脏之手”的出现。“肮脏之手”的道德困境可以被视为马基雅维利的第一训诫，他希望政治领导者必须学会“如何做不好的事”。这也是因为政治家可能不得不在权力斗争中运用“肮脏之手”，如操纵选民、私下交易、说谎等。按照沃尔泽的观点，那些不准备通过这样的行动赢得选举的人，“应当”赢得选

① M. Walzer, *Thinking Politically: Essays in Political Theory*, New Haven: Yale University Press, 2007, p. 279.

举，因为政治家不应为职位而奔走经营。①

"肮脏之手"是职位竞争中的一个特征，它更是政治权力运作中的一个特征。就像沃尔泽著名的"严刑拷打"的例子所要表达的那样："试想一位政治人物利用民族危机（一场持续的殖民地战争）来获取权力。他和其朋友为了赢得职位，承诺殖民地自治化和维护和平；他们的承诺是真诚的……他们对战争没有责任并坚定地反对战争。这个政治人物准备用殖民地的资源与叛乱者谈判。但恐怖分子控制了这些资源，这位领导者所要面临的第一个决定就是：他被要求批准对被捕的叛乱者进行拷打，以获得城市中大量炸弹的具体隐藏位置。"② 这个例子可以被视为"最高危机"的一个原型。沃尔泽说到，政治领导者必须批准这种拷打，即使这违背了他在竞选中一再重申的拷打是"可憎的"的真实信念。为了避免炸弹爆炸所带来的灾难，叛乱领导者不被拷打的权利必须被"推翻"。但是，就像他在《正义与非正义战争》中所指出的，他再次强调："当规则被推翻时，我们不能认为它们已经被取消或被废除。相反，它们仍在那里，至少仍具有这样的影响：我们应当知道我们已经做了错误的事情，即使我们所做的是最应该去做的。"③

"政治行动"一文涉及了沃尔泽思想中的某些关键命题，讨论了面临"肮脏之手"困境的政治领导者的正当选择。沃尔泽认为，虽然领导者面临道德选择的困难，但他不能因此而运用"肮脏之手"；领导者应当"有意识的"对这种行为表示忧虑，"肮脏之手"所涉及的权利或许已经被违背但并未被废除，政治领导者不仅应该感到愧疚而且应该有罪恶感，这种罪恶感正是权利对其行为的回应。而且，如果没有罪恶感，政治领导者会倾向于经常性地做出这种行为，但他只有在面临"即时的和几乎确定是灾难性的"后果时，才能实施这种行为。④

此外，沃尔泽还考察了处理这种困境的其他观点，它们每一种都具有一定的合理性。首先，是来自马基雅维利的观点，即君主在赢得权力和荣耀的过程中必须"抛开个人的仁慈"。如果不运用"肮脏之手"，善良的人

---

① M. Walzer, *Thinking Politically: Essays in Political Theory*, New Haven: Yale University Press, 2007, p. 282.

② Ibid., p. 283.

③ Ibid., p. 286.

④ Ibid., pp. 286 - 287.

将会不再参与到一些为了政体而做的不道德行为中。沃尔泽认为，这种解释的问题是，它没有提供任何关于领导人所承受压力的确切证据，而且马基雅维利也没有指出“不仁慈者”应当承受的任何惩罚。第二种解释涉及韦伯的“作为职业的政治”。韦伯认为，政治领导者毫无疑问会承受痛苦，他是一个悲剧英雄，因为政治的职业不是神授的，也不能由神来证明其合理性。这样的英雄做了类似于“浮士德式交易”（Faustian bargain），他们为了人民的福祉而放弃自己的灵魂。但沃尔泽认为，这种痛苦过于私密：领导者的痛苦可能只是伪装的或受虐的，他的痛苦需要“进行社会性的表达，以确定和强化我们对这种行为的理解和认识……同样重要的是，对这种行为应进行社会限制”①。沃尔泽最为信服的是最后一种方式，它源自卡缪的“正义的刺客”。刺客们清楚他们将成为罪犯并受到惩罚甚至被杀死，但他们接受所面临的惩罚，“完成他们所约定的任务：死亡，他们无须找借口”②。换言之，运用了“肮脏之手”的政治领导者必须因为做了错事而受到惩罚，因为做了好事而受到尊敬。“惩罚就在那里”。正是因为具有这样一种客观的惩罚，沃尔泽才支持卡缪的这种观点，它可以使道德规范在被违背之后重新被确立起来。而其他两种方式都没有明确表示应重建道德规范。“肮脏之手”之所以是一种道德困境，正是因为社会对这样的行动者既要奖励或给予尊敬同时又要给予惩罚。但重要的是，社会应该使用同样的标准对待每个行动者。这就是为什么当政治领导者“撒谎、操纵、杀戮时……我们必须确保他受到应有的惩罚”。沃尔泽强调了重建道德规范的重要性，“如果我们不得不做出一些不好的行为，那我们必须寻找一些方式来弥补这种行为所造成的后果”③。这句话也说明了这篇文章对理解沃尔泽的思想所具有的重大意义。由于政治和公共生活对我们的道德存在离心性，才出现了“肮脏之手”的道德困境。我们不能逃避政治过程，因为没有一种共享的生活，就不会有一系列赖以生存的价值，我们很多最重要的善也将无可挽回地丧失。参与政治是为了捍卫我们的生活方式，但它将不可避免地导致政治人物从事一些不好的活动，这些活动很可能与我们在生

① M. Walzer, *Thinking Politically: Essays in Political Theory*, New Haven: Yale University Press, 2007, pp. 290 – 291.

② Ibid., pp. 291 – 292.

③ Ibid., p. 293.

活中所信奉的价值相冲突。换言之，在参与政治的过程中，我们可能不得不做出一些有损价值的事情，而这些价值又正是我们通过政治参与要加以保护的。为了证明这些价值的重要性，我们必须惩罚损害这些价值的行为，政治家也必须为了他们所代表的价值而牺牲自己。然而，对政治家进行惩罚，这种惩罚行为本身也必须被惩罚，因为政治家也只是做了他被要求必须去做的事情而已。这就是“肮脏之手”的道德悖论。因此，这种惩罚的循环可能是无止境的。这种道德悖论通常出现在面临极端灾难的情境之中，在这种情境下允许道德规范被违背；但道德规范又是我们最深层次的承诺之一，因此对道德规范的违背又不能在不必承担任何后果的情况下进行。因此，对“肮脏之手”道德悖论的处理必然也是一种悖论。

五　“国家的道德身份：对四位批评者的回应”

在一定意义上，这篇文章是对沃尔泽在20世纪70年代思想的一种总结，也是对其正义战争理论的一种表达。此外，它也将沃尔泽在《正义与非正义战争》、《激进原则》和《论义务》中的主张联系起来。沃尔泽在这篇文章中对沃斯斯道姆（Richard Wasserstrom）、道贝特（Gerald Doppelt）、贝兹（Charles Beitz）和鲁本（David Luban）四位学者的批评进行了回应。他们认为，沃尔泽的正义战争理论，“尽管是以个人权利理论作为论证基础的……但最终会呈现‘中央集权论者’的特征”①。而且，他们认为，沃尔泽对不干涉原则的辩护，会给某些国家的不合理行为提供一种保护，而且对这种保护进行辩护的理由并不充分；就像在《正义诸领域》中所主张的，沃尔泽将“共享理解”作为分配正义的仲裁者，但这样做并不能揭露偏见和处理不平等；沃尔泽的理论“具有保守主义的意

---

① M. Walzer, “The Moral Standing of States: A Response to Four Critics”, *Philosophy and Public Affairs*, No. 9, 1980, pp. 209 - 229. M. Walzer, *Thinking Politically: Essays in Political Theory*, New Haven: Yale University Press, 2007, p. 219. 沃尔泽在本书中回应的四位批评者是：R. Wasserstrom, “Review of Michael Walzer's Just and Unjust Wars: A Moral Argument with Historical Illustrations”, *Harvard Law Review*, vol. 92, no. 2, December 1978, pp. 536 - 545; G. Doppelt, “Walzer's Theory of Morality in International Relations”, *Philosophy and Public Affairs*, vol. 8, no. 1, Autumn 1978, pp. 3 - 26; C. Beitz, “Bounded Morality: Justice and the State in World Politics”, *International Organizations*, vol. 33, no. 3, Summer 1979, pp. 405 - 424; D. Luban, “Just War and Human Rights”, *Philosophy and Public Affairs*, vol. 9, no. 2, Winter 1980, pp. 161 - 181。

蕴……它维护不合理的专制政权的权威或主权”。[①]

这些批评也促使沃尔泽对其正义战争理论做出进一步的解释和说明，以表明它是如何以及为何是与民主理论相容的。他将“共同体的完整性”作为人们过一种自主和繁荣生活的唯一方式。在实际的政治关系中，沃尔泽大多是将国家与政治共同体相联系，他反对贝兹的这种主张，即“多元的世界秩序已经被超越”，并认为“特定共同体中的政治权力在塑造成员的命运方面发挥着决定性作用”[②]。他的论证依据是南斯拉夫、古巴和伊朗的政治史，它们“表明在一个国家中事实上发生什么，取决于地方政治过程的功能”[③]。换言之，只有当政治改革是由内部力量来促发时，它才是有效的和合理的。这也是这篇文章的核心所在。

沃尔泽首先反驳了批评者对其保守主义的批评，他很赞同柏克的社会契约理论，包含了“活着的人、已去世的人以及还未出生的人”。[④] 换言之，契约理论是一种隐喻性表达，它是几代人共享的道德理解的一系列表达，它将不断发展但过程会很缓慢。国家是通过人们和其政体的结合而出现的，只要它继续存在，局外人就不能声称他最清楚什么最适合这个国家的人民。按照沃尔泽的观点，局外人“无法否定一个国家的人民和其政体之间的联合，因为他们并不清楚它的历史，他们没有那种直接的经历”[⑤]。在人民和政体之间存在一种“契合”，而正是这种契合使得国家合理化。同时，他也强调，这种契合仅仅是假定的，不干涉原则也并非绝对。但是，如果没有这种假定，其他国家将不能尊重共同体及其成员安排自己内部生活的权利。而且，任何干涉都可能遭遇抵抗，进行干涉的国家必须承认被干涉国家的成员像所有其他公民一样珍视他们自己的共同体。

沃尔泽坚决反对批评者对其进行的保守主义指责，而且，他一再说明

---

① M. Walzer, “The Moral Standing of States: A Response to Four Critics”, *Philosophy and Public Affairs*, No. 9, 1980, pp. 209 - 229. 后收录在 M. Walzer, *Thinking Politically: Essays in Political Theory*, New Haven: Yale University Press, 2007, p. 220。

② Ibid., p. 233.

③ M. Walzer, *Thinking Politically: Essays in Political Theory*, New Haven: Yale University Press, 2007, p. 233.

④ Ibid., p. 220.

⑤ M. Walzer, “The Moral Standing of States: A Response to Four Critics,” *Philosophy and Public Affairs*, No. 9, 1980, pp. 209 - 229; M. Walzer, *Thinking Politically: Essays in Political Theory*, New Haven: Yale University Press, 2007, p. 221.

自己是民主主义者。在对不干涉原则的辩护中，他详细阐述了《正义与非正义战争》中的一个主张，即在革命合理的地方，干涉未必合理。[①] 按照这种观点，可以根据两种标准来判断一个国家是否合法。第一个标准是政府与政治共同体的匹配度，这要由共同体的成员来判断。如果不适合，就会出现成员的反叛。第二个标准是在局外人看来，匹配的程度是否合理。如果不存在明显的不合理，局外人的干涉就会“侵犯该国家和公民的权利”。[②] 沃尔泽认为，合法性的这两种类型，反映了政治生活的独特性与多元性之间的差异，以及哲学真理与政治过程之间的分裂。这种观点在他的“哲学与民主”一文中得到进一步扩展。如果没有明显的不合理，干涉就不能成立，这反映了“多样性……共同体的完整性……政治生活的不同模式”。[③]

沃尔泽对其在《正义与非正义战争》中提出的不干涉原则做了进一步的重申，即在分离主义和民族解放的情形中，只有在国家内战的一方得到另一外国势力的支持，以及政府屠杀或奴役本国公民的情况下，干涉才是合理的。作为对批评者的回应，沃尔泽增加了合理干涉的情形，即政府使他们自己的公民饿死的情形。就像沃尔泽所注意到的，他一旦做出妥协，他的立场将与某些批评者的主张很相似，如鲁本认为，只有在捍卫“社会基本人权”的情形下，干涉才能获得认可。[④]

沃尔泽认为，批评者实际上试图通过扩展“社会基本人权”的范围，来支持对任何压制性政府进行干涉的合理性。由此，他进一步考察了他的立场与那些批评者之间的基本差别。关键差别在于侵犯权利的责任分配问题。他认为：“在一种重要的意义上而言，权利就是分配原则，它们分配决策的权威。当我们描述个体权利时，我们其实正在给个人分配一定的权威去塑造他们自己的生活，官员甚至是善意的官员也没有权力去干涉。在个体情形中，我们为个人选择设定了一定的区域；在公共情形中，我们又为政治选择设定了一定的区域……虽然共同体的历史、文化和宗教或许是

① ［美］迈克尔·沃尔泽：《正义与非正义战争：通过历史实例的道德论证》，任辉献译，江苏人民出版社 2008 年版，第 101 页。

② M. Walzer, *Thinking Politically*: *Essays in Political Theory*, New Haven: Yale University Press, 2007, p. 223.

③ Ibid., p. 224.

④ Ibid., p. 229.

独裁主义政体产生的温床……但它们反映了一个广泛分享的世界观。”①

沃尔泽认为，这些批评者只是试图去保护那些采纳特定制度的共同体不受干涉，而没有用相应的原则保护个人自由。而且，他们“更倾向于保护已经实现了某种生活方式或理念的个人”。② 除非我们尊重政治多样性和集体自治，否则我们就没有权威去执行权利，因为权利只有在“广泛认可的政治共同体中才能被强制执行”。③ 这也是为什么沃尔泽认为政治变革只有在政治共同体内部发生时才是合理的。这一点进一步强调了该文的核心主张，即“强制实施的民主最终将是不民主的，因为它没有尊重人们共同的自治权”④。

这篇文章是沃尔泽政治哲学思想的一个重要补充。文章解释了捍卫人权的正义战争理论与将共享价值作为正义尺度的复合平等理论具有很好的契合性。沃尔泽强调，人权与政治共同体的权利相冲突的观点，对他而言是荒唐的。我们很多重要的权利是与政治共同体的生活相伴随的。因此，对人权的倡导也可以和“社群主义”相结合。同样，这篇文章也说明了激进民主与不干涉原则是如何得到协调的，这也是《激进原则》中所主张的观点。沃尔泽解释说：“我与其批评者之间的分歧……与我们对政治过程本身的尊重和妥协相关……也与我们准备宽容的后果的范围有关。”⑤ 就像在《激进原则》中，他强调，政治参与的程序先于结果。这也是沃尔泽对政治实践及其与政治哲学的关系进行解释的一个关键要素。下文中将进一步涉及这些问题。

六　“政治决策与政治教育”

这篇文章收录在1980年里克特（Melvin Richter）主编的一本关于政治哲学与政治教育之间关系的论文集中。该论文集的其他作者包括威廉姆斯（Bernard Williams）、泰勒（Charles Taylor）、波考克（J. G. A. Pocock）、沃林（Sheldon Wolin）、德沃金（Ronald Dworkin）以及布鲁姆

① M. Walzer, *Thinking Politically: Essays in Political Theory*, New Haven: Yale University Press, 2007, pp. 230 - 231.

② Ibid., p. 231.

③ Ibid., p. 232.

④ Ibid., p. 226.

⑤ Ibid., p. 234.

(Allan Bloom)等。这也表明了沃尔泽在该领域的学术地位。

虽然沃尔泽在《激进原则》中对政治教育也有所论及，但与这本著作中对政治教育的研究还有一定的距离。事实上，这篇文章是“哲学与民主”一文的重要序言，也是沃尔泽关于民主参与的早期论述。简言之，在该文中，沃尔泽主张，民主国家的公民需要进行公民教育，使其有能力参与政治决策。尤其是他试图考察“不同的决策”对公民与政治领导者之间关系的影响方式。[①] 就像他所指出的，在民主社会中，公民的参与形式也是评价政治领导者决策的一种方式。“公民不仅仅是参与选举，而且是从心灵上参与到这样的决定中：决定是否在欧洲驻军，是否建立价格和工资的控制等。”[②] 由此，在沃尔泽看来，民主社会的公民教育，应当使公民能够做出“预期性的和回顾性的”决定，或者能够对政治领导者所做的决定进行反思。换言之，它应该有助于公民学习如何进行政治决定或形成政策。[③]

沃尔泽区分了两种决策模式：“现实主义的”和“道德主义的”模式。[④]“现实主义的”模式是运用功利主义的方式思考决策：它“本质上是使价值最大化的事情”，决策目标的价值是被赋予的或不是理性思虑的。这种模式不能从道德世界的“无条理性”中逃脱，不能避免，如是否可以个人自由为代价维护民族安全这样的困境。所以，政治决策不能与“道德选择”相分离，公民必须学会如何去“估算”，而且也要学会如何去“忧虑”。[⑤]“如果我们要教育公民如何进行政治决策，我们就需要教他们一些关于道德选择的东西。”[⑥]

沃尔泽主张，最好以一种“决疑的”模式，教育人们如何去做道德选择。这里的“决疑法”意味着，“将普遍的道德规则，运用到那些特殊的情形或冲突中去”。[⑦] 在这些情形中，道德原则之间彼此紧张，无法轻

---

① M. Walzer, "Political Decision-Making and Political Education", in M. Richer, *Political Theory and Political Education*, Princeton: Princeton University Press, 1980, p. 159.

② Ibid., p. 160.

③ Ibid., pp. 160 - 161.

④ Ibid., p. 163.

⑤ Ibid., pp. 164 - 165.

⑥ Ibid., p. 167.

⑦ Ibid., p. 169.

松地做出决策。按照沃尔泽的观点，提供公民教育的最好例子是法律学校。在政治决策中，公民应学会像律师那样去行动：他们“预先判断并预言决定”。[①] 应当通过与训练律师相类似的方式，对公民进行训练。在法律和政治中，原则和决策的关系就像一种持续的循环：“原则决定决策，决策反过来修正和改进原则。”[②] 因此，政治教师应该采纳一种与法律学校类似的方式，帮助公民练习“一种预测和回顾的能力，这是民主政治的一个必要部分”。[③] 这种“道德主义的”政治教育模式不仅有利于公民，而且有利于政治领导者。“政治领导者进行决策时将是孤独的，同时他们发现自己处于一种伙伴关系中……存在一个民主参照的世界，塑造着我们的政治领导者的道德选择……”[④]

该文在沃尔泽的思想发展中是一篇重要的文章，主要是因为：首先，它表明了沃尔泽对道德选择困境的持续关注，重申了他关于“肮脏之手”的思想；其次，它表明了沃尔泽试图将政治哲学与政治参与联系起来的持续努力；最后，它是沃尔泽不断倡导民主参与的一个实例。在他看来，公民应该审慎地考虑政治领导者所做出的决定，民主决定必须优先于哲学反思。但这并不意味着沃尔泽藐视哲学，相反，他将政治与道德哲学视为所有公民的责任，而不仅仅是受过训练的政治精英们的责任。

沃尔泽在关于“宽容制度”的论著中，也提到了国家教育问题。他考察了国家对其自身制度价值的灌输，是否会与不同共同体的社会化相矛盾。[⑤] 沃尔泽的回答是肯定的。在多民族帝国中，每一个共同体通常都可以对教育课程拥有完全自主的权利。而在民族国家和移民社会中，这是不可能的。民族国家中的学校，致力于培养公民对共和国的忠诚以及对统治民族的归属感。而在移民社会中，“学校需要教育儿童知道他们是一个多元宽容社会的个性化公民”[⑥]。或者学校致力于教授一种文化上中立的自

---

① M. Walzer, “Political Decision-Making and Political Education”, in M. Richer, *Political Theory and Political Education*, Princeton: Princeton University Press, 1980, p. 169.

② Ibid., p. 170.

③ Ibid., p. 174.

④ Ibid., p. 175.

⑤ ［美］迈克尔·沃尔泽：《论宽容》，袁建华译，上海人民出版社 2002 年版，第 71—75 页。以及 M. Walzer, “Education, Democratic Citizenship, and Multiculturalism”, *Journal of Philosophy of Education*, vol. 29, issue 2, 1995, pp. 181 - 189.

⑥ ［美］迈克尔·沃尔泽：《论宽容》，袁建华译，上海人民出版社 2002 年版，第 74 页。

由主义形式。沃尔泽认为，这两种方式中的每一种，都可能与儿童在其共同体中所接受的教育之间存在张力，因为共同体的教育在文化上是特殊的。共同体中的差异要求一种多元文化的教育，它教育儿童珍视他们多样性的认同，这有助于强化少数民族群体的认同。

沃尔泽相信，通过学校来强化认同，可能使“教育的分离”成为必需，它应该与对国家价值的灌输式教育和谐共存。因此，他提出了三种主要的“公民学课程”：民主的历史、关于民主政府的政治哲学以及教授儿童民主制度是如何运作的民主“实践政治学”。在一种多元文化的背景中，教育之所以会出现问题，原因就在于它不可能是“中立的”。“公民学课程本身将不是文化多元的……因为民主的公民资格不是一个中立的概念；它拥有自己特殊的历史，并指向它自己的政治文化。”① 因此，对沃尔泽而言，公民宗教与教育是同样意义上的问题：它们都指向宽容制度的局限，或者国家必须在包容差异的同时，培育某种统一的认同。当持有不同的价值时，我们应如何共同生活？对于这个问题，沃尔泽认为，最好的方式是通过我们对多重认同的包容而不是对抗来解决，因为我们所需要的是“政治社会化”而不是“全面的变革”。②

七 哲学家与政治哲学的定位：“哲学与民主”

“哲学与民主”一文是沃尔泽在《政治理论》杂志上发表的第一篇文章，③ 这表明他开始进入美国政治哲学的主流。在文章的开头，沃尔泽就写道：“近来，政治哲学的声望非常高，但政治哲学在很多方面都不应过多地影响经济学家、律师以及公共政策的制定者，因为它所主张的那些原则的权威性并不是源于普遍的授权。”④ 值得注意的是，“哲学与民主”一文并不是在考察“客观真理”的可能性问题，而是在考察民主社会中哲

① M. Walzer, “Education, Democratic Citizenship, and Multiculturalism”, *Journal of Philosophy of Education*, vol. 29, issue 2, 1995, pp. 185 – 187.

② ［美］迈克尔·沃尔泽：《论宽容》，袁建华译，上海人民出版社 2002 年版，第 80 页。

③ Walzer, “Philosophy and Democracy”, *Political Theory*, vol. 9, 1981, pp. 379 – 399, 后收录在 M. Walzer, *Thinking Politically: Essays in Political Theory*, New Haven: Yale University Press, 2007, pp. 1 – 21. 本书引用页码采用的是后者的页码。

④ M. Walzer, *Thinking Politically: Essays in Political Theory*, New Haven: Yale University Press, 2007, p. 1.

学家的角色问题。

沃尔泽的核心主张是，即使哲学家能够发现关于政治的真理，他们“在政治共同体中也没有特殊的权利”，因为“在观念的世界中，真理只是另一种可供选择的观念，哲学家也只是另一个可供选择的观念制造者”[①]。当代的哲学家很少重视柏拉图在“真理”与“意见”之间所做的区分，但沃尔泽的这个主张再次提出了这个问题。沃尔泽在这篇文章中提到了维特根斯坦提出的哲学家“不是任何观念共同体的公民”而只是“一位局外人”，他们的思想将其“系统地”放置在公民共同体之外。[②]沃尔泽明确反对政治哲学家与共同体的这种无谓的分离：“哲学家将自己与观念共同体相分离，是为了再次发现它……他撤退又返回。”[③] 政治哲学家没有必要将自己视为共同体的陌生人，因为政治哲学的研究“依赖政治哲学家的共同体成员身份。它应该成为（政治哲学研究的）一种更为可取的途径”[④]。

对沃尔泽而言，哲学家发现真理的要求与民主政治制定规则的要求是不相容的。沃尔泽在这篇文章中进行了一种类似契约主义的论证，他认为，政治决策不是以真理为基础的，民主政治中的公民有“权利去做他们认为正确的事情”，即使他们并不知道“何谓正确的事情”。[⑤] 在公民之间可能并没有关于“何谓正确的事情”的真理，他们可能“不顾”社会生活的某些特定特征。就像沃尔泽在“自由主义与区分的艺术”一文中所提到的，这是“民主政治不可避免的风险”。[⑥] 沃尔泽所承诺的民主是一种更为“厚重的”民主，而自由主义者所主张的民主则更为“稀薄”，这也使得哲学与民主之间的张力在其思想中变得很突出。这一点也可以从他对民主决策的分析中看到。沃尔泽认为，民主决策必须受到人民意志的限制，人民的意志必须是普遍的而且是不可剥夺和不可毁灭的；除人民意志之外，哲学的方式对民主决策施加了第二种限制，即“人民必须知道

① M. Walzer, *Thinking Politically*: *Essays in Political Theory*, New Haven: Yale University Press, 2007, p. 19.

② Ibid., pp. 1 – 2.

③ Ibid., p. 2.

④ Ibid.

⑤ Ibid., p. 6.

⑥ M. Walzer, “Liberalism and the Art of Separation”, *Thinking Politically*, p. 65.

什么是对的”。[①] 他明确反对这种限制。按照沃尔泽的理解，即使存在“单一的正确或正当的原则”，人民也有权利去实施不同的原则，“它是民主政治的一个特征，人民有权利错误地行动”[②]。例如，即使关于正义的哲学论述能够决定性地证明某些分配原则是“正确的”，就像罗尔斯的两个正义原则，但这也并不意味着这些原则应当被实施。只有在人们愿意去实施的时候，它们才能被实施。“实施它的正当理由就是决策的正确性，但这种理由可能只是希望它被实施而已。具体关于什么决定将是正确的知识，并不能赋予其做出那种决定的权利。”[③]

沃尔泽反对这种观点，即“一旦我们知道或能够知道什么是正确的……那么错误的行动就是不正当的”。他认为，这种观点“同样是一种关于政治权力分配的论证”，是一种根据掌握真理知识的多寡而获得实施决策的权力。[④] 沃尔泽将美国高等法院作为一个例子。他认为，民主与司法审查之间的张力，同民主与哲学之间的张力很相似。但法官并不像哲学家，他们并不主张或寻求与公民共同体的分离。按照沃尔泽的分析，美国高等法院的权力与民主之间是紧张的，但这又不同于罗尔斯的“原初状态”或哈贝马斯的“理想的对话情境”那样的思想实验，这些思想实验将“在场者”从公民共同体中“剥离”出来。[⑤] 在沃尔泽看来，民主的慎思与哲学反思或司法审查是不同的领域，它属于“权利”的领域。哲学家们“按照理想共和国而不是现实国家的模式为法官设计了一种决策程序”。如果法官遵循了哲学家的建议，在必要的时候，他们必然“否决立法机构的决定（人民的决定）……正是哲学与民主之间的张力使得他们采取这种形式”。[⑥] 就像沃尔泽所指出的，司法审查的权力越大，作为公共决策者的人民的权力就越小。但是，如果是这样，哲学与民主之间的张力将被重述为个人持有与公共持有的权力之间的张力。为什么公共持有的权力必须是优先的呢？沃尔泽的理由预示了《正义诸领域》中的观点：

---

① M. Walzer, *Thinking Politically*: *Essays in Political Theory*, New Haven: Yale University Press, 2007, p. 6.

② Ibid., pp. 6 – 7.

③ Ibid., p. 8.

④ Ibid., pp. 8 – 9.

⑤ Ibid., pp. 10 – 11.

⑥ Ibid., p. 12.

致力于实施“正确”决定的司法审查，代表了“民主空间”的不同区域之间“边界”的缩窄。如果要在政治生活中维护社会生活的多元性，不同区域之间的边界——后来被称为“领域”——必须得到维护。此外，“哲学家所倡导的这种个人持有的权力，将会对民主讨论造成永久的限制，民主决策也将无法实现，它将使这样的决策变成非政治化的。而政治讨论才是民主决策的真正平台”[①]。

最后，简单看一下“哲学与民主”一文如何预示沃尔泽后来关于分配正义的著作。在该文的结尾处，沃尔泽提出了“政治认知”与“哲学认知”之间的差别，即“特殊与多元”和“普遍与单一”之间的差别。[②]在《正义诸领域》中，可以清楚地看出沃尔泽是一位坚定的多元主义者。因此，民主先于哲学的最后一个理由是，民主允许社会形式的多元性而哲学则不能。对哲学而言，只有“一种原初的状态”，只有一种哲学的真理，因此，根本不存在与哲学的真理相一致的公民共同体。另外，政治民主在特征上几乎是无限多样的，因为它的历史、传统和文化在特征上是无限多样的。因此，“哲学与民主”一文对“多元性的辩护”是《正义诸领域》的一个先导。沃尔泽强调，“有限的多元主义者”并不是真正的多元主义者，而仅仅是喜好多样性的人而已。他主张，“处于自己共同体的大多数人，都珍视他们自己的观念和传统，通过一种移情和认同活动，他们承认其他的人与他们具有同样的感受”，这才是真正的多元主义者。“即使他们对某些特定的个人权利保持承诺，他们也是在传统中实施这些权利，因为他们不想去践踏这样的传统，他们珍视民主的过程而不是抽象的哲学家所假设的那种状态。”正是由于这个原因，“即使这样的假设的状态导向了一种哲学的真理，这个真理也不应在政治上具有权威性，除非它的持有者能够通过民主的程序，使其他公民也对此表示确信。哲学家只是在‘真理只是另一种可供选择的意见’的范围内拥有真理”[③]。

“哲学与民主”是沃尔泽很重要的一篇文章，因为它表现了沃尔泽对分析哲学传统的参与以及他与这种传统之间的紧张，也是因为它预示了他

① M. Walzer, *Thinking Politically: Essays in Political Theory*, New Haven: Yale University Press, 2007, pp. 13 - 14.

② Ibid., p. 15.

③ Ibid., p. 16.

之后的思想发展。在该文中，我们看到了他在《正义诸领域》中对多元主义与多样性的承诺；看到了他在“自由主义与区分的艺术”一文中支持民主决策，而不是对政治世界进行哲学式的预设；看到了他在《阐释和社会批判》中所倡导的，将阐释共同体的价值而不是创造或发现新的原则作为政治哲学家的任务。

但沃尔泽的政治哲学在很多方面也是一个矛盾的体系。尤其是他在“哲学与民主”一文中主张，哲学的“真理”在一个民主社会中是没有权威地位的，并批评哲学家是在寻求“真理”与权力的共谋。但这样一来，沃尔泽在《正义诸领域》中的论证又该如何理解呢？为了回答这个问题，首先需要考察一下他在《正义诸领域》的开头部分所阐述的方法论。按照沃尔泽的说法，他采用的是历史学和人类学的方法，而罗尔斯采用的则是经济学和哲学的方法。罗尔斯或许就是他在“哲学与民主”一文中所批评的那种哲学家的典型。沃尔泽主张，“他的论证是彻底的特殊主义的，我并不想离我们所生活的世界太远”[①]。因此，沃尔泽并不希望《正义诸领域》中的论证成为一种哲学“真理”。他认为，我们可以从历史中认识到，我们的共享理解是如何产生的，以及它在历史上并不是完全相同的；我们可以从人类学和社会学中认识到，社会安排在特征上是具有很大偶然性的。他反对从社会外部来呈现“真理”，并将自己视为是在“向他的公民伙伴解释我们共享的意义世界”。一个正义或公正的社会或许“已经在那里，或者就隐藏在我们的观念和分类中”[②]。因此，他对政治哲学的定位是，政治哲学并非寻求哲学上正确的“真理”，而是寻求对我们实际的共享理解进行最好的阐释。

最明显的例子是他对医疗分配的论证。沃尔泽提出了三个明确的原则来强化他对安全与福利领域的论证。即“每个政治共同体必须按照其成员对‘需要’的共享理解来满足他们的需要；被分配的善必须按照‘需要’的比例进行分配；这种分配必须承认和支持成员资格的根本平等”[③]。根据这些原则，他提出，医疗必须被公共地供给，而且这种公共的供给必

① ［美］迈克尔·沃尔泽：《正义诸领域：为多元主义与平等一辩》，褚松燕译，译林出版社2002年版，第5页。

② 同上书，第6页。

③ 同上书，第106页。

须以尊重成员资格的方式，平等地提供给所有成员。但《正义诸领域》的批评者也认为，沃尔泽对共享理解的诉诸，其实是在民主的掩饰之下推行他自己的价值。

关于政治哲学的定位问题，沃尔泽在《阐释和社会批判》和《批评家群体》中进行了更为详细的解释。但有两点是可以肯定的：首先，像其他政治哲学家的著作一样，它们只是一种意见。这也是他在“哲学与民主”一文中对政治哲学所做的一种定位。如果这一点是合理的，公共知识分子通过公共政治论坛的形式，而不是出版论著的形式似乎可以做得更好，就像贝尔、汤普森和泰勒所做的那样。其次，即使政治哲学的任务不是发现永恒的真理而是阐释共享理解，沃尔泽的批评者可能仍会认为，政治哲学家并不是共享理解的最好阐释者；或者按照沃尔泽的观点，进行这种阐释的最好领域是政治共同体而非学术共同体。

八　复合平等的正义观：《正义诸领域》

《正义诸领域》是沃尔泽的代表性著作，这本著作非常复杂，对它的解释可以重新写一本书。沃尔泽在这本著作中首先从“简单平等”谈起。他认为，无论社会中的人们被赋予多大的行动自由，“简单平等”都无法在任何社会中实现，因为社会的任何组织化都会对“简单平等”产生背离。就像他所指出的，“这种平等挨不到新成员的初次聚会结束。有的人将被选为主席；有的人将会做雄辩的演讲来劝我们都服从他的领导。在聚会这一天结束时，我们便开始被区分开来了——这就是会议的目的。……我们知道，星期天中午十二点平均分配的钱不到周末就会被不平等地再分配了”[①]。在此，诺齐克对沃尔泽的影响很明显。在《无政府、国家和乌托邦》[②]中，诺齐克主张，平等与自由是不相容的，因为某种平等的社会制度将拒绝允许人们享受一些很简单的快乐，如为了观看篮球比赛而支付给运动员一些报酬。在某种程度上，《正义诸领域》的任务就是通过反对“简单平等”的观念来为平等辩护，并主张在一个公正社会中，

---

① ［美］迈克尔·沃尔泽：《正义诸领域：为多元主义与平等一辩》，褚松燕译，译林出版社2002年版，第1页。

② ［美］罗伯特·诺齐克：《无政府、国家和乌托邦》，姚大志译，中国社会科学出版社2008年版。

诺齐克所主张的那种交换是可以与平等相容的。针对“简单平等”的困境，沃尔泽提出了“复合平等”的观念。只要某个领域中的不平等不会造成其他领域的不平等，在这种情况下，社会就实现了一种“复合平等”。即每个领域内部允许不平等的存在，只要这种不平等保持在每个领域的特定边界之内，人们在总体上仍将是平等的。因此，在财富领域，某些人可能比其他人拥有更多的金钱。但只要这种财富优势并没有在其他领域赋予他更大的优势，如不能仅仅因为他的财富就有理由给他的孩子提供更好的教育，那么他所拥有的这种财富优势就是与社会平等相容的。

有几点是值得注意的。首先，沃尔泽的平等主义不是“一种消除所有差别的愿望”，而是“不受支配的社会”。[①] 对沃尔泽而言，平等和差异是可以并存的“伙伴”，这也是这本著作的副标题——“为多元主义与平等一辩”所要表达的东西。批评者可能会质疑沃尔泽所主张的平等是不是真正的平等。的确，与其早期著作如《激进原则》相比，《正义诸领域》中很少提到“社会主义”这个字眼儿。但是，自《正义诸领域》出版以来，平等应该包容并稳定差异的观念，已经在像杨（Iris Marion Young）等政治哲学家的著作中广泛出现。“复合平等”的观念也已经逐渐被学术界接受。这也向我们指出了《正义诸领域》的第二个特征，即它对分配正义理论的主题，重新进行了概念化。在20世纪70年代出现了两种主要的分配正义理论：罗尔斯和诺齐克的分配正义理论。在沃尔泽看来，尽管罗尔斯和诺齐克关于如何分配善的观点存在差异，但他们本质上都是在回答“人们应如何向其他人分配善”这样的问题。但对沃尔泽而言，分配正义理论不应将分配视为“人们向其他人分配善”，而是“人们构思和创造出物品，然后在他们自己中间进行分配”。[②] 沃尔泽对所分配善的社会性的强调，是对“哲学与民主”一文的发展，他在《正义诸领域》中将这一点扩展到整个社会生活领域而不仅仅是政治过程。

---

① ［美］迈克尔·沃尔泽：《正义诸领域：为多元主义与平等一辩》，褚松燕译，译林出版社2002年版，第4页。

② 同上书，第5页。诺齐克或者其他的自由主义者可能否认他们的理论遵循的是第一种模式。因为他们认为，“分配正义”这个词是一种误用，因为并没有人在分配。这也是沃尔泽强调人们是在共同进行分配，而不是通过一个主要的分配代理人在进行分配。在《正义诸领域》的第12页，沃尔泽认为，“对一种支配性善的垄断性控制造就了一个统治阶级，其成员高踞分配体系之巅——正如声称拥有自己所热爱的智慧的哲学家们可能喜欢做的那样”。

在“哲学与民主”一文中，沃尔泽强调了多样性社会生活形式的重要性，也就是对多元主义的强调。他反对不顾善的意义而对善的分配进行简单化处理，并主张“不同的物品因不同的理由、依据不同程序分配给不同的男人或女人……”[①] 这是沃尔泽所主张的多元主义的第一个意义：当代社会的社会生活是复杂的，它们由不同的领域构成。因此，分配正义理论也一定是复杂的和多元的。多元主义的第二个意义则是外部性的。它强调正义原则依赖每个特定社会对社会善的特殊理解，这些正义原则在社会中和社会间都是多元的。这也是沃尔泽主张正义原则既是相对的也是非相对的原因。它的相对性在于，“正义扎根于人们对地位、荣誉、工作以及构成一种共享生活方式的所有东西的不同理解”。它的非相对性在于，“践踏这些不同的理解（常常）就是不公正地行动”[②]。对沃尔泽而言，正义在内容上是相对的，而在程序上则是非相对的。在每一个社会中，正义都需要考察那个社会的共享理解。因此，正义在程序上是相似的；但在每一个社会中，这些理解又是不同的，因而，正义在内容上又是不同的。

关于这一点，笔者想补充三个方面的内容。首先，沃尔泽的论证依赖这种观点，即在任何社会中都存在一套共享理解。这也是他在《正义诸领域》中的论证，被认为是“社群主义”的原因之一。实际上，这一点与他在“哲学与民主”一文中对民主的描述紧密相关。按照沃尔泽的解释，分歧的存在并不意味着共享理解的不可欲。相反，“当人们对社会诸善的意义有歧义时，当人们的认识相互矛盾时，正义要求社会忠实于这些歧义，为它们的表达、宣判机制和替代性分配提供制度渠道”[③]。但这一点在《正义诸领域》中并未充分展开。因此，沃尔泽在《阐释和社会批判》中着重讨论了这些问题，即是否存在共享的社会理解、寻求表达这种共享理解的政治哲学是否可能，以及这种共享理解对社会是否仍然具有批判力。这些问题也是《批评家群体》一书的主题。

其次，那些认为沃尔泽的正义理论中，不存在普遍的正义原则的观点是不准确的。他提出的“善的理论”包含六个命题，目的都是“对分配

---

① ［美］迈克尔·沃尔泽：《正义诸领域：为多元主义与平等一辩》，褚松燕译，译林出版社 2002 年版，第 31 页。

② 同上书，第 419 页。

③ 同上书，第 418 页。

可能性的多元论进行解释和限制”。[1] 同时，对分配正义多元性的限制，也暗示了某些普遍原则（沃尔泽称之为最低限度的原则）存在的可能性。这些命题分别是：（1）分配的正义所关注的所有物品都是社会物品；（2）男人们和女人们因他们构想和创造的方式不同而呈现出具体的特征，然后他们占有并使用社会物品。（3）不存在可想象的跨越全部精神和物质世界的唯一首要的或基本的物品。（4）正是物品的含义决定了物品的运动。分配的标准和制度安排不是善本身固有的，而是社会善内在所需的。（5）社会意义具有历史性；同理，分配以及公正的和不公正的分配是随着时间的推移而变化的。（6）意义清楚明白后，分配必须是自主的。可以说，每一种社会善或每一组物品都构成了一个分配领域，在其中只有某些特定标准和安排是合适的。[2]

《正义诸领域》中的诸多论证，都是对这六个命题的详细解释。此外，对平等的追求不应只关注特定的人对特定善的“垄断”，而应集中处理特定善对其他善的“支配”。[3] 这一点也是贯穿整本著作的一个核心论题。换言之，正义不是寻求在每个单独领域内进行均等的分配，而是允许每个领域内不平等的存在。只要这种不平等遵循了“内在于”社会性的善本身的共享理解，它就是可以接受的。按照沃尔泽的理解，反对支配“……最充分地抓住了分配体系的社会意义的多重性和真正复杂性”。[4] 因此，存在某些适用于不同领域的最低限度的普遍原则，但并不存在可以跨领域适用的一组普遍原则，这一点是与正义的相对性保持一致的。对沃尔泽而言，不存在支配性的善，并且每一种善应按照对其社会意义的共享理解进行分配。在某种意义上而言，这就是正义分配的普遍原则，但这也同时意味着正义的分配将是多元的。

最后，通过考察这本著作的章节结构也可以获得某些启示。除前两章和最后一章之外，《正义诸领域》的其他章节都是按照相似的结构，分别探讨了社会生活不同领域内的分配——安全与福利、金钱与商品、职位、艰苦工作、闲暇、教育、亲属关系与爱、神恩、认同以及政治权力。在这

---

① ［美］迈克尔·沃尔泽：《正义诸领域：为多元主义与平等一辩》，褚松燕译，译林出版社2002年版，第6页。

② 同上书，第6—10页。

③ 同上书，第11—15页。

④ 同上书，第15页。

些章节中，沃尔泽都是首先考察在每个领域中“简单平等”意味着什么，然后主要在不适用或非正义两方面对这种“简单分配”进行批判，最后倡导一种相应的“复合平等”。例如，在职位这个领域中，存在两种形式的简单平等——精英管理与轮流任职。沃尔泽认为前者“只是用国家权力的支配代替私人权力的支配”，后者“如果延伸到它的边界之外，就只会是欺诈，成为新型统治的一个面具”①。他认为，最有资格的候选人应该垄断职位领域，但我们也必须“对他们的特权予以限制……我们必须坚持的是，这些不能成为独裁者要求垄断权力和特权的基础”②。在章节结构上的这种相似性，反映了沃尔泽的正义理论在程序上的统一性。即在每个领域中，首先梳理出内在于该领域的分配原则，并强调这些原则只应在该领域内进行适用。此外，对每个领域而言，最重要的是为各个领域设定边界，并且不仅应关注每个领域内的分配，更应关注各个领域间的分配。

以上是对《正义诸领域》这本著作的一个总体分析。本书将在下文中，结合沃尔泽的其他论著，对其做进一步的解析。

九 “自由主义与区分的艺术”

与“哲学与民主”一样，“自由主义与区分的艺术”也是沃尔泽为《政治理论》杂志所写的一篇论文。③ 这篇文章可以视为对《正义诸领域》一书的延伸，它的主题之一，就是社会生活不同领域之间的边界问题。此外，它还涉及自由主义政治哲学以及教会与国家之间的关系问题。与《正义诸领域》不同，在这篇文章中，沃尔泽一再声称自己是一位社会主义者，并主张有区分的社会主义方法比自由主义方法“更为现实”。自由主义是“描绘社会与政治世界的一种方式，值得肯定的是，自由主义方法是多元论的，它区分了诸如教会和国家、公共领域与私人领域、公

① ［美］迈克尔·沃尔泽：《正义诸领域：为多元主义与平等一辩》，褚松燕译，译林出版社2002年版，第174—175页。

② 同上书，第175—176页。

③ M. Walzer, “Liberalism and the Art of Separation”, *Political Theory*, No. 12, 1984, pp. 315 - 330. 后收录在M. Walzer, *Thinking Politically: Essays in Political Theory*, New Haven: Yale University Press, 2007, pp. 53 - 67.

民社会与政体这样的社会生活领域”。[①] 在他看来，将这些领域区分开来是自由主义最重大的成就。《正义诸领域》对自由主义方法的吸收借鉴是明显的，对沃尔泽而言，“自由主义是一个由‘墙’所构成的世界”，而《正义诸领域》的一个核心论证就是维护这些“墙”（他称之为“领域”）。这一点也表明，沃尔泽这个社会主义者和激进的民主主义者对自由主义并没有敌意。但沃尔泽并没有将自己视为自由主义者。虽然他很赞同自由主义对区分艺术的强调，但他最终批评了自由主义如何在社会生活中设置了“篱笆”。“区分艺术从来没有得到左派的高度重视……左派普遍强调不同社会领域的彻底独立以及与经济的直接的因果关联。”[②] 从政治谱系的角度来分析他的思想脉络，沃尔泽表现出了明显的反党派主义的倾向，这种倾向最早表现在《政治行动》中，并在《政治与激情》中变得更为明显。

为了理解沃尔泽最终反对自由主义的区分艺术的原因，必须首先理解这种区分艺术是如何运作的。首先，在不同的社会生活领域之间建立区分，在这个过程中，一种新的自由被创造出来：通过区分公民社会与政治社会，自由主义创造了“经济竞争和自由企业的领域”；通过区分公共领域与私人领域，自由主义创造了“个人和家庭自由、隐私、专注家庭生活的领域”。[③] 从《正义诸领域》中可以看出，沃尔泽对多元主义的倡导，部分原因就在于，它反映了社会生活日益增长的复杂性，以及具有各自逻辑的诸多不同领域的存在这个社会事实；它是对复杂的当代社会生活在道德与政治上的一种必要调整。自由主义的区分艺术，反映和强化了这种长期的社会分化过程。自由主义通过区分出不同的社会生活领域来支持自由和平等，这是与区分艺术的运用密切相关的。就像沃尔泽在《正义诸领域》中所注意到的，不同社会领域对平等的尊重是重要的：市场向所有人开放；教育制度应为所有人提供平等的竞争机会；“隐私假定了所有私人生活的平等价值”等。[④] 这是一种形式的平等：“当某个领域背景中的成功，不可以转化为另一领域背景中的成功时，现代社会才可以享受到自

---

① M. Walzer, *Thinking Politically: Essays in Political Theory*, New Haven: Yale University Press, 2007, p. 53.

② Ibid., p. 55.

③ Ibid., pp. 54 – 55.

④ Ibid., p. 58.

由和平等……当然，在每一个领域背景中都有强制和不平等，但如果它们反映了该领域内的制度和实践的内在逻辑，那我们就不必对此感到忧虑。"[①] 因此，似乎可以认为，自由主义社会是《正义诸领域》所倡导的分配正义在某种程度上的实现，也可以被视为"复合平等"的一种形式。但沃尔泽认为，它并非如此，因为自由主义过多地强调了某些特定的区分，而忽视了其他的区分。自由主义的关注，只是集中在抵制政治权力和限制政府作用范围方面，但"并不是只在那些情形中，自由和平等才受到威胁。我们需要密切关注财富本身可能采取的专制形式。受限制的政府是区分艺术的巨大成功，但正是这种成功也为私人特权开辟了途径……正是伴随着对私人特权的批判，左派开始抱怨自由主义"[②]。沃尔泽认为，将公民社会与政治社会相区分，是为了避免公民自由受到强制因素的影响。但强制因素在市场领域也是一个问题，它是"一种市民社会的错误观念，一种坏的社会学"。[③] 为了使区分艺术在任何意义上都能确保自由，正如"复合平等"一样，它需要"合作性质的所有权"。按照沃尔泽的解释，倡导"合作性质的所有权"的自由主义，才是"一种始终如一的自由主义，也就是过渡到社会民主主义的自由主义，它也是自由主义的一种类型"[④]。这是沃尔泽在其论著中首次正式承认，他的社会民主主义是与自由主义密不可分的。

沃尔泽主张，"合作性质的所有权"离不开自由主义原则，因为"社会凝聚力"需要"反对传统的自由主义社会学，即自由的个人是其社会角色和自我的创作者"。[⑤] 在他看来，"教堂、学校、市场和家庭都是具有特殊历史性的社会机构。它们在不同的社会中采取不同的形式……它们在

---

① M. Walzer, *Thinking Politically*: *Essays in Political Theory*, New Haven: Yale University Press, 2007, pp. 58 – 59.

② Ibid., p. 59.

③ M. Walzer, *Thinking Politically*: *Essays in Political Theory*, New Haven: Yale University Press, 2007, p. 59. 这里有三个方面的原因：首先，不平等的财富导致了压迫，因为"很多交换只是形式上自由的"；其次，市场权力的某些类型是通过组织形式组织起来的，它们与国家组织具有很大的相似性；最后，资本对政府管理的影响。所有这些原因，沃尔泽都在《正义诸领域》中进行了说明。

④ M. Walzer, *Thinking Politically*: *Essays in Political Theory*, New Haven: Yale University Press, 2007, p. 60.

⑤ Ibid., p. 62.

任何情况下都不是完全通过个人意愿进行塑造的，因为这些意愿总是在特定的模式内发生”①。这是《正义诸领域》中的多元主义与泰勒的社会本体论的结合，它将有助于理解为什么沃尔泽的社群主义是他寻求调和社会主义与自由主义的结果。在这篇文章中，沃尔泽得出结论认为，“区分的艺术不是根源于或由个人的分离来保证的……而是由社会的复杂性来保证的。我们不能区分个人；我们区分制度、实践以及不同的关系……我们的目的不是孤独的个人的自由而是制度的完整”②。需要注意的是，沃尔泽并不是不要限制自由，相反，他的目的是强调自由不能从原子化的个体中产生。这也是沃尔泽倡导多元主义和泰勒的社会本体论相结合的原因。

“自由主义与区分的艺术”一文在诸多方面都是对《正义诸领域》的延伸，它的很多主张都是在重申《正义诸领域》中的观点。但它也是对《正义诸领域》的发展，更为直接地涉及沃尔泽的政治哲学思想。在这篇论文中，沃尔泽明确指出，他的任务就是对社会多样性和复杂性进行一种自由主义的考察，并结合社会民主主义理论进一步修正自由主义的缺陷。即“只有在制度设置中遵循社会性，制度才能具有完整性。只有坚持领域的社会化，才能使它们的参与者享受到朴素的平等。……减少领域边界之间的交叉也是必要的，因为那些为他们的社会角色感到自豪的人们，更有可能尊重这些角色运作的制度背景”③。对沃尔泽而言，自由主义必须与社会民主主义相结合。之所以强调民主，是因为当民主问题出现时，自由主义和社会主义都不得不向彼此让步，它们都不能挑战民主的优先性。在文章的结尾处，沃尔泽指出了这个问题，“政治上的大多数人误解或践踏了某种制度设置的自治性，并强调自由主义和社会主义所提供的‘真理’必须在大多数人面前让步。这也是为什么多数人的误解将是民主不可避免的威胁的原因”④。

十 政治变革：《出埃及记与革命》

从《正义诸领域》的致谢词中可以看出，沃尔泽在这个时期的理论

① M. Walzer, *Thinking Politically: Essays in Political Theory*, New Haven: Yale University Press, 2007, p. 63.

② Ibid.

③ Ibid., pp. 63 - 66.

④ Ibid., p. 65.

对话者，主要是伦理与法哲学学会的成员。但这些人并没有消减豪的激进民主主义、毕耶的历史化的理想主义以及犹太教对沃尔泽的深刻影响，他仍然对20世纪六七十年代的思想论题保持兴趣，《出埃及记与革命》就是一个很好的证明。沃尔泽在这本著作的致谢词中，再次提到了豪对他的深刻影响。这本著作很容易让人联想到他的早期著作，如《圣徒的革命》对新教和清教徒的研究；《弑君与革命》对英法两国政治革命的研究。正如他的很多著作一样，包括著名的《正义与非正义战争》和《正义诸领域》，沃尔泽同样是试图运用历史事例进行一种道德论证。在这本著作中，他主要关注了“出埃及记”这个圣经故事的道德意义。沃尔泽认为，它提供了“对革命和解放的现世的和历史的解释”,[①] 它对解释“革命和解放”具有重要意义，他将其视为“革命政治的一种范例”。[②]

沃尔泽所讲述的“出埃及记”的故事，在某些方面遵循着与但丁的《神曲》相似的结构：埃及是地狱的开始，经过炼狱的荒漠，最后到达天堂乐土。在他看来，出埃及记的故事，不同于现世的其他英雄主义故事，也不同于像奥德赛那样的古代英雄故事。“出埃及记在时间和空间上都是一段前进的旅程。它趋向一种目标、一种道德过程和一种转变。”[③] 这种道德转变的结果是一种政治变革，是趋向“一个更有魅力的世界”的努力。[④]

沃尔泽对政治变革运动一直保持着兴趣。他最初感兴趣的是新教主义，新教是变革现世的一场组织化运动，青年沃尔泽对新教的组织化深感钦佩。前文提到的《激进原则》和《弑君与革命》也都在关注政治变革，但并非马克思意义上的革命。沃尔泽反对马克思意义上的革命，他认为这种革命在形式上与“弥赛亚主义”（对救世主的信念）多少有些类似。他更为欣赏一种在不完全抛弃我们共享的现世世界的情形下，能够成功带来真正改变的社会变革运动。那么，“出埃及记”为社会变革运动留下了怎样的模式呢？沃尔泽认为，它是一种经历开始、中间和结尾的模式。在沃

---

① M. Walzer, *Exodus and Revolution*, New York: Basic Books, 1985, p. 9.

② Ibid., p. 7.

③ Ibid., p. 12.

④ Ibid., p. 14.

尔泽对故事的讲述中，希伯来人民从埃及的奴役状态中出走；在西奈沙漠中度过第一阶段，在这个阶段他们处于“荒漠的奴役中”，还没有成为一个自由共同体；通过西奈山盟约之后，他们才真正成为“自由人”；最后到达以色列。这条道路是艰辛的，他们必须首先摆脱身体和精神的枷锁，最终到达乐土的人已经不是当初离开埃及的那些人了。

沃尔泽最终从“出埃及记”中为政治变革总结了三方面的启示。首先，“无论你生活在哪里，它都有可能是埃及”。[①]“埃及”的主要特征是压迫和腐败。沃尔泽在《正义诸领域》中主张，平等主义的诉求是祈求一个超越压迫的世界。在他看来，“出埃及记”的故事诉诸一个压迫的世界，然后再反抗它，它使摆脱压迫看起来是可能的；没有“出埃及”的可能性，“压迫将被经验为一种不可摆脱的情形”[②]。沃尔泽认为，如果压迫是不可摆脱的，道德批评也将是无意义的，“‘应当’蕴含着‘能够’”。某事物之所以可能是非正义的，就在于它具有避免的可能性。[③] 在某种意义上，《出埃及记与革命》与《正义诸领域》中对“复合平等”的研究是相关的：它们都指出特定社会的问题，进而表明改变这些问题和推进社会进步的可能性。其次，这个故事不仅说明了“解放”是可能的，而且也说明了一种“更美好的世界”是现实的和可欲的。犹太人在埃及所受到的压迫，主要是社会和经济方面的压迫：他们被当作奴隶来建造埃及金字塔和城市。奴隶式奴役是这种压迫的主要表现，“埃及的奴役是国家的任意权力对人们的奴役”。[④] 这也是圣经后来对奴隶制进行限制的原因，圣经要求奴隶在安息日应该被允许休息，并且在成为奴隶七年之后就可以成为自由人。最后，腐败是解放过程中存在的最大危险之一，政治变革存在倒退的可能性，或者新建立的社会有可能与所变革的社会一样腐败。而且，政治变革的领导者通常与其人民拥有不同的追求：“人民渴望牛奶和蜂蜜，他们是现实主义者；摩西和利未人渴望神圣，他们是理想主义者。”[⑤] 第二和第三方面的启示，在本质上是联系在一起的。第二个启示强调，“存在一个更美好的地方、一个更具吸引力的世界、一块充满希

---

① M. Walzer, *Exodus and Revolution*, New York: Basic Books, 1985, p. 149.

② Ibid., pp. 21 - 22.

③ Ibid., pp. 22 - 23.

④ Ibid., p. 30.

⑤ Ibid., p. 103.

望的土地”。第三个启示认为，“到达那片土地”的过程包含着倒退的危险，“到达那片土地的方式是穿越荒漠”；建立一个更美好世界的唯一的方式是“参与进来一起前进”。[①] 换言之，在一个没有奇迹或救世主的拯救故事中，共同体是实现目标的唯一方式，拯救的道路是艰辛的，而且从来没有必然实现的保障。

这本著作与沃尔泽的“复合平等”思想在很多方面是重叠的，但也表现出某些不一致性。在“复合平等”的研究中，沃尔泽强调特定社会以不同方式理解社会善的意义的重要性。而在这本著作中，他试图从一个有3000年历史的传奇故事中，为西方政治变革总结普遍的经验教训。这两者如何能够调和呢？对沃尔泽而言，为了调和两者，他不得不承认，“出埃及记”的故事并没有讨论复杂而具体的制度安排这个事实。它只是作为一个英雄主义的故事得到不同社会人们的理解，这些社会中的某些传统可能与其具有一定的相似性，它在一定程度上超越了社会意义的多样性。这本著作表现了激进民主传统对沃尔泽的持续影响，以及他对政治行动主义的持续关注。与《正义诸领域》不同，这本著作并不完全是一部规范的政治哲学著作，其研究模式再一次表现了沃尔泽在研究生学习时期，毕耶对他的深刻影响。运用历史研究方法进行道德与政治哲学论证，是沃尔泽思想的一个明显特征。《出埃及记与革命》和《正义诸领域》所表现出的不同研究模式，源于影响沃尔泽的不同思想传统。后者主要受到以豪为代表的激进民主传统和英美分析哲学传统的相互影响，而在前者中几乎看不到英美分析哲学传统的影响。

第三节　核心观念：内容与逻辑

一　多元主义与复合平等

沃尔泽是一位多元主义者，主要表现在两个方面：首先，在“哲学与民主”、“自由主义与区分的艺术”和《正义诸领域》中，沃尔泽都明确主张，应尊重不同社会的历史传统；以及在《正义与非正义战争》、“国家的道德身份”等论著中都提到，应尊重不同社会与政治形式的多样

① M. Walzer, *Exodus and Revolution*, New York: Basic Books, 1985, p. 149.

性；尊重每个共同体按照自己的意愿自我组织的权利，以及共同体应允许其成员在自愿的情形下自由退出。这种意义上的多元主义，使沃尔泽看起来更像是一位社群主义者，他不断强调“政治共同体是这种事业的合适背景”,[①] 不同的政治共同体根据共同体的价值，具有不同的分配标准。这种类型的多元主义显然是社群主义的，可以称之为外部多元主义，它与沃尔泽对成员资格以及正义多样性的思考紧密相关。外部多元主义非常重视这种观念，即共同体在培育自我认同方面所具有的重要意义，它也是沃尔泽对民主和集体自决权进行辩护的一部分。就像沃尔泽在“哲学与民主”一文中所指出的，外部多元主义是重要的，因为我们重视民众参与政治决策的权利。即使某个特定的政治问题存在“哲学上正确的”解决方法，民众也有做出错误决定的权利。外部多元主义可以视为对共同体权利的尊重，或者对民主尊重的一种形式，它本身建立在个人参与政治的权利基础之上。这些论述就是沃尔泽对外部多元主义所做的辩护，也部分解释了他对“社群主义者”这个标签不大认同的原因。[②]

沃尔泽的这种外部多元主义主要体现在《正义诸领域》一书中。在这本著作中，沃尔泽特别探究了特定的历史共同体创造与塑造正义观念的方式，这种方式与其内在的文化规范相一致。他提出了一种包含“领域”的复合平等的正义观。沃尔泽观察到人类共同体中存在诸多不同的社会善、分配这些善的诸多方式、创造和接纳这些善的不同主体，以及衡量和分配这些善的诸多标准。因此，我们不应寻求某种关于善的单一分配原则。他提出，“正义原则本身在形式上就是多元的；社会不同善应当基于不同的理由、依据不同的程序、通过不同的机构来分配；并且，所有这些不同都来自对社会诸善本身的不同理解——历史和文化特殊主义的必然产物”[③]。换言之，沃尔泽至少在三种意义上论证了一种复合的多元主义。首先，社会善本身就是多元的，特定的文化通过特定的原则分配这些社会

---

① ［美］迈克尔·沃尔泽：《正义诸领域：为多元主义与平等一辩》，褚松燕译，译林出版社 2002 年版，第 34 页。

② M. Walzer, *Thinking Politically: Essays in Political Theory*, New Haven: Yale University Press, 2007, pp. 96 – 114.

③ ［美］迈克尔·沃尔泽：《正义诸领域：为多元主义与平等一辩》，褚松燕译，译林出版社 2002 年版，第 4 页。

善。这些原则内在地符合这些善的"领域"和这些善在文化上的共同意义，而不是通过一种包罗万象的单一原则进行分配。沃尔泽划分了11种社会善的分配领域：共同体的成员资格、安全与福利、金钱与商品、职位、艰苦工作、闲暇时间、教育、亲属与爱、神恩、承认以及政治权力。其次，社会善在文化上的理解是多元的。社会善本身或许保持不变，但对其的文化解释则可能发生变化。特殊的社会意义将最终决定在某个社会中进行分配的适当方式。最后，由于社会善本身和它们内在的文化理解都是多元的，因此决定社会善应如何进行分配的正义原则也应是多元的。所有特定的正义观念，都依赖于特定历史时期的特定共同体。"从来不存在一个适用于所有分配的单一标准或一套相互联系的标准……至于分配正义，历史向我们展示了大量不同的制度安排和意识形态。"①

沃尔泽的分配领域是有价值的，因为它们生动地描述了历史与社会中存在的多样性的道德世界。沃尔泽所主张的多元主义是实用主义的而非抽象的。在他看来，不存在一种所有的文化都能借以评价自身地方性规范的超文化的元规范，但多样性的文化共同体有可能一致认同某种"稀薄的"道德规范，如正义，进而实现某种形式的跨文化的一致性。但在文化上普遍的正义观念，在创造、解释以及运用方面在根本上仍是"厚重的"、地方化的和独特的。② 尽管沃尔泽无意寻求普遍适用的跨文化的正义原则，但他仍试图描述在既定的共同体中正义与非正义究竟意味着什么。为此，沃尔泽提出一种复合平等理论。"用正式术语讲，复合平等意味着任何处于某个领域或掌握某种善的公民可以被剥夺在其他领域的地位或其他的善。因此，可能是公民X而不是公民Y当选政治职务，于是，这两个人在政治领域就是不平等的。但只要X的职务没有在任何领域给他带来超越Y的利益——优越的医疗照顾、将自己的子女送到更好的学校、享有更好的事业机会等等，那么，一般而言他们并不是不平等的。只要职务不是一种支配性的善，不是可以广泛转换的，职位持有人就会处于或至少能够与他们所治理的男人们和女人们处于平等的

---

① ［美］迈克尔·沃尔泽：《正义诸领域：为多元主义与平等一辩》，褚松燕译，译林出版社2002年版，第2—3页。

② M. Walzer, *Thick and Thin: Moral Argument at Home and Abroad*, Notre Dame, IN: Notre Dame University Press, 1994, pp. xi, 16-17.

关系中。”[1] 沃尔泽写作《正义诸领域》的目的就是“描述一个这样的社会，在这个社会中，没有一种社会物品充当或能够充当支配的手段”[2]。这样的一个社会就是他称为复合平等的社会。

复合平等允许公民对某一领域的社会善进行垄断性的占有，但不允许公民进行跨领域的支配。按照沃尔泽的理解，非正义至少以两种方式出现，首先，某个社会群体垄断了几乎所有领域的善。在一个领域进行垄断是正当的，但将这种垄断扩展至其他领域就是非正义的了。其次，某种社会善（如金钱）的分配原则，妨碍或干预了其他社会善的分配（如教育）。这是因为不同的社会善在其特定的领域内，具有自己独特的分配原则，这些原则在文化上是特殊的，“忽视这些原则就是专制”。[3] 人类的平等源于这样的事实，即我们既是文化的创造物也是创造文化的生物。忽视了这一点，或者将自己的文化外在地强加于别人，就会违背沃尔泽的正义观念。“我们（所有的人）都是文化的产物；我们创造并生活在有意义的社会里。……正义扎根于人们对地位、荣誉、工作以及构成一种共享生活方式的所有东西的不同理解。践踏这些不同的理解（常常）就是不公正的行动。”[4] 那为什么社会善以及它们的分配原则，最终依赖公共的阐释而不是普遍的标准呢？沃尔泽的回答很简单，因为善“处于人们手中之前就已经进入人们的脑海中了；分配是依据人们所共享的关于善是什么和它们的用途何在的观念摹制出来的”[5]。在他看来，这里首先要考虑的是，社会善的文化解释与其分配原则之间的紧密相关性。某种文化所珍视的善在另一种文化中却未必如此，甚至在同一共同体之中每一代人对同一种社会善的理解也可能不同。“世上的物品有着人们共享的含义，因为构想和创造都是社会过程。出于同一个原因，物品在不同的社会里有着不同的含义。同一个东西因不同的原因而被重视，或者在此地被珍爱而在别处则一文不值。”[6]

---

① ［美］迈克尔·沃尔泽：《正义诸领域：为多元主义与平等一辩》，褚松燕译，译林出版社 2002 年版，第 23—24 页。

② 同上书，第 5 页。

③ 同上书，第 23 页。

④ 同上书，第 419 页。

⑤ 同上书，第 6 页。

⑥ 同上书，第 7 页。

在沃尔泽的大多数著作中，还存在一种内部多元主义，与外部多元主义相互伴随、相互作用。这种内部多元主义就是我们通常所说的社会分化。关于内部多元主义的论证大多表现在“自由主义与区分的艺术”和《正义诸领域》中，此外，也表现在《出埃及记与革命》中，尤其是表现在他对摩西与先知以及人民的关系的论证之中。当然，关于内部多元主义的最充分论述还是在《正义诸领域》中。按照沃尔泽的观点，在一个特定社会中，内部多元主义的合理安排是这样的：“……合适的制度安排是那些分权性民主社会主义制度；一个强有力的福利国家，至少部分地是由地方和业余官员经营的；一个受约束的市场；一个开放的非神秘化的公务系统；独立的公共学校；分享艰苦工作和闲暇时间；保护宗教生活和家庭生活；一个不要考虑等级或阶级的公共荣誉和不名誉系统；工人们控制公司和工厂；一个政党、运动、会议和公开辩论的政治。”[①] 这是内部多元主义的一种形式，也是沃尔泽在《正义诸领域》中所主张的一种形式。

社会生活的不同领域遵循内在于各领域的原则运作，并且不存在领域间的支配，内部多元主义就会出现。这也是复合平等社会的核心特征。沃尔泽认为，一个人拥有别人没有的“高级音响或游艇或毛地毯等”并非是不正义的，只要这些东西“只具有使用价值和个人化的象征价值”。[②] 这些东西是金钱和商品领域的一部分，因此，它们都是“金钱能够买到的”。相反，不正义的是，人们在金钱和商品领域的优势，同时赋予其在其他领域的优势，使得他们能够对其他人构成威胁。[③] 正是由于这个原因，沃尔泽提出了他称为“受阻的交易”清单。[④] 这个清单上的东西是不能通过金钱进行交换的，因为它们不是商品，不属于金钱和商品的领域。例如，刑事正义、政治权力、政治职位以及福利设

---

① ［美］迈克尔·沃尔泽：《正义诸领域：为多元主义与平等一辩》，褚松燕译，译林出版社 2002 年版，第 424 页。

② 同上书，第 131—137 页。

③ M. Walzer, *Thinking Politically: Essays in Political Theory*, New Haven: Yale University Press, 2007, p. 59.

④ ［美］迈克尔·沃尔泽：《正义诸领域：为多元主义与平等一辩》，褚松燕译，译林出版社 2002 年版，第 127—132 页。

施等。[1] 这个清单也是对当代社会中内部多元主义描述的一部分。事实上，它是最重要的一部分，因为就像沃尔泽不断强调的，在当代社会中，金钱和商品领域最有可能对其他领域形成支配。此外，内部多元主义也是沃尔泽民主论证的一部分，与其成员资格理论相关。内部多元主义也是其复合平等思想的核心所在。这种意义上的多元主义并不完全是社群主义的，它更像是沃尔泽独特的社会主义的一个特征。从“自由主义与区分的艺术”一文中可以看出，沃尔泽的社会主义是与自由主义的某些特征相关的，这两者都要服从民主的承诺。将内部多元主义视为其社会主义的一种形式，在很大程度上是由于沃尔泽对政治行动主义的承诺，以及他在《异议》和《新共和》等左翼杂志工作的经历。当然，这也表明了英美分析哲学传统对他的影响。

如前文所述，复合平等是社会化民主与多元主义的结合，符合这种平等模式的社会是多元主义的。它意味着社会生活的不同领域都是自治的，每个领域都不是支配性的交换媒介，都不能超越其正当的领域；每个人在不同领域中的地位，也是由内在于那个领域的特性所决定的。沃尔泽对复合平等的论证依赖两个相关的假定：一是自由结合有助于在较大的共同体中产生多样性的社群；二是在某个领域内发挥主导作用的属性，不能在领域间进行转化。复合平等的特征之一，就是不存在检验人们是否平等的简单标准。这也是它不是“简单平等”的原因。就像德沃金和金里卡所主张的，当代政治哲学基本上都将正义理论建立在社会成员的平等之上，只是在关于什么应被平等地分配等问题上存在某些差异。在以权利为基础的自由主义形式中，人们的平等是按照他们所支配的资源来检验的；马克思主义者可能通过福利的质量来检验人们的平等；功利主义者可能通过公民的幸福或效用来检验平等。但对沃尔泽而言，并不存在检验平等的具体标

---

① ［美］迈克尔·沃尔泽：《正义诸领域：为多元主义与平等一辩》，褚松燕译，译林出版社2002年版，第127—131页。不能进行买卖的物品的完整清单：（1）人口不能买卖。（2）政治权力和影响不能买卖。（3）刑事司法是不能出售的。（4）言论、新闻、宗教、集会自由。（5）婚姻和生育权是不可出售的。（6）离开政治共同体的权利不可出售。（7）免除服兵役、免于陪审团职责、免于其他任何形式的公共工作的义务既不能由政府出售，也不能由公民购买。（8）政治职位不能购买。（9）基本的福利服务如警察保护或初级、中级学校教育只在边际情况下才可购买。对于每一个公民来说，都有一个最低保证且不需要个人为之支付费用。（10）绝望交易（Desperate exchange），“最后手段的交易”是禁止的。（11）多种奖品和荣誉，不论是公共还是私人设立的，都不是可以买到的。（12）神的恩宠是买不到的。

准。这也是为什么复合平等是一种“未经加工的平等”。

很多批评者质疑沃尔泽的复合平等理论在多大程度上可以被视为一种平等形式。在《正义诸领域》中，沃尔泽承认，他并不清楚我们“由于何种特征”是平等的，并认为，这本著作只有作为一个整体才能回答这个问题：“在什么方面我们是彼此平等的？”[①] 平等主义的大多数形式都对这个问题有明确的答案：我们是平等的，因为我们的需要应得到平等的满足，或者因为我们拥有平等的权利，或者因为我们拥有平等的资源分享权，或者因为我们拥有平等的参与权等。但沃尔泽并没有提出某种明确的答案。他认为，“复合平等的道德意义”在于，在一个公正的社会中，人们想要的是“自由给予的承认和他的同辈人的诚实判决”[②]。平等是一种可能，而不是一种事实。复合平等“并不保证自尊；它只帮助使它成为可能。这可能是分配正义的最深层目的”[③]。“民主社会的公民资格是一种与每一种等级制度都完全脱离的地位”，复合平等和公民资格的紧密结合可以确保自尊。因为“它们使一种不依赖任何特定社会地位的自尊成为可能，这种自尊与一个人在共同体中的一般地位以及一个人对自己的感觉相联系，而不是简单地作为一个人……而是作为一个完整的平等的成员，一个积极的参与者。公民资格的经验，要求优先承认每个人都是公民——一种简单承认的公开形式。这可能是‘平等尊敬’这个短语的意义。……自尊不能成为一种特质；它不是一种意志上的事。在任何实质意义上，它是成员资格的一个函数，尽管总是一种复杂函数，依赖于成员间的平等尊敬”[④]。换言之，在一个复合平等的社会中，使人们变得平等的，是人们共同的努力和参与：集体的自治。我们尊重彼此具有的作为共同体参与者的平等资格，共同讨论和决定我们应如何过好我们的公共生活。因此，民主参与成为实现复合平等的关键，人们从这种参与中获得平等和自尊。

总的来看，复合平等是沃尔泽思想中的自由主义原则与社会民主主义原则相调和的结果，具有一种明显的社群主义特征。他主张，使我们平等

---

① ［美］迈克尔·沃尔泽：《正义诸领域：为多元主义与平等一辩》，褚松燕译，译林出版社 2002 年版，第 3 页。

② 同上书，第 376 页。

③ 同上书，第 374 页。

④ 同上书，第 372—373 页。

的东西，不是那些我们出于个人原因而欲求的事物，而是我们作为平等参与的公民所具有的共同经验。而且，我们应按照公共参与优先于私人欲求的顺序进行价值排序。这也是沃尔泽所谓的社会化民主的形式。这与罗尔斯的主张明显不同，罗尔斯认为，公民最高阶的利益是制定、修正和追求一种好生活的能力，政府应对好生活的观念保持中立，以便于个人能够按照自己的意愿，自由地进行选择。相比之下，源于平等的公民资格的复合平等观念则明显不同，沃尔泽很可能将罗尔斯的观念视为一种“虚构的或低劣的社会学”。①

二　民主与政治参与

在沃尔泽的思想中，包含一种独特的社会主义形式、一种平等观念以及某些自由主义价值，所有这些都是其政治哲学思想的重要组成部分。而民主在其思想中则占有更为重要的地位，它在很多方面都构成了沃尔泽世界观的基础，其他所有的价值要么来源于它，要么服从于它。在《激进原则》一书中，沃尔泽将自己视为“不妥协的民主主义者”，民主的论题几乎贯穿了他的所有论著。通过考察“哲学与民主”、“自由主义与区分的艺术”、“政治决策与政治教育”以及《正义诸领域》等论著，我们可以更为清晰地理解沃尔泽意义上的民主究竟意味着什么。

沃尔泽意义上的民主并非自由主义的民主，而是一种“社会化的民主主义”。这一术语并不意味着它是一种社会主义的民主，而是意味着民主首要的是一种社会产物。对沃尔泽而言，民主是社会主义的，但更是社会化的。这是他在“自由主义与区分艺术”一文中的观点。在此文中，他倡导通过制度设置的社会化，来保证参与者之间的“朴素平等”，“区分的艺术不仅有助于自由而且有助于平等”。② 换言之，社会化的民主意味着，其中的参与者实际参与进来，并将彼此视为社会的一部分，在这种制度下，参与者是“朴素平等的”。但社会化的民主并不是一种自由主义的民主，主要有以下几个原因。首先，民主显然不仅仅是一种选举制度。

---

① “Liberalism and the Art of Separation”, in M. Walzer, *Thinking Politically: Essays in Political Theory*, New Haven: Yale University Press, 2007, p. 62.

② M. Walzer, *Thinking Politically: Essays in Political Theory*, New Haven: Yale University Press, 2007, p. 66.

“民主是一种配置权力并使其合法化的途径——或更好地说，它是配置权力的政治途径。每一种外部理由都被排除了。真正重要的是公民中的争论。”[①] 在沃尔泽看来，民主的本质就是讨论。当我们讨论日常政治问题并按照“理性的统治”来做出决定时，我们就生活在民主之中。[②] 对他而言，仅把投票的权利视为民主，不仅是一种贫乏无力的民主，而且是一种反民主。在这种情形中，投票者并没有实质性地参与进来，金钱和政治技巧在决策中发挥着过大的作用。沃尔泽强调，政治集会是一种“更强烈的参与形式，实际上减少了领袖与追随者之间的距离，而他们服务于维持争论的集中性——没有这一点，政治平等很快就变成一种毫无意义的分配”[③]。对沃尔泽来说，民主是政治平等最有意义的形式，所有的公民都应参与到讨论和决策中去。“政治权利是永久的保证；它们支撑着一个没有终点的过程，是一场没有最终结论的争论。”[④]

正因为民主意味着对政治讨论的参与，因而政治教育对政治过程而言，就变得非常重要。沃尔泽在“政治决策与政治教育”一文中提到，公民最重要的责任就是彻底深思政治领导者所做出的决定。他强调，如果民主仅被视为一种选举领导集体的方式，那么公民的这种深思可能只是一种次要行为，但如果将民主视为一种社会讨论过程，那么这种对政治决定的思考就变得非常重要。沃尔泽在“哲学与民主”一文中，还讨论了哲学家在民主中的角色问题，即哲学家的“真理”仅是意见世界中的一种意见而已。这不仅意味着哲学家也仅有一个投票权，而且意味着哲学家在向共同体表达其意见时，也必须思考表达的方式。像其他的意见制造者一样，他也必须寻求使他的论证更有说服力。这也是沃尔泽所强调的，哲学家“不应丧失作为普通公民的任何权利”。[⑤] 哲学家有权利为其真理寻求最大的认可，但他们必须采取一种不同于进行哲学研究的方式去实现这一

---

① M. Walzer, *Thinking Politically: Essays in Political Theory*, New Haven: Yale University Press, 2007, p. 69.

② ［美］迈克尔·沃尔泽：《正义诸领域：为多元主义与平等一辩》，褚松燕译，译林出版社2002年版，第407页。

③ 同上书，第412页。

④ 同上书，第414页。

⑤ M. Walzer, *Thinking Politically: Essays in Political Theory*, New Haven: Yale University Press, 2007, p. 17.

点：他们必须成为辩论家或批评家并努力去说服公众。他的知识“只能从特定的位置之外被发现，它们并不具有一种内在的权利”，哲学家也必须使用共同体共享的论证标准。①

民主就是一种政治讨论，在说服推理的基础上产生某些“永远是暂时的”决策。正是因为民主应当坚持“说服推理的规则”，沃尔泽也列出了一种“受阻的政治权力”清单。② 它与“受阻的交易”清单有些类似。他将金钱与政治权力视为对复合平等的最大威胁，也是最有可能形成支配的两个领域。这是因为，“在人类大部分历史上，政治领域是建构在专制主义模式之上的，权力被唯一一个人所垄断，他所有的精力都投入到使权力不仅控制边界，而且跨越边界在每个领域进行控制的活动中”③。沃尔泽提出“受阻的政治权力”清单，不仅为了培育民主，也是为了将权力限定在自己的领域之内。这份清单包括：“禁止奴役、保护私有财产不被任意征税、禁止政治权力的买卖、宗教与政治相分离，以及禁止国家官员‘管理或审查不仅在政治领域，而且在所有领域正在发生的对社会诸善的意义和恰当的分配边界的争论’。”④ 在沃尔泽的思想中，民主与政治参与是不可分割的。“政治是不可避免的”，这也导致了政治参与的必要性。⑤ 民主的本质其实就是一种政治媒介，这也反映了政治的不可避免性。如果没有同等的权利参与政治生活，我们就不能将彼此视为自由平等的个体。因此，民主是沃尔泽所有其他意识形态承诺的必要基础。

沃尔泽试图对自由主义和社会主义进行调和，并将民主置于最为优先的地位，正是这些因素的结合使得沃尔泽的思想倾向于社群主义。本书认为，沃尔泽在寻求调和激进民主传统与分析哲学传统时出现了困境，他独特的社群主义就是试图消解这种困境的结果。首先，我们需要考察一下“社群主义”这个术语究竟意味着什么。“自由主义”、“社会主义”与

---

① M. Walzer, *Thinking Politically: Essays in Political Theory*, New Haven: Yale University Press, 2007, pp. 17 - 18.

② ［美］迈克尔·沃尔泽：《正义诸领域：为多元主义与平等一辩》，褚松燕译，译林出版社2002年版，第379—380页。

③ 同上书，第378页。

④ 同上书，第380页。

⑤ 同上书，第410页。

“民主”都是沃尔泽经常使用的术语。他将“民主”理解为，按照理性的规则进行政治讨论，民主优先于个体化的多元主义，并将民主视为自由主义和社会主义都应服从的原则。但他却并不经常使用“社群主义”这个术语，如在《正义诸领域》中他根本没有提到“社群主义”。沃尔泽在20世纪90年代写了一篇文章来讨论社群主义和自由主义，在这篇文章中，他对社群主义持有一种矛盾的态度，认为社群主义对自由主义进行了两种相互冲突的批评，它们中的每一个都并非完全正确但又不是完全错误。[①] 由此，他认为社群主义对自由主义的批评将是一个“不断回复的过程”。[②]

“自由主义与区分的艺术”一文提供了关于自由主义和社会主义之间关系的概念性解释。沃尔泽肯定了自由主义思想中区分的艺术与多元主义的重要性，并为区分的艺术提供了一种社会化版本，“我们不能分离个人；我们可以分离制度、实践与关系”。[③] 他吸收了自由主义关于区分的艺术和多元主义的主张，并寻求以社会化的术语来理解这种区分。在一定意义上，这也是他在《正义诸领域》中所做的事情。在这本著作中，多元主义的意义之一就是区分制度、实践与关系而不是个人。这种多元主义可以称为内部多元主义，它其实就是对社会的不同部分进行区分的自由主义观念的一种社会化版本。在沃尔泽的思想中，自由主义的社会化版本就是社会民主主义。这一点我们可以从以下主张中看出，即“当社会领域被社会化地确定时，自由主义最后就进入了社会民主主义”[④]。复合平等理论中的不同领域就是被社会化地确定的：正是社会而不是个人，决定了领域的边界。因此，复合平等最终是一种社会民主主义的形式，而不是自由主义的形式。但它却是社会民主主义的一种自由主义形式，因为它的多元论与平等观都根源于“区分的艺术”这一自由主义原则，而这一原则

---

① M. Walzer, “The Communitarian Critique of Liberalism”, *Political Theory*, No. 18, 1990, pp. 6 – 23。后收录在 M. Walzer, *Thinking Politically*: *Essays in Political Theory*, New Haven: Yale University Press, 2007, pp. 96 – 114。

② Ibid., p. 112.

③ Walzer, “Liberalism and the Art of Separation”, *Political Theory*, No. 12, 1984, pp. 315 – 330。后收录在 M. Walzer, *Thinking Politically*: *Essays in Political Theory*, New Haven: Yale University Press, 2007, p. 63。

④ M. Walzer, *Thinking Politically*: *Essays in Political Theory*, New Haven: Yale University Press, 2007, p. 65.

又通常是社会主义所反对的。可以说，沃尔泽的平等主义似乎更多地根源于社会主义而不是自由主义，他既是一位平等主义者也是一位社会主义者。沃尔泽的政治哲学尤其是他的复合平等理论，都是其试图在自由主义的基础上建立一种社会民主主义的努力。

换言之，在这个时期，沃尔泽是在为一种社会民主主义形式进行辩护，这种形式“与自由主义政治相联系”。[①] 这与他在《激进原则》中所做的自由主义与社会主义之间关系的论证有些相似。对他而言，自由主义与社会主义是重叠存在的。它们虽不完全相同，但却源于相似的思想传统。而且，它们之间的另一相似性在于，当多数决定与自由主义或社会主义原则不一致时，它们都必须服从民主的优先性。这也是“哲学与民主”一文核心论证，以及“自由主义与区分的艺术”一文的结论。

三 共同体、公共生活与正义

在讨论共同体的本质之前，最好首先澄清一个重要的哲学问题。由于沃尔泽对源于共同体的“共享理解”的强烈捍卫，导致了很多思想家把他视为一位社群主义者。但如上文所述，沃尔泽并不是一位社群主义者；因为他相信任何一个单一的共同体都不可能创造一个单一的真正的“好社会”。[②] 在“自由主义的社群主义批评”一文中，沃尔泽认为，社群主义的理念是值得重视的，它可以作为对自由主义的一种“周期性修正”。[③]“社群主义就像裤子上的褶皱一样，它只是自由主义的一种暂时的特征。没有自由主义的成功，社群主义对自由主义的批评也将会永久地失去吸引力。同时，社群主义的批评也只是自由主义的某些不稳定的特征。”[④] 尤其是社群主义的某些批评指向了自由主义的实践，另一些批评则指向了自由主义的理论，这两者都是部分准确的。沃尔泽写道：“……它们不可能都是正确的。”社群主义作为无所不包的政治哲学不能自我独立，因为自由主义本身具有其独立的一致性。从实践上而言，社群主义者也不能使用

① M. Walzer, *Thinking Politically: Essays in Political Theory*, New Haven: Yale University Press, 2007, p. 96.

② M. Walzer, "What is the Good Society?" *Dissent*, winter 2009.

③ M. Walzer, "The Communitarian Critique of Liberalism", *Political Theory*, No. 18, 1990, pp. 6 - 23.

④ Ibid., p. 6.

他们所设计的共同体来取代自由主义。①

按照沃尔泽的理解，自由主义与社群主义的政治哲学最好通过一种辩证的方式进行考察，以纠正彼此的不足。他反对武断地倾向于哪一方，因为情境与政治共同体的需要是不断变化的。“一些具有压制性的文化需要个人主义的矫正。但当个人主义过于主导时，就需要共同体与文化凝聚力的矫正。”当过于强大的共同体对政治或其成员造成压制时，“就需要寻求一些方式进入这些共同体并塑造它们的内在生活”②。在这种情况下，就需要强政府来保护自由。也就是说，政治自由主义所保障的个人自由，有可能对很多小社群的团结与义务造成潜在的腐蚀性，应该保障这些社群为了实现多样性的社会目的所需的凝聚力。因此，在合理的社会中，多元主义并不干涉人们各种自愿与非自愿的联合以及人们彼此结合的各种方式。③

人类共同体及其在文化与政治上的各种表现，是沃尔泽论著的重要主题。但要明确确定沃尔泽意义上的共同体究竟意味着什么却并不容易。因为他拒绝各种关于共同体的一成不变的通用性定义。在他看来，一个普遍化的定义，并不能涵盖多元共同体的复杂性，因为不同共同体的目标、成员和价值在很大程度上是彼此不同的。按照他的说法，人类所拥有的最重要的社会善就是共同体的成员资格，因为人们对共同体的参与，会首先影响人们对社会善与正义规范的文化理解。“我们互相分配的首要善是成员资格。”④ 换言之，共同体从政治上和文化上决定了我们所做的分配选择。某个特定共同体的居民创造并塑造着那个共同体的本质，这样一来，每个共同体就成为一种文化的产物。沃尔泽写道：“共同体是社会的构建：想象、创造并将大量的文化与政治材料聚合在一起。构建的共同体是可以存在的唯一共同体，它是真实实在的。”根据这样的前提，共同体就应是按

---

① M. Walzer, “The Communitarian Critique of Liberalism”, *Political Theory*, No. 18, 1990, pp. 6–8.

② M. Walzer, interview by Amy Otchet, “Michael Walzer: A User's Guide to Democracy”, *United Nations Educational Scientific and Educational Organization*, January 2000, http://www.unesco.org/courier/2000_01/uk/dires/txt1.htm.

③ 沃尔泽在《政治与激情》中概括了存在问题的社群类型。M. Walzer, *Politics and Passion: Toward a More Egalitarian Liberalism*, New Haven: Yale University Press, 2005, pp. 49–55.

④ ［美］迈克尔·沃尔泽：《正义诸领域：为多元主义与平等一辩》，褚松燕译，译林出版社2002年版，第38页。

照自己的理念进行自治与自我保存的。“不存在理想的部落。”[①] 因为每一种文化都是人造物，它们彼此是平等的。当然，社会有可能忠诚于或不忠诚于它们内在的正义原则，但是从社会都是人类创造物这一点而言，它们都是平等的。“由于没有办法按这些社会对社会诸善的理解来给这些社会分等和排序，我们就通过尊重男人们和女人们的具体创造来对实际中的男女实施正义。正义扎根于人们对地位、荣誉、工作以及构成一种共享生活方式的所有东西的不同理解。践踏这些不同的理解（常常）就是不公正的行动。”[②] 在“何谓好社会?”中，沃尔泽描述了重叠共同体（他称之为社会）的四种普遍类型，它们彼此之间是动态的关系。与其对多元主义的承诺相一致，他主张，“不可能只存在一种好社会，因为人类倾向于想象、议论和构建各种类型的好社会，而且所有的好社会都是可以共存的”。前三种社会类型，即运动（movements）、联合（association）和社群（communities）共存；第四种类型类似于他所说的“中空的社会结构”，这种社会结构可能就是自由主义政体，“代表着但不是唯一可能的封闭的结构形式”[③]。

第一种社会类型是“运动”。“运动”的实例是“党派、协会、学校、报纸、文化体育组织、青年团体以及夏令营等”。运动具有产生、发展和消亡的过程，它们一般不能进行代际传承，不具有时间上的持续性。运动一般拥有特定的目标，其成员可以自由选择是否对其保持承诺。因此，这种社会类型要求成员间较高的忠诚。

第二种社会类型是“联合”。与“运动”相比，“联合”对其成员的要求更少，仅要求部分的承诺。它们的目标也更为有限。“联合”一般会为其参与者提供特定的利益，并根据参与者传递这些利益的能力对他们进行评价。它们的成员可以自己决定自身的组织与规则。“联合”社会类型的实例有读者群体、兴趣小组、扶贫组织、专业组织等。

第三种社会类型是“社群”。沃尔泽写道：“运动与联合只是更大世

---

① M. Walzer, *Thick and Thin: Moral Argument at Home and Abroad*, Notre Dame: University of Notre Dame Press, 1994, p. 68.

② ［美］迈克尔·沃尔泽：《正义诸领域：为多元主义与平等一辩》，褚松燕译，译林出版社2002年版，第419页。

③ Michael Walzer, “What is the Good Society?” *Dissent*, winter 2009, http://dissentmagazine.org/article/?article=1333.

界的一部分；而我将社群视为一个自成一体的世界，它所包括的成员不仅承诺于社群的共同事业，而且承诺于社群的生活方式。”宗教与种族群体是社群最好的例子，它们将自己的生活方式理解为一种“完整性”。社群可以为其成员维持一种深具意义的生活方式，但同时它们也为后代留有一定的选择权。令沃尔泽感到忧虑的是，现代的很多因素干扰甚至毁坏了对社群的承诺。而社群的繁荣离不开某些信念，如对社群的所有成员都要平等地接受；对社群内在生活的广泛接受；由于某些深层的原因离开社群的自由等。在他看来，意识形态并不能决定这些社会善（除非是种族主义或沙文主义的社群），“真正重要的是政策制定的方式：是否被所有成员自由的接受？对政策的修正是否公开？等”①。

第四种社会类型是国家。沃尔泽所说的这种类型更多的是一种结构，国家就是这样一种结构，“在其中，联合、运动和社群可以共存。它不仅保护其公民不受其他国家的侵犯，而且保护不同群体不受非法的压制，它是个人权利的保障者”。在沃尔泽的观念中，理想的国家拥有一个自由民主的结构，因为正是这样的结构，允许个体拥有分离的多样性的忠诚。②此外，由于国家寻求将自己的价值与生活方式传递给后代，因此它也是社群的一种形式。但沃尔泽认为，国家这种无所不包的社会类型，可能比从属于它的“联合”、“运动”和“社群”这些社会类型具有更少的意义。虽然国家的成员对其公民身份负有一定的义务，“但他们没有责任接受这样的观点，即公民身份是人类最高的召唤”③。政治共同体最初似乎是思考善的分配的逻辑起点，但沃尔泽断定：“世界最终将是一个自足的分配体系。”④ 高尔斯顿这样概括了沃尔泽的观点：“沃尔泽实际上提出了两种共同体的解释，这些解释并不是连贯一致的。一种是道德共同体的观念（就像犹太人的例子），在其中，社会善的共享理解将人们结合在一起；

① Michael Walzer, “What is the Good Society?” *Dissent*, winter 2009, http://dissentmagazine.org/article/? article = 1333.

② M. Walzer, *Politics and Passion*: *Toward a More Egalitarian Liberalism*. New Haven: Yale University Press, 2005, p. 47.

③ M. Walzer, “What is the Good Society?” *Dissent*, winter 2009, http://dissentmagazine.org/article/? article = 1333.

④ ［美］迈克尔·沃尔泽：《正义诸领域：为多元主义与平等一辩》，褚松燕译，译林出版社2002年版，第34页。

另一种是法律共同体的观念，在其中，个体通过同意、创造与划定主权权威边界的特定行动结合在一起。”①

沃尔泽所主张的四种社会类型在其成员身份、目的、期望与判断成员好坏的标准方面是不同的。在他的观念中，理想的社会就是一种包含这些类型的多元社会。个体将被包含在各种不同的社会类型之中：家庭、种族、语言、政治以及教会等形式，它们通过复杂多元的方式塑造着各自成员的信念与习惯，这些方式有可能是不一致甚至是相互冲突的。可以想象，既然同一个体有可能同时是所有这四种社会类型的成员，同时参与到它们的组织与活动中去，那么一个好社会就需要包容个体所拥有的这种复合多元的自由与可能性。沃尔泽写道：“一元论是一种激进的哲学，而多元主义给协商与调节保留了更多的空间……善需要丰富性。这意味着，很多人将以多种方式积极而有活力地参与到不同的群体中去。”② 与某个文化共同体具有“厚重”关联的人们，可能共享某种独特的语言、历史、价值、种族性以及宗教等，通过这些特性，他们孕育着共同的文化认同。但由于不同的社会背景，尤其是在多元的社会形式中，成员身份的边界可能是模糊不清的，甚至可能存在相当大的张力。国家形式的共同体成员，通过公民身份或许可以清晰地承认与认同它们的政治共同体，而非国家形式的共同体的边界则可能难以描述和维持，因为共同体的传统是处于不断变迁中的，文化共同体之间也会相互影响。例如，共享同一种语言但并不是同一种族；共享同一宗教但并不共享同一语言等。因此，在共同体边界内外会有无数的影响在成员之间出现。

在自由多元社会中，文化共同体处于不同的关系背景之中，总会遭遇不同的威胁。其中之一就是由于不同文化之间的融合与交往，导致文化认同的消解。这样一来，就会出现如何描述一个特定文化共同体的问题。③ 就沃尔泽而言，在多元文化背景之下，文化共同体总是处于融合、同化、弱化的变迁之中。在多元社会中，共同体的成员可以有很多选择，他们可

① Elizabeth Bounds, “Conflicting Harmonies: Michael Walzer's Vision of Community”, *Journal of Religious Ethics*, vol. 22, No. 2, 1994, p. 356.

② M. Walzer, “What is the Good Society?” *Dissent*, winter 2009, http://dissentmagazine.org/article/?article=1333.

③ ［加］威尔·金里卡：《自由主义、社群与文化》，应奇等译，上海译文出版社2005年版，第11章“沃尔泽与少数群体权利”。

以选择参与、退出、再参与、再退出不同的共同体，这也是共同体随着时间而消亡的方式。

文化共同体所面临的另一威胁，则可能来自政治共同体本身。它会试图消解共同体文化的独特性，在一种“稀薄的”普遍原则之下实现对部落、文化的统一。这种“稀薄的”普遍原则的典型就是，它宣称来源于理性的经典自由主义政治哲学。[①] 这是一种“熔炉式”的威胁，它寻求将所有文化均质化，并统一到一种支配性的共同体之中。在历史上，很多不利于自由政治秩序统一的文化共同体，已经被合法地或强制地消解，某些宗教激进主义的种族或宗教群体利用政治或社会权力将自己之外的所有群体加以边缘化。而且，即使政治秩序没有遭到威胁，政治共同体也经常试图将文化共同体“控制”在自己的成员身份边界之内。沃尔泽指出，文化共同体（即使是那些代表大多数人的文化）会在这个过程之中被消解。“面对现代性，所有的人类部落都是濒危的，他们厚重的文化很容易受到侵蚀。”[②] 少数群体没有绝对的文化安全，多数群体同样如此，文化共同体必然屈服于政治共同体。但少数群体不会不加以抵抗而任其如此；它们抵抗的有效性将取决于少数文化的价值与制度的强度。少数群体在地域上的分散性，将使其更快地失去文化的统一性。沃尔泽基于历史背景与文化价值，提出解决“文化流失”的办法。他认为，那些寻求保护自由主义文化或其他文化多元性的解决模式只能是“粗略的指导”，“并没有一种单一的正确的解决方案”[③]。

沃尔泽承认，处于基础地位的文化共同体在反思正义时，往往处于某种优先地位，因为“分配正义的每一种实质解释都是一种地方性解释”[④]。他意识到，要清晰地认定一个既定共同体的道德规范，可能要比认定民族国家的多重文化结构更为困难。因此，沃尔泽最终依赖政治共同体，来承担获取共享理解与凝聚共同体忠诚的责任。“政治共同体可能是最接近我们理解的有共同意义的世界。语言、历史与文化结合起来（在这里比在

---

① M. Walzer, *Thick and Thin: Moral Argument at Home and Abroad*, Notre Dame: University of Notre Dame Press, 1994, p. 64.

② Ibid., p. 72.

③ Ibid., pp. 74 – 75.

④ ［美］迈克尔·沃尔泽：《正义诸领域：为多元主义与平等一辩》，褚松燕译，译林出版社 2002 年版，第 419 页。

任何别的地方结合得更紧密）产生一种集体意识。作为一个固定而永久的精神情结的民族特性显然就是一个神话。但一个历史共同体成员有共同的感情和直觉却是一个生活事实……它为思考分配的正义设立了一个不能避免的背景。"①

在政治共同体中，民族国家通过强制性的政治法律约定，让人们彼此订立盟约。对那些同意成为政治共同体成员的人们而言，即使他们属于不同的文化共同体，也会产生政治义务。② 虽然共同体的成员之间存在显著的文化差异，但共同体的成员身份意味着成员之间具有相互的政治义务与权利。沃尔泽简要地描述了政治共同体："分配正义的思想假定了一个有边界的分配世界……" 政治共同体是无形的，因为"我们实际上看到的只是它的象征符号、办事机构和代表人员"③。换言之，"当文化共同体消失时，成员之间所遗留的唯一的东西，将是彼此之间的政治性连结。因此，当分属不同文化共同体的人们，在学校、法庭、道路或投票亭等地方分享政治空间时，他们都处于将他们连结起来的政治共同体之中，这种连结是稀薄的，甚至是不被人注意的。尽管是无形的，但政治共同体仍是一个'有边界的世界'，分配就发生在其中。在政治共同体的世界中，成员资格是首要的社会基本善，因为它建构着我们所有其他的分配选择"④。在沃尔泽看来，在一种地方化的邻里关系中，对文化陌生人的开放性，依赖这种政治性的成员资格。政治共同体就像一个俱乐部，它拥有决定人们能否加入的准入权，却没有阻止人们离开的权利。俱乐部试图在其所接纳的成员中间确立一种共同体性质，它们愿意接纳赞同其文化与气质的成员。政治共同体也愿意给予那些赞成其气质与特性的人们以成员资格。而国家就是完美的俱乐部。⑤

沃尔泽认为，当自由主义民族国家（或其他某种共同体的内在信仰体系）强制性地威胁另一个共同体所共享的生活方式时，对共同体凝聚力的另一种威胁就会出现。在这种情况下，如何裁定这种冲突就成为一个

① ［美］迈克尔·沃尔泽：《正义诸领域：为多元主义与平等一辩》，褚松燕译，译林出版社 2002 年版，第 34—35 页。

② 同上书，第 50 页。

③ 同上书，第 38 页。

④ 同上。

⑤ 同上书，第 49 页。

问题。他主张，一方面尊重和保护多样性的文化与宗教群体的自治；另一方面，通过强制性的政治共同体裁定个体与群体之间的冲突。例如，某个宗教或种族共同体对政治共同体中的成员，采取了压迫性的行动，民主主义国家就应该"寻求一些方式强制进入这些共同体并重塑它们的内部生活"①。同时，沃尔泽鼓励文化群体通过自决的方式，塑造它们自己的社会生活形式，但它们必须在一种更广的政治共同体背景之中进行，并且不能寻求对其他群体的文化支配。最后，沃尔泽寻求培育对国家政体与地方性文化规范的双重忠诚。②

沃尔泽认为，在自由政治社会中，既然大多数文化群体不能对其他群体提出某些极权主义的要求，那么它们解决冲突的典型方式就将是宽容与政治协商。自由民主社会中的共同体通常都有能力在这些多元与分离的共同体中间运用其文化资源。③ 共同体内部肯定会发生关于如何处理外部冲突的讨论。但"当民族国家内部的不同共同体的固有原则不一致时"，又会发生什么呢?④ 在民主主义国家中，当特定共同体向其成员寻求极端的承诺，并对其他非成员主张不妥协的极权主义的提议时，又会发生什么呢?"那我们（自由主义者与民主主义者）是否应该承认极权主义的共同体的权利，就像某些宗教激进主义或非正统的宗教群体（如以色列的丁派）或像传统主义的种族群体（如加拿大和新西兰的土著部落）。这些群体寻求维护它们自己的文化，即他们认为有利于传承他们的生活方式的必要事情。国家是否应该以任何方式支持他们运用这种权利?"⑤ 沃尔泽提供了四种理由来宽容这些群体：首先，为了有意义的生活，个体需要文化共同体所孕育和维持的特性。其次，由于文化共同体的自然性质，个体对

① M. Walzer, interview by Amy Otchet, January 2000, Amy Otchet, "Michael Walzer: A User's Guide to Democracy", *United Nations Educational Scientific and Educational Organization*, January 2000, http://www.unesco.org/courier/2000-01/uk/dires/txt1.htm.

② M. Walzer, *Thinking Politically: Essays in Political Theory*, New Haven: Yale University Press, 2007, pp. xvi-xvii.

③ M. Walzer, *Politics and Passion: Toward a More Egalitarian Liberalism*, New Haven: Yale University Press, 2005, p. 49.

④ M. Walzer, "Shared Meanings in a Poly-ethnic Democratic Setting: A Response", *Journal of Religious Ethics*, vol. 22, No. 2, Fall 1994, pp. 401-405, 401.

⑤ M. Walzer, *Politics and Passion: Toward a More Egalitarian Liberalism*. New Haven: Yale University Press, 2005, p. 50.

其抱有深深的道德的依恋。再次，文化共同体的创造、维持和发展，通常是长期而复杂的历史过程，它们作为历史产物是富有价值的。最后，“不同文化共同体所包含的价值并不能以某种单一标准进行衡量和排序（但这并不意味他们的实践与政策不能被批评）”①。

有趣的是，某些狭隘的群体尽管对民主主义的价值抱有敌意，但它们仍寻求国家的宽容。也就是说，这些群体尊重并追求政治共同体的一种核心价值：宽容。沃尔泽承认，种族共同体通常不能同它们周围的政治结构生活在一个共享的意义世界里，如俄国的犹太人。但种族共同体对多种族的民主主义国家（如美国）的社会批评，也在使用这两个共同体共享的重叠的道德理解。“他们对美国政治与社会的批评是指向所有美国人的，是根据我们所有人的共享理解来开展批评的。”② 边缘化群体的社会批评或许更为重要，但这些批评要想取得影响和效果，必须运用像自由和平等这样共享的美国价值进行表达。③ 沃尔泽支持“积极的文化多元论”，他称之为“注重实际的文化多元论”，即使是那些处于边缘的文化共同体的价值也是“我们应该承认的价值——那是它们的要求如此有力的原因，它们随之而来的愤慨也就是可以理解的了”。④ 少数群体可以做出的最重要的论证就是，它们的价值可以并入整体的民族价值之中。值得注意的是，沃尔泽将国家理解为支配一切的公民结构，同时强调国家在公民结构中对少数群体文化的整合性。他将政治共同体作为社会善的分配（与共享理解相一致）场域，道德与法律共同体以某些复杂的方式彼此相连。因此，沃尔泽得出结论认为，“政治共同体可能接近我们理解的有共同意义的世界”⑤。

沃尔泽认为，一个强大的民族国家结构是很重要的，它通常是纠正重大非正义的唯一的强制性力量。他承认，当某些实践违背了“最小主义

---

① M. Walzer, *Politics and Passion: Toward a More Egalitarian Liberalism*, New Haven: Yale University Press, 2005, p. 55.

② M. Walzer, “Shared Meanings in a Poly-ethnic Democratic Setting: A Response”, *Journal of Religious Ethics*, vol. 22, No. 2, 1994, p. 401.

③ Ibid., p. 402.

④ Ibid., p. 403.

⑤ ［美］迈克尔·沃尔泽：《正义诸领域：为多元主义与平等一辩》，褚松燕译，译林出版社2002年版，第34页。

的道德”，如对生命或自由的不可容忍的压制，就需要一种文化对另一种文化的干预。他列举了西班牙天主教徒阻止阿兹特克人的活人献祭的例子，因为这种做法违背了自然法。沃尔泽反对将非政府组织视为抵制非正义的最强有力的道德共同体。他认为，非政府组织“在紧急情况下，的确做了很多有益的工作：它们缓解了急需救济的人们。但这些并非反对不平等的社会运动——国家是能够控制金融投机者的唯一主体，限制使用童工、保护地方工业、强制实施工业安全标准、保护环境、充分分配财富。尽管它们可以进行呼吁并给政府施加压力，但这些工作是它们做不到的。在国家瓦解的地方，军阀统治的地方，就没有人去施压、去行动了。这也是我主张，世界上最贫穷的人们最需要的东西，是一个强有力而开明的国家的保护”[①]。简言之，政治权力是一种地方性的垄断。道德与法律共同体之间的张力时高时低，时而分离，时而结合。但任何的分离与结合最终必须“……通过政治方式达成，并且其根本特征将建立在公民对文化多样性、地方自治等价值的共识基础之上”[②]。

沃尔泽对道德与法律共同体的充分肯定，对社群主义者与自由主义者都具有吸引力。他坚持社群主义对共同体、义务与成员资格的承诺，以及自由主义对个性、自治、宽容与自由的主张，并试图将两者加以整合。沃尔泽设想了一种自由主义的民族国家结构，这种结构以对平等、自由和个人选择的道德承诺为基础，并肯定和保护文化共同体的完整性，这种文化共同体通过种族或宗教的义务与忠诚，内在性地而非政治性地联结在一起。沃尔泽对在文化多元的社会中保持一个持续稳定的政治共同体表示乐观。

在沃尔泽的政治哲学思想中，“公共生活”是一个非常重要的概念。他将此概念解释为“涉及人们的共享意义与对事件的共有阐释，这些共享意义通过一定的历史经验和社会交往模式得以形成和发展”，“经过很长时间，分享的生活经历和纷繁多样的合作活动形成了公共生活”。[③] 在

① M. Walzer, “Political Theology: Response to the Six”, *Political Theology*, vol. 7, No. 1, 2006, pp. 91 - 99, 93.

② ［美］迈克尔·沃尔泽：《正义诸领域：为多元主义与平等一辩》，褚松燕译，译林出版社 2002 年版，第 35 页。

③ ［美］迈克尔·沃尔泽：《正义与非正义战争：通过历史实例的道德论证》，任辉献译，江苏人民出版社 2008 年版，第 62 页。

讨论正义战争理论中的侵略与自卫时，沃尔泽指出，国家战争行为的正当性与自卫行为的正义性取决于："所有国家的道德地位，都取决于它所保护的共同生活的现实性，以及在什么程度上人们愿意为了获得国家保护而放弃自己的某些权利，并且认为这样做是值得的。如果不存在共同生活，或者存在共同生活而国家却没有给予保护，那么国家的自卫就没有任何道德正当性。不过，大多数国家至少是在某种程度上，的确保卫了其公民的共同体：这就是为什么我们假定这些国家的自卫战争是正当的。"① 显然，沃尔泽不仅相信确实存在着由每个政治共同体创造的公共生活，而且非常重视这种公共生活的意义。他在《出埃及记与革命》提出，以色列人出埃及的圣经故事，提供了关于公共生活的一个很好的例子，正是这样的历史经历，为以色列人提供着共享意义，这些共享意义深刻影响着他们文化的生成与发展。"出埃及记"这个故事是不是历史事实并不重要，它可能只是一个历史故事。但时至今日，很多人仍相信它是一个真实的历史事件，尤其是在深受希伯来圣经影响的文化中，这个事件对社会历史进程产生了广泛影响。此外，对犹太教的救世主思想，以及基督教对耶稣的认同与理解而言，它都是根源所在。② 但沃尔泽首先是将"出埃及记"作为一种政治事件而非一种神创奇迹来理解的，"出埃及记对 17 世纪 40 年代的英国清教徒的自我理解，起着决定性的作用。它也是克伦威尔演讲中的一个重要主题，对早期美国革命者、犹太复国主义者以及南非黑人民族主义者也影响巨大。他们都将'出埃及记'作为对他们行为的解释与捍卫"③。"出埃及记是一个伟大的故事，它成为西方文化自觉的一部分，一系列的政治事件在它的叙事框架内被定位和理解。这个故事使其他故事的叙事成为可能。"④ "……在很大程度上，政治的革命语言是从这里开始并不断发展的，从那以后，反抗开始呈现出道德意义……从中可以看出，从'出埃及记'一直到我们时代的激进主义政治的一个持续发展史。"⑤ 沃尔泽对"公共生活"的理解似乎是："我们彼此诉说着伟大的事件或重要的历

① ［美］迈克尔·沃尔泽：《正义与非正义战争：通过历史实例的道德论证》，任辉献译，江苏人民出版社 2008 年版，第 63 页。

② M. Walzer, *Exodus and Revolution*, New York: Basic Books, 1985, p. 16.

③ Ibid., p. 6.

④ Ibid., p. 68.

⑤ Ibid., pp. 24 - 25.

史阶段，阐释着它们的意义，并将它们与其他事件或重要的文本、惯习等相关联，我们逐渐就会形成一种不同程度的自我理解，反过来，我们同时也改变着那些事件、文本和惯习。因此，公共生活本身总是不断变化的，今日的情形已可能不同于昨日的情形。”① “公共生活”这个概念必须进行广义的理解：它不仅包括一个共同体实际发生的事实，而且也包括共同体的制度结构、基础文本（如成文宪法）、基本信念（如关于正义的信念）以及“法律和宗教文本、道德教化故事、史诗、行为规范和礼俗习惯等”。所有这些都深刻影响着该共同体的政治实践与正义观念。②

沃尔泽的正义观念也和公共生活的概念紧密相关，他的正义理论涉及关于社会善的独特观念。正是基于这种独特的社会善观念，他才形成和发展了自己的分配正义理论。首先，善一定是社会性的。人们在公共生活的背景中创造和生产善，善是在一定的社会历史文化条件下被创造出来的，并在这些条件下发挥作用。但这并不意味着，在社会之间不存在善的转移和传递。不同的社会可能对同样的社会善共享着相同的理解，尽管这种“共享理解”可能只是它们不同“公共生活”的一部分。例如，两个差异很大的共同体都信奉罗马天主教，在这种背景下，这两个共同体就可能以一种实质上相同的方式来理解“神职与神恩”等社会善。同样，一种社会善虽被不同的共同体所认同，但这些共同体对它的理解，可能完全不同。“人们构思和创造出物品，然后在他们自己当中进行分配。……我并不想否认人类能动性的重要性，我只是想把我们的注意力从分配本身转移到构想和创造上来：为物品（善）命名，赋予其意义以及集体制造它们。”③ 在此，“赋予其意义”可能并不大容易理解，这要联系到沃尔泽的另一个重要概念：“善的社会意义”。“善的社会意义”是由共同体成员共同为一种善指定的意义，不同共同体根据公共生活的不同，可能对同一种善赋予不同的意义。也就是说，他们可能以不同的方式理解它们。这种观点产生了非常重要的影响。基于这样的社会善理论，分配正义就不能产生具有普遍解释力的适用原则，也不存在可以适用于所有共同体的、普适的

① M. Walzer, *Exodus and Revolution*, New York: Basic Books, 1985, p. 73.

② ［美］迈克尔·沃尔泽：《阐释和社会批判》，任辉献等译，江苏人民出版社 2010 年版，第 60 页。

③ ［美］迈克尔·沃尔泽：《正义诸领域：为多元主义与平等一辩》，褚松燕译，译林出版社 2002 年版，第 5—6 页。

制度设计或道德选择方法。相反，分配原则的制定，必须与共同体对社会善的不同理解相结合。沃尔泽列出了 11 种主要的社会善：成员资格、安全与福利、金钱与商品、职位、艰苦劳动、闲暇时间、教育、爱与亲情、神恩、承认、政治权力。他认为，为自然界和社会赋予意义，是公共生活的重要功能，这是一个历史的过程。善的社会意义将随着历史的发展而变化，分配原则也将相应地发生变化。“分配正义的每一个实质解释都是一种地方性解释。”①

总之，沃尔泽试图发展一种可以适用于具有“共享理解”的特定共同体的分配正义理论。他的目的既不是功利主义的，也不是要在特定的理想条件下发展一套正义的制度安排，如罗尔斯的“原初状态”。他对这种理论上的假定，以及由此而推导出的普遍正义理论并不是很信服。“政治共同体中的成员最可能要提的问题并不是‘在诸如此类的普遍状态下理性的个体可能选择什么？而是像我们一样的个体是谁？谁与我们共享同一种文化？这样的问题可以转化为：在公共生活交往中我们已经做出了怎样的选择？我们在共享怎样的理解？’正义是一种人类建构，认为只有一种普遍的方式就可以达成这样的建构是值得怀疑的。”② 通过承认和尊重共同体的“共享理解”，沃尔泽试图设计一种分配正义理论，它不仅具有较强的阐释性而且具有较普遍的规定性。正如柯亨（Joshua Cohen）所指出的，沃尔泽试图使其正义理论对社会产生一种批判的视角。至于这种观点是否准确，本书将在下文中做进一步的分析。

沃尔泽的很多批评者认为，《正义诸领域》一书带有明显的相对主义或保守主义特征。究竟是什么因素给批评者造成了这样的印象呢？正如上述引文中表明的那样，沃尔泽的基本诉求是探讨具有共享理解（或公共生活）的共同体中的分配正义问题。他利用历史事例去说明，即使是同一种社会善也可能出现不同的甚至是相互冲突的分配原则，不同的共享理解会产生不同的分配正义原则。而且，这些社会善具有社会历史性，它们的意义与公共生活的共享理解有关，是会随着历史的发展而发生变化的。对沃尔泽而言，可能存在适用于跨文化的分配正义原则，但并不存在适用

---

① ［美］迈克尔·沃尔泽：《正义诸领域：为多元主义与平等一辩》，褚松燕译，译林出版社 2002 年版，第 419 页。

② M. Walzer, “Philosophy and Democracy”, *Political Theory*, vol. 9, No. 3, August 1981.

于所有共同体的普遍的分配正义原则。

沃尔泽也在社会善观念的背景下，提出了复合平等理论。复合平等是沃尔泽分配正义理论的重要论题，根据善的社会意义将不同的社会善归入不同的分配领域，这样一来，就可以避免“简单平等”的问题。“简单平等”意味着所有的社会善和机会应该平等地向社会中的每个人平等分配，除非不平等分配有利于公共利益（如罗尔斯的差异原则）。但沃尔泽认为这种“简单平等”并没有可行性。“简单平等”要求消除对社会善的垄断，所有的社会善应平等地向每个人开放，而“复合平等”则允许在不同的分配领域内存在“有限制的”不平等。沃尔泽试图通过确保每个分配领域的自主性（即拥有某种社会善的人，不能仅仅因为他拥有这种善，而不顾其他善的社会意义而随意占有其他的社会善），来实现社会的一种总体平等。也就是说，复合平等只是要求消除人们对“支配性善”（如财富、权力等）的垄断，从而避免某个分配领域对其他分配领域的宰制。例如，某人可能合法拥有大量财富，只要他的财富没有“转换成”对政治权力、更好的医疗或更好的教育等其他社会善的支配，那么他就没有违背“复合平等”的要求。某种社会善不合理地跨越了所在分配领域的边界，进而形成了对其他社会善的支配，这时就会出现社会的不正义。“产生平等主义政见的，并不是有富有与贫困并存这一事实，而是富者‘碾碎穷人的容颜’，把贫穷强加到他们身上，迫使他们恭顺这一事实。”① 这里的关键问题是，通过消除“支配性善”的垄断，尽可能地保证人们进行选择与行动的自由。“保证自由平等，要讲究区分的艺术。……欲在当代复合多元的社会条件下，保证自由平等就必须对分配领域做出区分，消除领域间社会善的支配性，就像要在政治权力与宗教之间做出的区分那样。当然，在每个领域内部，可能存在着垄断和不平等，但只要其反映了该领域的内在的分配原则，我们就没有必要担心。……分配正义在很大程度上是区分确定不同分配领域界限的问题。”②

通过确定善的社会意义以及由社会意义所决定的分配原则，我们就可

① ［美］迈克尔·沃尔泽：《正义诸领域：为多元主义与平等一辩》，褚松燕译，译林出版社2002年版，第3页。

② M. Walzer, “Liberalism and the Art of Separation”, *Political Theory*, vol. 12, No. 3, August 1984, pp. 320 - 321, 323.

以设定分配领域的边界。在此，德沃金批评沃尔泽的分配领域过于“理想化”，但这可能是德沃金的一种误读。德沃金使用“理想化”一词可能意味着“普遍与永恒”，但对沃尔泽而言，这些分配领域在不同社会之间可能是变化的；唯一普遍的是，无论何种社会都应对分配领域进行区分。沃尔泽在《正义诸领域》一书中，对分配领域所做的区分，就是针对他自己的社会（美国社会）而言的。[①] 善的社会意义是与共同体紧密相关的，在不同的共同体中，善的社会意义可能不同。就这一点而言，分配正义是与实施它的共同体密不可分的。在《正义诸领域》一书中，沃尔泽多次强调了这一点：“正义原则本身在形式上就是多元的；不同的社会善应当基于不同的理由、依据不同的程序、通过不同的机构来分配；并且，所有这些不同都来自对社会诸善本身的不同理解——历史和文化特殊主义的必然产物。”[②] “正义是与社会意义相关的。……我们不能说这个人或那个人应得的是什么，除非我们知道这些人是如何通过他们生产和分配的东西彼此相联系的。……有无限多的可能生活，他们受无限多的可能文化、宗教、政治安排、地理条件等影响。如果一个社会是以某种特定方式——也就是说，以一种忠实于成员们共享知识的方式过实质生活的，那么，这个社会就是公正的。”[③]

第四节 思想观念的历史考察

一 主题与基本观念的统一性

这一节将对沃尔泽在该时期的关键思想命题，以及他在这个时期的著作与其他时期的著作之间的关系进行解释。简言之，主要涉及政治哲学的文本问题以及理论与实践之间的关系问题；社会主义与自由主义及保守主义之间的关系问题；政治作为非道德领域的实质以及所面临的道德困境等问题。笔者的基本主张是，对民主活动和政治参与的辩护，统一了沃尔泽

① ［美］迈克尔·沃尔泽：《正义诸领域：为多元主义与平等一辩》，褚松燕译，译林出版社 2002 年版，第 5—8 页；R. Dworkin, “To Each His Own”, *New York Review of Books*, April 14, 1983.

② ［美］迈克尔·沃尔泽：《正义诸领域：为多元主义与平等一辩》，褚松燕译，译林出版社 2002 年版，第 4 页。

③ 同上书，第 417—418 页。

的所有著作，也解释了他对不干涉原则、公共弑君的合理性以及程序先于结果的承诺。从这种意义上，《正义与非正义战争》、《激进原则》和“政治行动”的思想就得到了统一；《弑君与革命》和“国家的道德身份”则具有相同的研究主题，而对这些主题更为丰满的论证则体现在《正义诸领域》之中。

对民主的辩护，是《激进原则》的论证核心，也是沃尔泽在这个时期的其他著作的论证核心。不干涉原则强化了《正义与非正义战争》中的止义战争理论，这个原则也在“国家的道德身份”一文中不断得到重申，沃尔泽也将其作为每个共同体决定自己公共生活的权利。严格来讲，这是对多元主义而不是对民主的辩护。沃尔泽认为，即使是非民主的政体也不能被任意干涉，除非它由于屠杀和奴役而违背了基本的人权。沃尔泽珍视多元主义的原因在于，它是实施共同自治的个人权利的反映，也是决定如何去配置权力与资源的共同体的一部分。只有这样，共同体才能成为自由平等的公民的共同体。在《激进原则》中，沃尔泽认为，社会民主主义同样支持自由平等的价值，“当人们在一起工作的时候，他们才工作得最好”。我们可以看到《激进原则》与《正义与非正义战争》中的核心承诺是一致的，即政治共同体的自由以及这些共同体中公民的平等。《弑君与革命》也是对民主的一种间接辩护。沃尔泽支持公共弑君，因为它是对神圣王权的一种批判，它寻求建立一个民主共和国。在一定意义上，它也是平等主义的，因为对王权的反对，就是对仅仅因为一出生就享有统治其他人的神圣权力的反对。正是由于这个原因，对沃尔泽而言，“私人暗杀”不仅是不可取的，甚至是破坏性的，因为它使国王看起来更像是一种神圣的存在。最后，虽然“政治行动”一文中没有提出支持民主的论证，但它的确提出了这样的主张，即民主政治的领导者可能比其他政体的领导者更实际地面临道德困境问题，他们在维护国家利益与道德的普遍要求之间存在张力。这种道德困境同时也是民主思想中的重要问题。

因此，对民主以及塑造公共生活的政治参与的论证，是沃尔泽在20世纪70年代主要论著的论证核心。但他对平等与正义的承诺，显然又是社会主义的。此外，由于他对正义战争理论的适用，以及他的民主承诺与自由主义之间的模糊关系，批评者又认为他是保守主义的；而他关于程序先于结果的主张，又显然是一种自由主义的隐喻。那沃尔泽到底是社会主义者、自由主义者还是保守主义者呢？事实上，他并未将自己视为其中的任何一种，他也不想将其严格分开。他在《激进原则》中主张，政治生活必须更为统一，避免宗派主义的暗斗，这也是他在这个时期不断重申的命题之一。这意味着，社会民主主义和“左”倾的自由主义，能够在运动政治和民主党派中结合。这样一来，各种意识形态之间的观念交换将不断增加，沃尔泽关于社会主义更应注重程序问题的主张，也将变得自然。而且，他相信社会主义与民主必然是一枚硬币的两面。民主是最重要的程序问题，政治制度是不是民主的，不在于所做出的特定决定，而在于如何做出决定。因此，社会民主主义必须重视程序问题。最后，对沃尔泽保守主义的批评显然是轻率的。对很多自由主义者而言，社会主义的观点和保守主义的主张是相互重合的。在沃尔泽看来，对政治决策的参与是个人最重要的权利之一。

沃尔泽在该时期的论著，形成了一个连贯的整体。在下文中，笔者将详细讨论《正义与非正义战争》与《正义诸领域》之间是如何相互关联并统一在一起的。沃尔泽在这个时期的思想，主要延续了他早期思想的某些核心命题。显然，在这个时期，哈佛大学的伦理与法哲学学会对其的影响正在逐渐增强。《正义与非正义战争》虽然使用了大量的历史事例，继续沿用着历史学的研究方法，但它仍不失为一部规范的伦理著作。

在这个时期，沃尔泽在其思想早期所受到的几种传统的影响并没有消失。他从毕耶那里继承的历史化的理想主义，在《弑君与革命》中仍然是重要的，并且影响了沃尔泽在《正义与非正义战争》中对大量历史事例的运用。另一方面，沃尔泽在20世纪70年代，已经逐渐走向规范的政治哲学研究。《圣徒的革命》是历史化的理想主义的典型代表，但在《论义务》中，沃尔泽已经开始向规范的政治哲学倾斜，并开始广泛吸收规范政治哲学的影响。在20世纪50年代，他作为哈佛大学的研究生，自然受到其导师的理想主义的影响，而到了70年代，作为哈佛大学教师的他，也不可避免地受到了以罗尔斯为代表的规范政治哲学的影响。

在20世纪70年代，美国的激进民主主义，是影响沃尔泽生活和写作的重要传统之一。《激进民主》就是一个典型例子，它主要是由沃尔泽为《异议》和《新共和》杂志所写的论文整理而成的。沃尔泽在这本著作中的首要关注，就是20世纪六七十年代的美国左翼政治行动。它涉及学生运动、反战运动、水门事件、新保守主义的兴起，以及在政治抗议中使用暴力的合法性等问题。这种传统对沃尔泽的影响在其他著作中也有所体现，如《正义与非正义战争》的写作正是由反战运动所激发的；《弑君与革命》也表明了沃尔泽肯定革命运动中运用暴力的合理性，以及对如何更好地建立民主制度的关注。毫无疑问，沃尔泽对其早期所涉及的许多问题仍保持着关注。虽然他的很多批评者将其称为保守主义者、社群主义者或社会主义者，但事实上他是一位社会民主主义者。他的整个思想关注，都致力于抵制压制，推进自由与平等。

最后，犹太传统在20世纪70年代继续保持着对沃尔泽的影响，虽然他在这个时期并没有直接涉及犹太传统的论题，但在《正义与非正义战争》中的许多历史事例，都是与犹太人的历史以及以色列的战争冲突紧密相关的。沃尔泽在20世纪80年代所写的《出埃及记与革命》以及后来的《犹太政治传统》，也体现了犹太传统对他的影响。

就这个时期而言，沃尔泽思想中的一个重要转变是他对待政治行动的方式。在20世纪60年代，他很关注对运动的参与；在70年代，他更为关注左翼政治；而从其此后的思想发展来看，他开始更多地关注政治哲学遵循政治实践的方式。对沃尔泽而言，道德推理对世界共同体而言是重要的，政治哲学从来不是与逻辑学或认识论紧密相关的规范哲学的一个分支。相反，政治和道德的理论化应该能够有说服力地解释我们的承诺是如何相互契合的，以及我们如何能够对潜在承诺进行更好的理解。这些都是《正义诸领域》和《阐释和社会批判》的主要命题，这两本著作是沃尔泽80年代的代表性论著，这也说明了这个时期的思想对沃尔泽的整个思想发展而言，起到了一种承上启下的作用。

1980年，沃尔泽离开哈佛大学进入普林斯顿高等研究院，这一年他45岁，开始进入其思想发展的黄金时期。普林斯顿高等研究院的工作没有教学任务，这使沃尔泽可以拥有更多的时间进行著述，他在研究院一直工作到退休，在这期间出版了大量论著。而笔者之所以选择1971—1985年作为一个时间段，主要有以下原因。首先，与奥瑞德（Brian Orend）的主张相反，笔者认为《正义诸领域》是一部比《正义与非正义战争》更为重要和更容易被忽视的著作。这一时期，沃尔泽对其早期的思想论题进行了综合和发展，也是对其产生影响的诸多思想传统的一种整合。只有这样，沃尔泽意义上的社群主义才能够被合理地理解。笔者认为，社群主义是沃尔泽进行这种整合的结果，即是对以豪等人为代表的激进民主主义和以罗尔斯为代表的英美分析哲学传统下的平等自由主义的一种整合。沃尔泽意义上的社群主义，可以视为他对社会民主主义与平等自由主义的一种调和。《正义诸领域》是这种立场的主要理论陈述，它对理解沃尔泽的整个思想而言具有决定性意义。

另一个原因则是，这样做可以使我们更好地理解沃尔泽在70年代后期的著作，并可以对诸如《阐释和社会批判》和《批评家群体》等80年代后期的著作进行展望。在本章中，笔者试图解释《正义诸领域》与《正义与非正义战争》是如何彼此相容的，以及《正义诸领域》是如何发展了《激进原则》中的一些核心命题的。因此，在这个意义上，本章不仅是对沃尔泽在这个时期思想的考察，同时也为下一章将要讨论的内容提供一种方法论上的解释。《阐释和社会批判》是沃尔泽对“批判性阐释主义”的一种理论辩护，而《批评家群体》和《正义诸领域》则是对这种批判性阐释主义的具体运用。它们为运用一种既具阐释性又具批判性的方式进行政治哲学的研究，提供了一种范本。

最后一个原因是，这样做有助于我们考察，当沃尔泽更为靠近英美政治哲学的主流思想时，他的早期思想是如何继续发展的。他在这一时期的主要论著有：《正义诸领域》、“哲学与民主”、“自由主义与区分的艺术”、《出埃及记与革命》等。从1992年开始，沃尔泽开始写作以“古代以色列的圣战观念”和“古代以色列的法律规范”为主题的论著，这就是后来出版的《犹太政治传统》[①] 和《犹太教中的法律、政治与道德》。[②] 沃尔泽在这一时期虽然很少涉及这些主题，但这一时期出版的《出埃及记与革命》还是表明了他对犹太教、革命和历史等论题的持续关注。这本著作在很多方面也是《弑君与革命》的延续。沃尔泽在这一时期对分配正义的研究也是与其早期思想密切相关的。《正义诸领域》、“哲学与民主”等论著中的诸多论证，都进一步强调了公民对政治生活进行参与的重要性，以及反对哲学对民主的统治。这也是对“政治行动”一文核心主张的重申。

---

① Michael Walzer, Menachem Lorberbaum, Noam Zohar, and Ari Ackerman, ed., *The Jewish Political Tradition*, Volume 1: Authority. New Haven: Yale University Press, 2000; Volume 2: Membership (2003).

② M. Walzer, *Law, Politics, and Morality in Judaism*, Princeton: Princeton University Press, 2006.

二 思想发展的传统复合性

上文主要对沃尔泽在该时期的主要思想论题与基本观念的统一性进行了解释，现在笔者将考察他的思想在这个时期是如何发展的。提出两点主张：首先，沃尔泽的思想具有明显的复合性，这主要是因为其思想元素来源于相互矛盾的传统，主要是分析哲学传统与激进民主传统之间的张力。分析哲学传统作为其思想元素，从这一时期开始变得日益重要。其次，沃尔泽的思想不断在发展但并没有断裂，仍然保持着一定的连续性。这可以从《正义诸领域》和《正义与非正义战争》之间的相容性以及《激进原则》与复合平等观念的密切相关性中看出。

哈佛大学伦理与法哲学学会对沃尔泽思想的影响无疑是重要的，这个学会包括了当时政治哲学界的一流思想家。《正义诸领域》对分配正义的研究，就是这种影响的突出表现；“哲学与民主”和“自由主义与区分的艺术”所探讨的主题与其早期思想明显不同，这也是沃尔泽受到分析哲学传统影响的结果。这两篇文章都发表在《政治理论与公共事务》杂志上，而该杂志正是由该学会所主办的。这是沃尔泽思想在这个时期的一个重要变化，但我们也不应夸大这种变化。首先，早期著作《激进原则》中的“保卫平等”一文，已经开始涉及分配正义问题，并提出善应该遵循内在于该领域的原则进行分配的观点。就像他本人所说的，《正义诸领域》中的很多主张都源于《激进原则》中的观念。[①] 这也是我们不能夸大沃尔泽思想变化的一个原因。此外，我们在《圣徒的革命》、《弑君与革命》、《论义务》和“政治行动”中并看不到学会对他的明显影响。这说明沃尔泽并没有割断与早期影响他的思想传统间的联系。虽然他在哈佛大学学习期间，历史化理想主义在其思想发展中的影响正在逐渐减少，但豪的激进民主主义和《异议》杂志对他的影响并没有减少。他的大多数文章都是在《异议》和《新共和》杂志上发表的，这些文章很多都是针对社会时事所写的评论。因此，如果我们在沃尔泽的学术著作与其评论文章之间进行过多的区分，就会造成误解。因为他的很多学术著作，都是其评论文章的重述和理论化。沃尔泽很喜欢将政治哲学与日常的政治辩护相结

---

① ［美］迈克尔·沃尔泽：《正义诸领域：为多元主义与平等一辩》，褚松燕译，译林出版社 2002 年版，第 1 页，致谢部分。

合，他的思想论题实质上也是对公民日常政治关注的论证。这些也是其思想的重要特点。之所以很难准确地对沃尔泽的思想进行意识形态上的分类，原因就在于它并不是从英美主流学术传统中发展起来的，而是深受左翼政治行动主义和激进民主传统的影响。

沃尔泽特别强调，政治哲学应关注政治生活中普通民众的“生活体验”，这也使得他的思想风格与其他学院派的政治哲学家明显不同。他将民主视为对政治生活的持续性参与，“我们彼此都是共同体事业中的伙伴”；对“生活体验”的关注与他的这种认识是密切相关的。他将对政治生活的持续参与，作为平等社会的重要特征。这看起来似乎是社群主义而非平等主义的观点。但事实上，他的这种观念是源于左翼政治行动主义的平等观念。实际上，沃尔泽的复合平等思想，就是将激进民主主义的平等观念与分析哲学的理论工具进行结合的结果。这种看似是社群主义的论证方法，实际上是在用分析哲学方法对左翼政治行动主义的一种研究。我们可以通过分析《正义诸领域》与《正义与非正义战争》之间的关系，来进一步认识沃尔泽思想的这种传统复合性。

三 《正义诸领域》与《正义与非正义战争》之间的关系

沃尔泽的正义战争理论，是以个人权利观念作为论证基础的；而在《正义诸领域》对分配正义的研究中，几乎没有谈及个人权利。他在《正义诸领域》的序言中，解释了他为什么没有依靠权利理论。他认为，“战争中的正义理论，确实能够从两个最基本、最广为承认的人权中产生——并且用简单的（消极的）方式：生命和自由不受剥夺。或许更重要的是，这两项权利似乎能解释我们在战争期间最通常做的道义判断，它们真正起到了作用，但在思考分配的正义时，它们的助益却是有限的”[①]。换言之，沃尔泽认为，将权利理论作为对分配正义进行理论化的手段并不适当。因为分配正义所涉及的权利更为多样，也更富争议性，而且这些权利“在特性上是局部的、特殊的”。[②] 在他看来，分配正义一定是多元的和特殊的，因为正义的分配在不同的社会中有不同的认识，被分配的善也是如

① ［美］迈克尔·沃尔泽：《正义诸领域：为多元主义与平等一辩》，褚松燕译，译林出版社 2002 年版，第 6—7 页。

② 同上书，第 7 页。

此。而对正义战争则可以进行普遍化的讨论，因为它所涉及的权利几乎是普遍公认的。他后来在《厚与薄》中，对某些权利的普遍适用与某些善的特殊适用之间的差异，进行了具体解释。对于这一点，下文将做进一步的讨论。因此，按照沃尔泽的解释，之所以在战争正义和分配正义的理论适用问题上，采取了不同的方式，是因为它们所讨论的主题存在差异，它们所处理的是社会生活的不同方面。

但在一种更深层次的意义上，沃尔泽对战争正义和分配正义的论证，又是统一在一起的。在对两者进行论证的过程中，他都非常重视成员对共同体的参与，并使之优先于哲学反思。就像上文提到的，沃尔泽使用"共同体特性"这个术语，来证明通常情况下的人道主义干涉的不合理性；这个术语也可以用来论证《正义诸领域》中多元主义的合理性，尤其是他所称的外部多元主义。在《正义与非正义战争》和"国家的道德身份"中，沃尔泽主张，所谓支持人权的军事干涉，几乎都是可以被反对的，主要是因为这样的干涉，侵犯了被干涉国家的集体自决权。此外，他也强调，哲学家在任何时候都不能以引起政治共同体的反抗为代价，来强制实施其"真理"。这也是沃尔泽在国际关系和政治哲学理论中被视为社群主义者的原因之一。实际上，沃尔泽一直在为一种特殊的民主观念进行辩护，对他而言，民主始终是一个没有终点的持续的辩论过程。他并没有否认局外人和哲学家（沃尔泽将其称为"自我强加的"局外人）寻求说服政治共同体接受其主张的权利，而只是强调他们必须从共同体内部，而不是从外部来实施这种权利。

在此，笔者也想对沃尔泽在这一时期的思想进行总结，主要有两点：首先，笔者将进一步强调这个时期尤其是《正义诸领域》对沃尔泽思想的重要性。其次，笔者将进一步解释沃尔泽所采用的论证方式的复合性。

《正义诸领域》是沃尔泽的代表性作品。他之后的很多论著都是对它的进一步阐释和发展，如在《阐释和社会批判》中，他进一步发展了《正义诸领域》中所倡导的方法论；《批评家群体》则是对这种方法论的实际运用；在《厚与薄》中，他则进一步思考了正义的相对性问题；而《政治与激情》中对"更为平等的自由主义"的研究，则是他在《正义诸领域》中寻求调和自由主义与社会主义的结果。可以这样认为，《正义诸领域》是沃尔泽思想的一个重要转折点，标志着沃尔泽已经进入当代政治哲学讨论的核心，也反映了他在向分析哲学传统靠近，但又保持着与其早期思想传统的联系。《正义诸领域》中对历史学、人类学和社会学方法的运用，表明了毕耶等人对沃尔泽的深刻影响；而他对平等的承诺以及对公民日常政治生活体验的关注，则表明了豪等人对他的影响。此外，沃尔泽一直保持着对社会民主主义的承诺，虽然他在《正义诸领域》中较少提到这个术语，但“自由主义与区分的艺术”一文，是他支持社会民主主义的一个明显例子。在一定意义上，沃尔泽似乎也是一位社群主义者，因为他一直为一种特殊形式的平等进行辩护，即一种社会化的平等观念，它与自由主义的平等观念具有较大差异。他的社群主义既是他在自由主义原则之上构建一种社会民主主义的结果，也是他在平等主义原则的基础上进行一种分析哲学论证的结果。但必须强调的是，这种分析哲学论证实际上采用了不同的方式，它是一种复合性论证。沃尔泽在左翼政治行动主义和激进民主主义的思想背景之下，将分析哲学传统并不熟悉的某种社会民主原则引入了当代分析政治哲学之中，也就是将豪对他的影响引入了分析哲学传统之中。另一方面，当代分析政治哲学又为沃尔泽构建其复合性的思想，提供了某些重要的自由主义原则和方法。例如，“自由主义与区分的艺术”一文表明，他接受了自由主义的区分原则，并通过社会化将其转化为一种社会民主主义形式。沃尔泽对某些自由主义原则的吸收，实际上是包括罗尔斯、诺齐克等人在内的伦理与法哲学学会对他产生影响的结果。因此，沃尔泽意义上的社群主义，实际上是自由主义与社会民主主义进行结合的结果，也是分析哲学传统与左翼激进民主传统进行对话的结果。

第四章

思想的延续与论证：方法论和制度适用（1986—2000）

在这一时期，沃尔泽论著颇丰。1986 年，沃尔泽发表了八篇论文，其中三篇收录在论文集中，[①] 两篇发表在《异议》杂志上，[②] 一篇发表在《新共和》杂志上，[③]一篇发表在《纽约医学专科学院公报》上，[④] 最后一篇则是为柏林的《刺猬与狐狸》所写的导论；[⑤] 在 1988—1991 年间，他发表了七篇论文；1992 年，他又发表了九篇论文及一本论文集。[⑥] 此外，由于《正义诸领域》的巨大影响力，他也受邀在很多论坛和研讨会上发表演讲。到 20 世纪 80 年代后期，沃尔泽已经成为美国最著名的公共知识分子和最有影响力的评论家之一。除论文之外，沃尔泽在 1986—1992 年间还出版了三部著作：《阐释和社会批判》、[⑦] 《何谓美国人》、[⑧] 《批评家

---

① M. Walzer, "Justice Here and Now", in Frank S. Lucash. *Justice and Equality Here and Now*, Ithaca: Cornell University Press, 1986, pp. 136 – 150; Walzer, "The Reform of the International System", pp. 227 – 250, 276; and M. Walzer, "Toward a Theory of Social Assignments", in W. Knowlton and R. Zechhauser. *American Society: Public and Private Responsibilities*, Cambridge: Harper and Row, Ballinger, 1986, pp. 79 – 96.

② M. Walzer, "What's Terrorism and What Isn't?" *Dissent*, Summer 1986, pp. 274 – 275; "Pleasures and Costs of Urbanity", *Dissent*, Fall 1986, pp. 470 – 475.

③ M. Walzer, "Cheap Moralizing", in the symposium "The Jeweler's Dilemma: How Would You Respond?" *New Republic*, vol. 195, November 10, 1986, p. 20.

④ M. Walzer, "The Long-Term Perspective", *Bulletin of the New York Academy of Medicine*, vol. 62, January-February 1986, pp. 8 – 14.

⑤ I. Berlin, *the Hedgehog and the Fox*. Touchstone, New York: Simon and Schuster, 1986.

⑥ M. Walzer, *Civil Society and American Democracy*, Berlin: Rotbuch Verlag, 1992.

⑦ ［美］迈克尔·沃尔泽：《阐释和社会批判》，任辉献等译，江苏人民出版社 2010 年版。

⑧ M. Walzer, *What It Means to be an American*, New York: Marsilio, 1992.

群体：二十世纪的社会批评与政治承诺》①。第一部著作是由沃尔泽所做的“关于人类价值的特纳讲座”整理而成的，后两部著作都是论文集。

沃尔泽在这一时期的论著大多延续了上个时期的论题。1986—1992年发表的三本著作，在很多方面都是对《正义诸领域》的进一步深化；主要论文“此时此地的正义”②、“哲学对话批判”③和“自由主义的社群主义批判”④也是如此。《阐释和社会批判》对理解沃尔泽的政治哲学思想而言，具有重要意义。因为它是对沃尔泽政治哲学方法的一种解释。在《正义诸领域》中，沃尔泽主张，政治哲学家不应寻求离开“洞穴”，而应向其公民伙伴阐释共享意义的世界。《阐释和社会批判》的任务就是论证“阐释”是一种比“发现”或“创造”更为有效的政治哲学方法，以及论证“阐释”的方法所具有的批判力。换言之，这本著作是对《正义诸领域》中所使用的方法进行说明，也是沃尔泽方法论的集中表达。而《批评家群体》则通过提供实际的事例，进一步论证和丰富了《阐释和社会批判》中的观点。“《阐释和社会批判》是一种更为哲学化的论述，而《批评家群体》则涉及了更多的历史与政治事例。一个是社会批评事业的普遍论述，另一个则是对20世纪社会批评事业的更为具体的论述。”⑤《阐释和社会批判》解释了社会批评家应如何行动，而《批评家群体》则解释了近年来的批评家实际是如何行动的。总的来看，《正义与非正义战争》是“运用历史事例的一种道德论证”；《阐释和社会批判》是“运用历史事例的一种哲学论证”；而《批评家群体》则是“对这种哲学论证的历史阐释”。《何谓美国人》也继续着《正义诸领域》中的工作，在这本著作中，沃尔泽主要说明了当代美国的共享理解，尤其是说明了与公民社会、多元主义、公民资格和文化差异等相关的共享理解。它将《正义诸

① M. Walzer, *The Company of Critics: Social Criticism and Political Commitment in the Twentieth Century*, New York: Basic Books, 1988.

② M. Walzer, "Justice Here and Now", in Frank S. Lucash *Justice and Equality Here and Now*, Ithaca: Cornell University Press, pp. 136 - 150.

③ M. Walzer, "A Critique of Philosophical Conversation", *Philosophical Forum*, vol. 21, 1990, pp. 182 - 196.

④ M. Walzer, "The Communitarian Critique of Liberalism", *Political Theory*, vol. 18, 1990, pp. 6 - 23.

⑤ M. Walzer, *The Company of Critics: Social Criticism and Political Commitment in the Twentieth Century*, New York: Basic Books, 1988, p. x.

领域》中的论证运用到现实世界中，重点关注了美国社会以及苏联解体以来东欧社会的公民社会观念。

“民族与世界”[①] 是一篇重要论文，其中，沃尔泽提出了“反复的普遍主义”概念。此外，他还通过其他论文进一步探究了“最高危机”观念，以及它与“肮脏之手”的道德困境之间的关系；[②] 海湾战争的道德问题；[③] 对中东危机的考察；[④] 以及对恐怖主义的一种伦理考察。[⑤] 沃尔泽还修订了《正义与非正义战争》的第二版，增加了关于海湾战争的论述。

沃尔泽在这一时期的另一个重要论题是犹太教。除上文提到的《出埃及记与革命》之外，“民族与世界”、《阐释和社会批判》、“古代以色列的圣战观念”[⑥] 和“古代以色列的法律规范”[⑦] 等论著都对犹太教进行了讨论。

简言之，沃尔泽在这个时期重点探究了“分配正义和复合平等”两方面内容，即它的方法论和制度适用。此外，关于“复合平等”的其他运用，还表现在沃尔泽关于公民资格的论著中，[⑧] 它们扩展了《正义诸领域》开头部分关于公民资格的讨论，以及关于自由主义与社群主义之间张力的讨论。这种张力与沃尔泽的方法论具有密切联系。

---

① M. Walzer, *Thinking Politically: Essays in Political Theory*, New Haven: Yale University Press, 2007, pp. 183 – 218.

② M. Walzer, "Emergency Ethics", in J. Carl Ficarrotta, *The Leader's Imperative: ethics, integrity, and responsibility*, Purdue University Press, 2001, pp. 126 – 139.

③ M. Walzer, "Perplexed: Moral Ambiguities in the Gulf Crisis", *New Republic*, vol. 204, January 1991, pp. 13 – 15; M. Walzer, "Justice and Injustice in the Gulf War", in D. DeCosse *But Was It Just? Reflections on the Morality of the Persian Gulf War*, New York: Doubleday, 1992, pp. 1 – 17.

④ M. Walzer, "The Green Line: After the Uprising, Israel's New Border", *New Republic*, vol. 199, September 5, 1988, pp. 22 – 24.

⑤ M. Walzer, "Terrorism: A Critique of Excuses", in S. Luper Foy *Problems of International Justice*, Boulder: Westview Press, 1988, pp. 237 – 247.

⑥ M. Walzer, "The Idea of Holy War in Ancient Isral", *Journal of Religious Ethics*, vol. 20, 1992, pp. 215 – 228.

⑦ M. Walzer, "The Legal Codes of Ancient Isral", *Yale Journal of Law and the Humanities*, vol. 4, 1992, pp. 335 – 349.

⑧ T. Ball, J. Farr, and R. L. Hanson, *Political Innovation and Conceptual Change*, Cambridge: Cambridge University Press, 1989, pp. 211 – 219.

第一节 方法论的阐释与论证

一 《阐释和社会批判》

《阐释和社会批判》是沃尔泽在这个时期最重要的理论成果，主要回答了以下两个问题，即为什么理论家应该批评他们的社会，并且不能置身事外（第一章）；当理论家这样做时，他们为什么仍具有批评力（第二章）。沃尔泽寻求“为理解作为社会实践的社会批评提供一个哲学框架”。正是由于这个原因，《阐释和社会批判》可以视为《批评家群体》的理论序文。[①] 与之类似，《阐释和社会批判》的前两章，也可以视为第三章的理论序文。沃尔泽在第三章中主要考察了圣经中先知们的社会批评活动。从结构上而言，这一章也可以作为《批评家群体》中的一部分，由于写作背景不同，它并没有被放在同一著作中。《阐释和社会批判》的前两章，是沃尔泽在1985年于哈佛大学所做的“关于人类价值的特纳讲座”的演讲内容。

在第一章“道德哲学中的三种路径”中，沃尔泽主张，相对于“发现”和“创造”路径而言，“阐释”路径与日常的道德经验最为一致。在这里，有几点是值得注意的：首先，沃尔泽将“阐释”作为与日常道德经验最为一致的路径时，充分表现了毕耶和豪对他的持续影响。他在这里的主张与其在《正义诸领域》中关于政治哲学家应该留在“洞穴”中的主张有些类似。整体而言，《阐释和社会批判》就是为政治哲学家应该留在“洞穴”中的正当性进行论证。其次，与对《正义诸领域》及其他著作的政治哲学解读不同，笔者主要对这本著作进行了一种道德哲学解读，或许这样更符合沃尔泽的本意。最后，沃尔泽似乎要表明，对道德哲学路径进行等级排序既是可能的也是必要的。

“发现”路径是沃尔泽最为批判的一种路径。他对这个路径的描述是这样的：“我们最先看到的‘发现’之路是在宗教史中。的确，这种发现要借助神的启示，但必定有人要爬上高山，走进沙漠，追寻神的启示，把神说的话带回来。……道德世界就像一个新大陆，宗教领袖则是带给我们

---

① ［美］迈克尔·沃尔泽：《阐释和社会批判》，任辉献等译，江苏人民出版社2010年版，第1页。

这个新大陆存在的好消息以及第一幅新大陆地图的探险家。”① 这种路径的一个典型代表是内格尔，他在其道德理论中寻求“‘从本然观点’出发观察世界”②。这其实就是神圣道德的一种世俗变体，因为神就是“从不是任何特定地方的地方观察世界”。他们都是在寻找类似“伟大的客观道德准则”的东西以及“必然支配这样一些生命之间关系的道德准则”③。

按照沃尔泽的观点，“神启道德总是与已有的观念和通行做法相反。这可能是它的主要优点。但这种优点必定是转瞬即逝的，因为一旦人们接受了新发现的道德，一旦人们在这个崭新的道德世界栖息生活，它的批判性优点就丧失了”。一个重新被“发现”的道德，似乎通过一种社会批评过程而被重新发现。更为重要的是，在这种道德原则看来，日常生活似乎是平凡的或不被承认的。沃尔泽批评内格尔的“发现”道德，“以内格尔发现的那个客观道德准则为例：‘我们不应该对别人的苦难漠不关心。’我接受这个准则，却没有获知重大发现时的那种兴奋。因为我早已知道这个准则”。另一方面，他评论说，功利主义作为一种更为激进的“被发现的”原则，由于功利主义“从无神论开始直到得出完全陌生的结论”，大多数功利主义者“都被自己惊世骇俗的观点吓坏了”。换言之，一个“被发现的”道德声称，它将“发现”我们已经共享的世界，并“带来日常生活的特征”，或者它将赞成大多数人认为不可接受的原则。内格尔的智

① ［美］迈克尔·沃尔泽：《阐释和社会批判》，任辉献等译，江苏人民出版社 2010 年版，第 2 页。在第 3—4 页，沃尔泽给出了对“发现”的世俗解释：“我对宗教道德的简介只是一个引子，目的是引出后面的非宗教的论述。不光有宗教的发现，还有自然的发现，比如说，告诉我们存在自然法、自然权利或任何客观道德真理的哲学家都是从发现之路走来的。他或许像一个道德的人类学家一样在真实的社会里寻找什么是自然。如果按照哲学事业的通常方式，他更可能是在内心、在精神世界里寻找，做超凡脱俗的静观沉思。只有摆脱社会身份，退回自己的内心，哲学家才能看清这个道德世界。他使自己从特殊团体利益和忠诚中超脱出来，放弃自己看问题的角度和方式，像托马斯·内格尔主张的那样，‘从本然观点’出发观察世界。”

② ［美］迈克尔·沃尔泽：《阐释和社会批判》，任辉献等译，江苏人民出版社 2010 年版，第 4 页。以及 T. Nagel, *The View from Nowhere*, Oxford: Oxford University Press, 1986; “The Limits of Objectivity”, *The Tanner Lectures on Human Values*, vol. 1, Salt Lake City: Utah University Press, 1980。

③ ［美］迈克尔·沃尔泽：《阐释和社会批判》，任辉献等译，江苏人民出版社 2010 年版，第 4 页。

慧是“暮色中的猫头鹰”，能够产生哲学的发现；而边沁则是“凌晨之鹰”。[①]

沃尔泽认为，笛卡尔是“创造”这种哲学路径的创立者，并将罗尔斯作为这种路径的典型代表。“创造”不同于“发现”，它并不主张道德原则“就在那里”等着人们去发现，而是明确认为它们就是哲学家的创造。“创造者效仿上帝的创造而不是上帝仆人的发现。”与“发现”不同，“创造者”明确寻求废除既存道德世界，并重新设计一个新的道德世界。因此，“大多数走创造之路的哲学家都是从方法论开始的：从对创造程序的设计开始”。罗尔斯自然成为这种路径的一个典型代表。（值得注意的是，罗尔斯并非沃尔泽意义上的“创造者”，因为他的正义原则不是寻求取消既存的道德原则，而是寻求在从设计程序中得出的原则，与先于那种设计程序而通过直觉获得的原则之间进行反思均衡。）这是因为，在他的正义理论中，“可能成为立法者的人们，被剥夺了关于他们所在社会的全部知识以及他们的利益、价值、才能，以及他们与他人关系的信息，为了眼前的实践目的被弄成一模一样”。通过从“特殊主义的束缚”中“解放”设计程序中的参与者，罗尔斯和其他的“创造者”寻求一种“理性的结果”或“一个这样的道德世界：所有人都愿意在这里居住生活，并且不管人们处在什么社会地位、追求什么事业，他们都会认为这个道德世界是公正的”[②]。

“创造”的道德原则比“发现”的道德原则可能更为激进，因为它试图“评判所有个人生活和所有社会风俗习惯的道德”，[③] 并试图通过设计程序使这些道德原则更为合理。对沃尔泽而言，这也是“创造”路径的失败之处。在对其他的社会和实践活动进行衡量之时，“创造者”必须提供一种“普遍的矫正方法”，用来矫正这些社会和实践活动对价值的“践踏”。这些价值“通过对话、论争和政治谈判被创造”，也就是通过沃尔泽称为“理性的规则”来创造。在“复合平等”情形中，“创造者”就像哲学家一样，寻求强行实施其原则，因此，也就践踏了民主的过程。为

① ［美］迈克尔·沃尔泽：《阐释和社会批判》，任辉献等译，江苏人民出版社 2010 年版，第 3—7 页。

② 同上书，第 9—12 页。

③ 同上书，第 14 页。

了表明这是非正义的，沃尔泽对罗尔斯的“原初状态”进行了批评。他让我们设想一群旅行者在中立的空间内相遇，并提出一系列原则，通过这些原则他们可以合作。沃尔泽接受罗尔斯“无知之幕”的设计程序，他认为这有助于达成一致的原则。但他所否认的是，一旦这些旅行者回到家乡，他们还应继续遵循这些原则。他强调，认为这些旅行者应继续遵守这些道德原则似乎是说不通的：“我们似乎要把一个旅馆房间，或一个临时住宿的套间，或一个安全房作为人类家园的理想样式。出门在外，我们会对有一个旅馆房间遮风避雨并提供生活便利心满意足。如果我们被抹去自己的家园是什么样子的所有知识，与同样被抹去了这些知识的人们协商，不得不设计所有人都可以住的房子，我们可能会造出类似于希尔顿酒店这样的房子，不过不像希尔顿酒店这么具有文化特色。那里的房间有以下区别：我们不允许有豪华套间；所有的房间都一模一样；或如果有豪华套间，唯一的目的也是为了给旅馆引来更多的生意以使我们能从最需要改善的房间开始，改善所有其他房间。但是无论这个旅馆如何改善，我们还是会渴望回到那个我们知道自己曾拥有只是想不起来的家。我们在道德上没有义务住在自己参与设计的旅馆里。”①

沃尔泽并没有否认“旅馆”以及为需要的人提供基本的必需品的重要性。“对于这类人来说，旅馆是非常重要的。他们需要旅馆房间的保护，需要还过得去的（即使是勉强可以住的）居住环境。他们需要一套普世的道德规范（即使数量很小），或者至少是一套由一群陌生人创造的道德规范。然而，他们通常渴望的不是永远居住在旅馆里，而是要在一个新家，在一个他们在其中可以感受到一些归属感的厚实细密的道德文化中生活。”② 在这段文字中，沃尔泽预示了在《厚与薄》中的论证，笔者将在下文中进行论述。

在完全批判“创造”路径之前，沃尔泽首先考察了一种不同类型的“创造”，它与其他的“创造”路径混合在一起。这种类型的“创造者”并不寻求构建一种新的道德，“我们现在的目的不是从无到有地创造，而是对某个现有道德的原则的批判效力已经有明确、被人们广泛理解的看

---

① ［美］迈克尔·沃尔泽：《阐释和社会批判》，任辉献等译，江苏人民出版社2010年版，第17页。

② 同上书，第18页。

法，现在要为它创建一个没有因偏见和自我利益干扰而致的混乱的说明或模型。因此，我们不是在外太空，而是在内部或在社会之内与旅行者相遇。我们思考自己的道德观念，思考自己对原则的反思性意识，但我们努力过滤掉，甚至完全禁止所有关于个人愿望或利益的想法”①。沃尔泽并不反对这种类型的“创造”，并指出它最终是与“阐释”路径相一致的，因为两者都关心“我们自己、我们自己的原则和价值”。②

最后，沃尔泽解释了“阐释”路径。它的核心主张是“发现和创造都没有必要，因为我们已经拥有了假装要发现和创造的东西”。我们已经生活在一个道德世界中，即使它是“无组织的和不明确的”，但它对已经生活在其中的哲学家和其他居民而言，都具有权威性。原因在于：首先，“我们发现和创造的道德最后总是与我们现有的道德十分相似。哲学发现和创造（暂且不说神创的道德）是经过伪装的阐释；道德哲学其实只有一条道路”。其次，关于我们经验的道德论证，最好被理解为解释性的：“我们在论证时所做的是要阐述实际存在的道德。这个道德对于我们而言是权威性的，因为只有凭借它的存在，我们才作为我们所是的道德人而存在。”③ 其他的路径试图摆脱这种存在，但这种逃避是不必要的，因为通过内在于那种存在的原则，实现对我们存在的批评是可能的。这也是这本著作中第二篇文章的论证主题。

在为道德论证是阐释性的主张进行辩护的过程中，沃尔泽认为，基本问题并非“什么是应做的正确的事”而是“什么是我们应做的正确的事”。要回答这个问题，人们必然要将其转化为更为具体的问题。“这些问题是在一个道德话语的传统之内被争论的——事实上，这些问题也只能在这个传统之内产生——并且争论的方式是阐释这个话语传统中的词语。争论的是我们自己；争论的问题是我们的生活方式的意义。”④

虽然这样的问题在道德中并不像在法律上那么严密，但这并没有否定阐释的权威性，因为道德关注本身要比法律关注更为普遍。此外，如果我们研究道德被采纳的历史过程，将会发现，“它们在事实上已经被几乎每

① ［美］迈克尔·沃尔泽：《阐释和社会批判》，任辉献等译，江苏人民出版社2010年版，第19页。

② 同上书，第22页。

③ 同上书，第23—26页。

④ 同上书，第28—29页。

个人类社会所接受”。就沃尔泽的思想发展而言，这个命题在他的所有作品中是最重要的命题之一。它表明了沃尔泽在《正义诸领域》中使用人类学和历史学方法的原因。人类学研究的本质就是多元的：没有假定特定的道德原则是普遍有效的；有效的原则对不同社会而言是独特的。但社会是在沿着相似的路径发展。因此，道德律令“组成了一部极简短的、普世的道德法典。因为它们是极简短的和普世的，所以可能看起来像是哲学的发现或创造。……但其实它们是许多人对话的结果；这种对话虽然是没有结论、时断时续、未完成的，却是真实的对话”。对沃尔泽而言，产生道德律令的对话总是未完成的。这是由民主程序的性质所决定的：民主的对话并不能解决未来民主辩论的所有问题。沃尔泽在“哲学对话批判”、“民族与世界”等论文中对此进行了反复重申。因此，“阐释”路径在一定意义上是一种普遍的路径。但它只是在最小限度上是普遍的，因为这些律令“为任何可能的道德生活提供了一个框架，但仅仅是一个框架，在任何人能以这样那样的方式真正在其中生活之前，还需要添加许多重要的细节内容”。只有当共享理解在一种持续的对话中变得“厚重”，一种道德文化才能发展，也只有在那时，我们才能产生道德原则。这也是普遍道德模式的变种永远是多元化的原因。①

在沃尔泽看来，“阐释”是更为可取的路径，不仅因为“发现”和“创造”是不必要的，它们可能只是伪装的“阐释”；也是因为每一种“发现”或“创造”都需要进一步的“阐释”。因此，“阐释”是不可避免的。道德的历史并不是开创性的“发现”，如库恩在科学史上的描述，而是缓慢的变革。“就我们可以看到的道德进步而言，与其说它与新原则的发现和创造有关，不如说与将以前被排除在旧有原则之外的人们纳入该原则有关。它更多与（工匠式）社会批评和政治斗争有关，而不是与（打破既有范式的）哲学沉思有关。”② 这种包含是对既存原则进行“阐释”的结果，而不是“发现”或“创造”了新的原则。

沃尔泽主张，“阐释”对既存道德的解读不是“实证主义的”，而是

---

① ［美］迈克尔·沃尔泽：《阐释和社会批判》，任辉献等译，江苏人民出版社2010年版，第29—30页。

② 同上书，第34页。关于这一点可以参考［美］托马斯·库恩《科学革命的结构》，金吾伦等译，北京大学出版社2003年版。

每个人都参与到对我们共享道德的阐释中。最好的“阐释”不是通过将所有不同的“阐释”组合在一起；应是最有说服力的“阐释”，“它有时认可、有时反对既有的看法”[①]。当它不能令人满意时，可以继续对“最好的阐释”进行论辩，民主政治的公民是“阐释”质量的仲裁者。作为一种论证依据，沃尔泽列举了著名的塔木德经中的故事，转述的以利以谢拉比（Rabbi Eliezer）针对《申命记》的一段解释，埃利泽独自反对所有其他的拉比。埃利泽确信他的解释的正确性，不断召唤自然的奇迹来支持他的主张。角豆树飞向天空、河水倒流、墙壁摇晃，但约书亚拉比（Rabbi Joshua）强调这些物体不应干涉拉比们的辩论。最终，埃利泽请求神的支持，从天堂传来一个声音确认了他的阐释的正确性。甚至那时，约书亚拉比仍然反驳说：“我们并不在天堂。”沃尔泽得出结论认为，不管谁的阐释在实质上是正确的，但约书亚拉比至少在程序上是正确的，大多数人的决定并不能被“神的阐释”所推翻。与“理性规则”寻求民主的大多数相一致，阐释则“寻求最好的论证”。[②]

《阐释和社会批判》第二章的主题是“社会批评的实践”，主要为“阐释”路径仍保持着社会批判力的观点辩护。沃尔泽认为，我们不能通过权力来证明批判的合理性，因为批判的原则在我们既存的道德中总是内在的。他承认，“共同生活的状况——彼此贴近，亲密，情感上依恋，视野狭隘局限……可能对批判的自我理解产生影响”。也就是说，我们与共同体的一致性，可能会影响我们对共同体的批判。所以，哲学家相信“批判需要批判的距离”，并寻求与成员身份保持一种情感上和智识上的分离。但沃尔泽认为，彻底的分离是不必要的，也是不可能的。而且，从经验上来看，这也不是对从圣经中的先知到当今世界的批评者的准确描述。边缘性更可能激发批判，“它使人们处于但又不完全处于他们的社会中，从而形成一种模糊的联系”。[③] 边缘性虽有助于人们批判他们的社会，但沃尔泽认为边缘性也并非最好的选择。他认为，边缘性和分离性在“批判的故事”中有一定的位置，但最好的选择是“地方化的判断、有关

---

① ［美］迈克尔·沃尔泽：《阐释和社会批判》，任辉献等译，江苏人民出版社 2010 年版，第 37 页。

② 同上书，第 38—40 页。

③ 同上书，第 43—46 页。

联的批评家，他们通过与其同伴进行辩论来获得或失去权威。这种批评家是我们中的一员，他们所诉诸的是地方性的或已经被地方化了的标准”[①]。这种类型的批评家是沃尔泽所认同的。更为重要的是，他进一步论证了这样两个问题：有关联的社会批评家是否存在批判的距离，以及运用内在于社会实践的标准进行批判是否仍具有批判力？

沃尔泽对这两个问题的回答都是肯定的，他援用了马克思在《德意志意识形态》中的论证：“所有的统治阶级都不得不将自己表达为一个普遍的阶级。换言之，统治阶级必须努力将自己的特殊利益描述为社会的普遍利益。他们必须为其统治提供一种辩护，这种辩护为后来的社会批评家提供了根据。”[②] 也就是说，为了保持合法性，统治阶级不能直接宣称自己的统治，因为他们在实质上是按照自己的特殊利益进行统治的，他们不得不以一种社会批评家称为伪善的方式进行行动。例如，马克思主义者和激进的批评家“对揭露平等的局限欣喜不已……然而，平等这个词还有更宽泛的含义——否则它就不会那么有用——这些含义在统治的意识形态中处于从属地位，但绝对不会被消除”。“当某些价值并没有像统治阶级所声称的那样，呈现在日常生活之中时，社会批评就会出现。但这并不意味着统治阶级一定是虚假的。我不想低估做出这种姿态的那些人的真诚，至少其中的一部分人是真诚的。如果否认了他们的真诚，社会批判就会失去其原有的力量。批评家利用了平等的更宽泛意义，这些意义在日常经验中更多是被漠视而不是被作为规范遵循。”[③] 在前文中提到的“生活体验”，不仅对沃尔泽关于平等的解释非常重要，而且对他关于社会批评的辩护也发挥着关键作用。这是因为，平等不仅是一种观念，更是我们生活的一个方面，是我们切实的“生活体验”。

沃尔泽主张，每个社会都可以进行一种“内部”批评。正是“寻求正当性的激情”促使我们构建道德世界，感受正当性的渴望是“道德信念的触发器”，由于我们不能自己证明自己是正当的，因此我们必须与其他人进行对话，这就是道德发展的开始。道德总是被经验为一种外部标

---

① ［美］迈克尔·沃尔泽：《阐释和社会批判》，任辉献等译，江苏人民出版社2010年版，第48页。

② 同上书，第50—51页。

③ 同上书，第53—54页。

准，因为我们是在与其他人的联系中来发展它的。道德本身就是一种批判标准，我们不需要从我们社会的道德中去抽象，以达到批判的距离。因此，每个社会内部都存在批判的标准。但如何识别某个社会批评家是否已经很好地解释了我们的道德呢？这正是这一章第二部分的主题。按照沃尔泽的观点，这个问题并不存在最终正确的解释，“这些问题设定了道德论证的边界，而论证是永无止境的。它只有暂时的停止点，即作出判断的瞬间”①。令人信服的阐释的确需要一定的批判距离，但并不是传统上所理解的批判距离。按照沃尔泽的说法，批判距离的传统观点，是区分自我并创造双重自我的过程：一个自我是“情感上投入的、忠诚的、眼界狭隘的、愤怒的”；另一个自我则是“超脱的，不带感情、偏见和私心的，不偏不倚的，冷静地关注着另一个自我”。因此，“他（第二个自我）的批判更可靠、更客观，更可能告诉我们关于批评家和我们所有其他人都栖息于其中的这个世界的道德真理”②。沃尔泽认为，“第二个自我”并不是真正的社会批评，真正的社会批评总要涉及其他人，社会批评家“不可能通过超脱赢得争论；他只能反复说，并且说得要更充分、更彻底和更清晰”。“第二个自我”的社会批评家，“不能以同样的方式经历这些信念和动机，他已经撤出了道德世界”。③ 沃尔泽通过一种类比，来解释他观念中的批评距离是如何运作的：“老年人很像是加图那样的批评家，他们认为世界从自己的青年时代以后就江河日下了。少年人则像是马克思那样的批评家，他们相信最好的时代还没有到来。年老和年少都造成了批判的距离；无批判力的年龄想必应介于两者之间。但是，老年人和少年人的道德标准并不在远处，并且肯定不是客观的。……对于这两种群体来说，批判之所以可能或比较容易，与他们的一种特点有关：他们都没有参与或没有完全参与当地的收入与开支，不对发生的事情负责，没有在政治上掌权。……这两个群体都处在稍微靠边的地方，但没有出去：批判的距离只有咫尺之遥。”④ 老年人和青年人毕竟仍是共同体的成员。如果他们不是共同体的成员，他们将不能也没有充分的动力去进行批判。合理的批判

---

① ［美］迈克尔·沃尔泽：《阐释和社会批判》，任辉献等译，江苏人民出版社2010年版，第62页。

② 同上书，第62—63页。

③ 同上书，第64—65页。

④ 同上书，第77—78页。

距离是一种边缘性的关联。在这样一种批判距离中，社会批评家可以更好地理解他们社会的价值；而非关联的批评家，如哲学的“创造者”和“发现者”，更容易“倾向于操纵和强制”。有效的社会批判支持“一种没有魅力的政治”。这是因为，“从某种意义上说，超脱的批判是反社会的，是一种外部干涉，是一种强迫，虽然在形式上是知识性活动，却把人们导向相应的暴力活动”①。在此，沃尔泽重申了他早期论著尤其是“哲学与民主”一文中的主张，再次强调了普遍主义哲学所具有的压制性。

《阐释和社会批判》的第三部分是“作为社会批评家的先知”，主要解释了在道德哲学中，阐释的社会批判为何是一种更可取的路径，以及为什么它在社会批判方面是成功的。沃尔泽对圣经中的先知预言进行了解释，他将先知阿摩司视为理想意义上的社会批评家。对这一部分更为详细的论述，集中在《批评家群体》一书中，而关于圣经中先知预言的很多内容，则在“民族与世界”一文中进行了重申。

关于这一部分的内容，有几点是值得注意的。首先，沃尔泽在这一部分所运用的历史方法，再次表明了他的哈佛大学导师毕耶对他的深刻影响。与斯金纳和波考克不同，沃尔泽的做法有点类似于20世纪60年代的史诗理论家，他喜欢描述不同时代的实践。而且，他认为，“它们都不是当代才有的东西；虽然我描述它们所使用的确实是当代语言，但在别的时代和别的地方它们也曾被用别的语言描述过”②。对他而言，我们描述实践的术语并没有限定实践的本质，不管描述它的术语是什么，社会批评本来就是如此，它具有一种普遍的可能性。其次，沃尔泽将阿摩司作为理想的社会批评家，表明了他对激进批判主义的承诺，他也将阿摩司视为最激进的先知。先知预言在本质上就是“一种社会实践”，社会批评也只能在社会实践中产生，“先知是社会批判这个行当的开创者，尽管不是他们所做的批判性预言的发明者”。沃尔泽虽然将社会批评视为一种普遍的可能，但他并没有将其视为一种普遍的实践。在以色列先知之前，社会批评并没有被实践。他的言下之意，在古埃及并不存在社会批评家。再次，沃尔泽将实践与原则进行了分离，原则只是在实践之中被传递和辩论。虽然

---

① ［美］迈克尔·沃尔泽：《阐释和社会批判》，任辉献等译，江苏人民出版社2010年版，第82—83页。

② 同上书，第85页。

先知创造了社会批评，但他并没有创造原则："先知的语言建立在以前的语言基础上。预言的内容并非前所未有的东西；先知并非发现他所阐明的道德的第一人，也不是创造这种道德的第一个人。"① 在沃尔泽看来，先知既不是"创造者"也不是"发现者"，而只是阐释性的批评者。最后，更为重要的是，先知们阐释的原则并不是普遍的。他们拥有的只是一种"稀薄的"普遍原则："上帝将惩罚发生在任何地方的'强暴'。但在这种普世主义之外还有一种更特殊主义的预言。"② 先知们的原则是"坚决面向今生今世的。他们的预言是一种社会的和工作日的道德"③。在这个意义上，先知预言类似于《出埃及记与革命》中讲述的出埃及记的故事，它关注的是这个世界的某个特定地方。先知们寻求支持或修正他们所生活的那种传统，他们的工作其实就是社会批评，"分辨出公开表明的和表面上冠冕堂皇的观点的虚伪性，抨击实际的行为和制度安排，追寻核心的价值标准（伪善总是一种追寻的线索），要求日常生活符合这种核心价值标准"④。

对预言双重性质的解释（即稀薄的普遍主义禁止暴力，厚重的特殊主义禁止经济压迫）在沃尔泽思想的发展中是重要的。原因在于：首先，它是《厚与薄》的理论先导，这本著作是沃尔泽的另一个重要文本。其次，它有助于解释沃尔泽的正义战争理论与复合平等理论之间的关系。正义战争理论构成了最低限度的道德的一部分，如禁止暴力，因此，它依赖像人权这样的普遍道德特性；而复合平等"是以多种多样和相互抵触的预期作为背景的，根植于漫长和深厚的社会历史"⑤。预言的原则是多元的，因为在最低限度的标准之上，它所要求的不是"应用"而是"重新阐述"。⑥ 每一个民族都有它自己的先知，但他们的原则将是不同的。同样，每个社会也都有它自己关于正义的辩论，但正义所采取的形式则是多样的。

---

① ［美］迈克尔·沃尔泽：《阐释和社会批判》，任辉献等译，江苏人民出版社 2010 年版，第 88 页。

② 同上书，第 99 页。

③ 同上书，第 101 页。

④ 同上书，第 110 页。

⑤ 同上书，第 118 页。

⑥ 同上书，第 119 页。

二 《批评家群体》

这本著作继续着《阐释和社会批判》中的论题，主要对20世纪的社会批评家进行了考察，是对《阐释和社会批判》的一种政治论证。换言之，在《批评家群体》中，沃尔泽试图表明，社会批评家事实上能够在实践中，以他所倡导的方式开展社会批评。他是在通过实践中的事例，来论证成为一位有关联的批评家是可能的，并且仍旧是有批判力的。在这本著作的导论中，沃尔泽指出，批评家并不是孤立的个人而是重要的公共知识分子。他首先提到了朱利安·班达（Julien Benda），并认为“他为关于智识分离和孤独批判的古老观念提供了一种典型辩护”。[①] 沃尔泽还提到了福柯，他认为虽然“人们几乎不能读懂他，但并不怀疑他是一位社会批评家”。[②] 福柯的著作被一种“悲剧的弱点”所困扰，他未能“生活”在一种特定的社会环境中，也未能“构建”一种新的社会环境。[③] 这样看来，沃尔泽的社会批评理论其实也是一种对话理论，也就是说，他试图与其他批评家进行一场如何进行社会批评的对话。《批评家群体》中所涉及的每一个人都是社会批评家，但他们并不是都符合沃尔泽所提出的批评家的标准。因此，他对他们进行了不同的评价。

沃尔泽在《批评家群体》的开头部分写道：“社会批评和社会本身一样古老。”[④] 但他在《阐释和社会批判》中却主张，圣经中的先知创造了社会批评实践，但却没有创造社会。这一点是这两本著作之间的一个严重冲突。“没有对公共生活环境的抱怨，人们又如何能够生活在一起呢?”因此，《批评家群体》中的观点似乎更有说服力。这两本著作之间的某些不一致性，并不影响它们在主题上的一致性。在《批评家群体》中，沃尔泽重申了下面的主张：“社会批评家不需要疏远所生活的社会……‘批评的天然语言’是具有论辩力量的普通民众的语言。”[⑤] 运用这种“天然语言”将使社会批评更加有力，“说出人们的普遍抱怨或者说明存在于这

---

① M. Walzer, *The Company of Critics: Social Criticism and Political Commitment in the Twentieth Century*, New York: Basic Books, 1988, p. 26.

② Ibid., p. 191.

③ Ibid., p. 209.

④ Ibid., p. 3.

⑤ Ibid., pp. 3 - 9.

些抱怨之下的价值”；将批评建立在这些价值基础之上，并没有限制“批评的范围和种类”，它是无限的；[①]“分离”会损害而不是有利于社会批评的事业，因为它会导致“批评观点的屈服”以及对抗精神的丧失；另一方面，与非正义的受害者的“道德联结”，能够培育责任；批评家不应寻求将自己树立为某种智识先锋，这将损害批评家和受众之间的亲密关系，这对社会批评而言是一种失败。[②] 沃尔泽得出结论认为，社会批评家的适当位置是“靠近但又不被他们的共同体所吞没”。[③]

从内容上来看，《批评家群体》解释了沃尔泽所选择的 11 位社会批评家，他们都是 20 世纪的重要思想家。主要包括：朱利安·班达在 20 世纪 20 年代对知识分子“背叛”的解释；诗人布雷顿·布瑞坦兹（Breyten Breytenbach）在 20 世纪 80 年代对种族隔离的批判；伦道夫·布恩（Randolph Bourne）对美国参加一战的批评；马丁·布伯（Martin Buber）对犹太复国主义的批评；葛兰西（Antonio Gramsci）和意大利作家斯隆（Ignazio Silone）对意大利共产主义的参与；乔治·奥威尔（George Orwell）对英国中产阶级矛盾关系的分析；阿尔贝·加缪（Albert Camus）关于法国参与阿尔及利亚战争的评论；波伏娃（Beauvoir）的女性主义；马尔库塞（Herbert Marcuse）对战后美国生活的“单向度”的批评；福柯对普遍存在的权力关系的批评等。

班达和福柯都受到沃尔泽的批评，因为他们都未能与特定群体形成认同。同样，马尔库塞对美国社会的批评也过于远离美国社会，而不能实现“在地面上”的批评。但他很支持像布瑞坦兹和加缪这样的批评家，因为对他们而言，群体认同是他们个性中不可替代的部分，“我不能表现得与我不同”。[④] 社会批评“是一种比通常观点所允许的更为私人的活动”，群体认同有可能使社会批评家拒绝公开地批评他们的共同体，它有可能使批评家变得沉默，但同时它也可能使批评家感到“必须讲话”。沃尔泽认为，像加缪、斯隆、奥威尔和布瑞坦兹这样“有关联的”社会批评家所做的“批评”，会带来一种共鸣。这是“分离的”哲

① M. Walzer, *The Company of Critics: Social Criticism and Political Commitment in the Twentieth Century*, New York: Basic Books, 1988, p. 19.

② Ibid., pp. 21 – 28.

③ Ibid., p. 26.

④ Ibid., p. 221.

学家无法做到的。“分离的和冷漠的道德家不停地在诉说，我们不在乎。但有关联的社会批评家的沉默，是一个残忍的信号，是一种被击败的信号，是一种结束的信号。当社会批评家所关联的群体不可挽回的行动时，批评家可能不得不沉默，但这种沉默也是对政治生活不满的一种可靠信号。”①

《批评家群体》的格言可能是“做你自己”。考虑到20世纪政治的苦难，这本著作中所涉及的社会批评家都有一种绝望的情绪，但他们“必须迫使自己与群体内的人保持对话……社会批评需要勇气……”②这个结论在这本著作的结尾处再次被重申。按照沃尔泽的观点，社会批评在本质上就是从不放弃与自己人民的对话，与人民保持关联，同时也强调共同体应符合它为自己在形式上所设定的标准。社会批评家信奉那些他本人和其受众都相信的那些标准，这使社会批评成为一种比“冷漠的道德主义”更有希望的工作。“冷漠的”哲学家首先诉诸的，不是受众的“道德心”而是他们的“理解力”。社会批评家不需要说服他的受众相信他的逻辑一定是无瑕疵的，但他必须向他们指出对世界的共享理解。③

沃尔泽关于政治哲学家应如何承担他们的工作的解释，主要包含在《阐释和社会批判》、《批评家群体》以及“关于自我批评的说明”等论著中。这些解释通常被描述是社群主义的，这在一定意义上也是正确的，因为沃尔泽诉诸了特定共同体的价值。笔者将在下文中进一步考察这一点。沃尔泽的社会批评观念，受到他在《异议》杂志的同事的很大影响，这表现在他诉诸“鲜活的生活体验”以及主张正是共享理解培育了社会批评的能力等观念。

三 “哲学对话批判”

“哲学对话批判”这篇文章，在诸多方面都重申了“哲学与民主”一文中的观点。在这篇文章中，沃尔泽对柏拉图进行了批判。他认为，柏拉

① M. Walzer, *The Company of Critics: Social Criticism and Political Commitment in the Twentieth Century*, New York: Basic Books, 1988, pp. 151 – 152.

② Ibid., p. 224.

③ Ibid., pp. 229 – 240.

图以及很多西方哲学家的问题在于，他们都寻求对话的一致性并力求实现一个最终的结论。“真正的对话”与这种“理想的演说”的不同之处在于，它是“不稳定和不满足的”，没有“严格的结论”或“权威的时刻”。[①] 换言之，沃尔泽认为，哲学对话受到了阿伦特称为“真理的专制”的奴役。“真正的对话”是更为可取的，因为它更为彻底、更为开放和更为民主。

沃尔泽指出，柏拉图的对话大多都是由苏格拉底所发表的“演说”，以及像格劳孔等人对“演说”的“肯定”。他认为，这种形式可以使哲学论证看起来更为有力，因为“默认的对话者不仅在为自己，也代表读者进行诉说”。对话者的目的，不是对苏格拉底的论证进行质疑，而是去肯定它。如果只是柏拉图自己在独白，我们可能认为他的论证的说服力不够强，而苏格拉底和格劳孔的出现则使他的论证更具说服力。“但这是哲学发展的错误图景。因为即使同意是可能的，它们也发展得很慢，要经历漫长的时间；它们总是粗糙的和未完成的。”[②] 因此，柏拉图的对话是不真实的。沃尔泽列举了一个更为符合“真实的对话”的哲学对话，他援用了休谟的《关于自然宗教的对话》，这本著作的结论是非确定性的。它的读者“就像真实对话中的人们，不断辩论……没有关于自然宗教的必然的真理”。按照沃尔泽的观点，它更为真实的原因在于，真理是不能通过“假设的对话”而获得的。当代哲学家被“假设的对话”诱惑，寻求能够确定对话如何进行的一系列程序和规则。[③]

在这种“理想对话”的设计中，哲学家是“理想的对话者”，或者“为对话行为设计一种理想背景”。例如，在罗尔斯的“无知之幕”中，对话者不知道他们自己的特质；哈贝马斯则主张，对话不能有中间媒介资源；艾克曼则要求，应对控制对话的“指挥官”进行“外部约束”。沃尔泽认为，这种哲学模式倾向于极权主义，很多论证就像命令一样支配着对

① M. Walzer, “A Critique of Philosophical Conversation”, *Philosophical Forum*, vol. 21, 1990, pp. 182 - 196。后收录在 M. Walzer, *Thinking Politically: Essays in Political Theory*, New Haven: Yale University Press, 2007, pp. 22 - 37.

② M. Walzer, *Thinking Politically: Essays in Political Theory*, New Haven: Yale University Press, 2007, p. 23.

③ Ibid., pp. 24 - 25.

话，这意味着“最终达到一致性是确定的”。[①] 这样做无疑取消了通过民主产生一致的合法性。他指出，“理想对话”的设计者所设定的诸多限制，既是不必要的也是不可能的。民主论辩中的参与者，将自己视为“未经设计的平等者”。因此，不能规定他们的特征和属性，不能认为他们一定会服从所谓更好的主张。因为“大多数对话者都相当真诚地认为，他们自己的主张是更好的，即使他们可能承认他们在某个时刻没有做出更好的主张。”在后者的情形中，对话者通常“走开”，然后再通过论辩提出更好的主张。[②]

对沃尔泽而言，在实际对话中存在差异是非常自然的，也是值得尊重的。我们不可能按照艾克曼和哈贝马斯所描述的那种方式进行对话，或者在一个民主社会中，我们应当按照他们规定的方式理解彼此。他认为，与其他政治制度相比，在自由民主社会中更难实现一致性，因为民主社会的公民“在不同场合发挥着不同作用”。[③] 换言之，不存在关于正义社会的普遍的最终结论，只有在不同场合下对正义社会的不同特性进行的不同讨论。

“理想对话”的根本问题是，它忽视了它对对话所施加限制的社会特性，这样的限制寻求将公共判断建立在程序之中。沃尔泽一直反对这样做的必要性。虽然理性的论辩未必一定产生一致的共享理解，但“没有权威、冲突和强制”也是不可能的。但即使是这样，共享理解仍具有“凝聚的力量”。为了论证这一点，沃尔泽援引了他最喜欢的一种历史论据，即职业是人类好生活的一个重要部分，以及职业应当向有才能的人开放的观念。就像他所指出的，“一种‘生活规划’的观念，对罗尔斯的正义理论意义重大。但那并不是一个可以在原初状态中确认或否定的观念”。“对我们而言，生活就是事业，但它们并不是通过理想对话，而是通过社会实践而变得如此的。”[④] 也就是说，我们不能通过一种理想的对话，来确定某个“生活规划”是否就是一种职业。它在我们的社会中可能是这样，但在中世纪的欧洲社会则不是这样，这都是由于当时社会的共享理解

① M. Walzer, *Thinking Politically: Essays in Political Theory*, New Haven: Yale University Press, 2007, pp. 25 – 28.

② Ibid., pp. 28 – 29.

③ Ibid., p. 31.

④ Ibid., pp. 32 – 33.

的不同所导致的。而且，像罗尔斯那样的理想对话，强烈依赖一种像生活是一种职业这样的“前原初”观念。“理想对话不能对共享理解进行检验”，因为这种程序的设计事实上先于这种对话，并在真实的对话中无法实现。[①] 换言之，不存在价值中立的方式，对理想的对话进行限制；在真实的对话中，对话结果总是不能被预知的。

四 “自由主义的社群主义批判”

这篇文章是沃尔泽对自由主义与社群主义之辨的一个综述，但他的目的并不是对这场争辩的情形进行描述，而是寻求去评价它。他认为，社群主义对自由主义的批评“注定是永恒的反复”。[②] 此外，这篇文章也表达了沃尔泽关于政治哲学方法的观点。他运用了历史学和社会学方法来考察社群主义对自由主义的批评，并根据对美国生活的描述，来评价这种批评。大多数理论家都想一劳永逸地解决自由主义与社群主义哪个更可取的问题。而沃尔泽则认为，自由主义与社群主义的争论将不会有最终的答案，理论家所要做的只能是提出一系列“即时的解答”。

沃尔泽形象地指出，就像T恤和裤子上的褶子一样，社群主义是“短暂的但一定会回来的。它是自由主义政治和社会组织的一贯特征。自由主义的成功，不会使社群主义的批评永久保持吸引力，它是自由主义的一种多变的特征……它只是希望些许的胜利、部分的吸取……”在这个意义上，社群主义似乎具有一种与“运动政治”或社会民主相似的地位。在这篇论文中，他认为，“将社群主义与社会民主相对照是有用的，社会民主已经成功地确立了与自由主义相伴随的状态”。[③] 社群主义的批评是“暂时而反复的”，社会民主则具有一种更为持久的呈现，但它们都只能“赢得些许胜利”，而不能取代自由主义。笔者一直主张，沃尔泽最好被理解为一位社会民主主义者，但这并不意味着他试图用社会民主取代自由

① M. Walzer, *Thinking Politically: Essays in Political Theory*, New Haven: Yale University Press, 2007, pp. 33 - 35.

② M. Walzer, "The Communitarian Critique of Liberalism," *Political Theory*, vol. 18, 1990, pp. 6 - 23. 后收录在 M. Walzer, *Thinking Politically: Essays in Political Theory*, New Haven: Yale University Press, 2007, pp. 96 - 114.

③ M. Walzer, *Thinking Politically: Essays in Political Theory*, New Haven: Yale University Press, 2007, p. 96.

主义政治。

社群主义的批评为什么一定是反复的？为什么它不能像社会民主一样可以和自由主义政治永久伴随？按照沃尔泽的解释，原因在于，存在两种强有力的但又相互冲突的社群主义主张：一种是对自由主义实践的批评，另一种则是对自由主义理论的批评。第一种批评认为，自由主义导致了一种分裂的社会形态。就像其他的西方社会一样，美国社会也是“极端孤立的个人、理性的利己主义、存在主义的代理人，人们被他们不可分割的权利所保护和分离”。[①] 自由主义社会“在实践上是碎片化的”，而社群则是“凝聚力、关联性和叙事能力的温床”。这种观点最早由马克思提出，当代的典型代表则是麦金太尔，他将自由主义国家中的人们，视为在根本上是分离的和无内聚力的，并将这种国家视为无内聚力的和无个性的。“我们并没有真实的选择，因为关于自我的论述使这种选择成为不可能。”沃尔泽质疑这种描述的准确性，他认为，对自由主义社会进行“碎片化”的解释是说不通的。“如果我们事实上是一群陌生人的共同体，那我们又如何能够不做其他的事而首先处理正义问题呢？”[②]

第二种社群主义的批评认为，自由主义对当代美国生活的描述是不准确的。我们出生于特定的群体中，不是也不可能是分离的和无负载的个体，“自由主义的深层结构在事实上是社群主义的”。这种批评就像贝拉（Robert Bellah）在其所著的《心灵的习惯》中所主张的，自由主义取走了我们“凝聚”的意识。作为结果，公民更为依赖自由主义国家。对沃尔泽而言，这种批评也是“部分正确的”，“如果第一种批评要依赖一种通俗的马克思主义理论，那第二种批评也需要一种通俗的理想主义。自由主义具有一种力量可以超越和对抗现实生活，人类社会中很少有理论能够如此”[③]。也就是说，如果人们在事实上是彼此关联的，那么一种政治哲学又如何能够具有使他们相分离的力量呢？

为了考察社群主义批评中的正确因素，沃尔泽转而讨论了美国社会中的“四种流动性”：它们分别是地理的、社会的、婚姻的和政治的。他的

---

① M. Walzer, *Thinking Politically: Essays in Political Theory*, New Haven: Yale University Press, 2007, p. 97.

② Ibid., p. 99.

③ Ibid., p. 100.

目的是探究美国社会中人们彼此分离的方式。“美国人比其他社会中的人，更为频繁地搬家和变换居住地区。他们更有可能根据层级地位上下流动，和他们的父母过着完全不同的生活。他们更有可能离婚和再婚。他们对政党或运动依附性更小，更有可能成为独立的选举人。”在一个自由主义社会中，变动的概率比非自由主义社会更大。沃尔泽认为，“自由主义是对这种变动的理论支持和合理化”。①

当然，每种类型的流动性都有积极的一面，它们使自由主义“真正流行起来”，流动性可以被视为自由行动的表达。但“自由主义的流行具有悲伤和不满的一面……社群主义就是这些感受的断断续续的表达。它反映了一种‘失落’的意识，这种‘失落’是真实的”。自由主义社会中的公民虽不是完全无负载的，但他们也是相对分离的。沃尔泽指出，即使存在四种流动性，“但地域、阶级或地位、家庭，甚至政治在很大程度上都是相关联的”。② 如父母的投票模式会影响子女。因此，麦金太尔为效用与权利之间的哲学争论感到叹息，他认为，这并没有反映社会的内聚力而只是反映了哲学的繁荣。就像沃尔泽在“哲学对话批判”一文中所指出的，虽然哲学家一直在寻求一致性，但他们在事实上总是彼此存在分歧。“我们生活在一种自由主义的传统中，一系列与权利相关的公共语言是不可避免的……这是第二种批评的实质。”③

按照沃尔泽的理解，每一种批评都具有一定的合理因素。“自由主义是我们共同体的传统，它意味着我们是相对分离的，但同时我们也是共同体的创造物。自由主义社会需要周期性的社群主义批评。原因在于，自由主义似乎通过‘蔑视’它自己的传统而不断地削弱自己。在每一代人中，我们试图从我们的文化遗产中获得更大的自由。但通过消减这样的联系，我们事实上在不断地试图破坏我们自己的共同体，因为不存在哪种共同体能够永恒地侵犯它自己。如果不存在将我们凝聚起来的纽带，也不会存在像共同体这样的东西……社群主义就是这种侵犯的对立面。”④ 也就是说，自由主义不断地打破它与共同体之间的联系，而社群主义批评的周期性出

---

① M. Walzer, *Thinking Politically: Essays in Political Theory*, New Haven: Yale University Press, 2007, pp. 101 - 103.

② Ibid., p. 103.

③ Ibid., p. 104.

④ Ibid., p. 105.

现又巩固了这些联系，因为社群主义致力于寻求强化特定的公共价值。在自由主义社会中，存在很多搭便车的问题，而社群主义可以使这种问题最小化。而且，四种类型的社会流动也会威胁自由联合，“联合的激情和能量对于联合组织是否能够存在下去，是‘一个根本问题’”。[①] 因此，社群主义批评在这方面的责任，就是表明国家必须培育自由联合。考虑到自由主义国家趋向中立的趋势，这意味着一种特殊类型的自由主义国家必须被培育：“至少一些非中立的主权区域应被建立起来。它必须推进这些活动，即最有可能提供与自由主义社会的共享价值相一致的那些形式和目的。”[②] 在《何谓美国人》一书中，沃尔泽强调，自由主义国家也可以培育工会、邻里或者宗教组织等共同体形式。例如，20 世纪 30 年代的瓦格纳行动，培育了工会活动。更为重要的是，它们都是一种“合作应对”的形式。对沃尔泽而言，这是完善的自由主义或社会民主主义国家的一个标志。[③]

因此，社群主义批评的意图是，自由主义必须准备接受一个在某些方面是非中立的国家。沃尔泽认为，社群主义的批评实质上与“新古典共和主义的复兴”很相似。[④] 共和主义寻求政治生活中的公民参与，“最好是那些与公民社会非常相似的小社群中的参与”。因此，共和主义的任何发展都离不开地方化的组织，以便于在很多不同的地方背景中培育“公民精神”。换言之，非中立的国家将激励城市、乡镇、工会和邻里关系等地方化组织的发展。[⑤]

总之，沃尔泽对社群主义批评的主张是，它局部的有效性需要一个非中立的国家，需要在不同的地方背景下培育“共同体的意蕴”。他强调，自我的构成以及政治哲学理论必须承诺于某种自我观念的主张，并非自由主义与社群主义之辨的核心问题。自由主义和社群主义并不是通过自我的本质，而是通过自我间的联系以及社会关系如何运作来进行区分的。“当代自由主义者并不承诺于一种前社会性的自我，而仅是承

---

① M. Walzer, *Thinking Politically: Essays in Political Theory*, New Haven: Yale University Press, 2007, p. 106.

② Ibid., p. 107.

③ Ibid., p. 109.

④ Ibid., p. 110.

⑤ Ibid.

诺于能够批判地反映那些支配其社会化的价值的一种自我；社群主义的批评者也并没有宣称社会化就是一切。”① 沃尔泽仍然确信自由主义是支配美国社会生活的思想传统。所以，社群主义者并不能寻求取代自由主义。

五 “民族与世界”

“民族与世界”一文②也是沃尔泽在1990年所做的“关于人类价值的特纳讲座”中的内容，但它没有《阐释和社会批判》的影响那么大。它重申了沃尔泽思想中的某些核心命题，涉及沃尔泽关于普遍主义与特殊主义的论证，强调了正是善的多元性形成了群体组织的多元性。更为重要的是，它提出了“反复的普遍主义”的概念，这个概念构成了《厚与薄》中哲学论证的重要部分。

沃尔泽首先介绍了两种类型的普遍主义观念。他将第一种类型称为“立法式普遍主义”，它是一种较为常见的普遍主义类型。它主张，存在一种历史发展的正确路径，那些没有遵循这种发展路径的民族，是“无意义的冲突和无知的历代记”。③ 罗斯托和阿尔蒙德这样的现代化理论家是它的典型代表，它也是沃尔泽通常所批评的普遍主义类型。另一种普遍主义是一种更为“稀薄”的类型，沃尔泽将其称为“反复的普遍主义”。沃尔泽宣称自己就是一位这样的普遍主义者。这种普遍主义的大致观点是：“解放是一种特别的经历，它向每一个受到压迫的民族反复重申。同时，在每种情形中它是一个好的经历，因为神是共同的解放者。每一个民族都有它自己的解放，在每种情形中，同样的神大概发现压迫是普遍可恨的……它与立法式普遍主义的不同之处，是它特殊主义的内核和多元主义的趋势。我们没有理由认为，非利士人或叙利亚人和以色列人的出埃及记是一样的，或者在一种相似的盟约中结束，或者甚至这三个民族的法律都应该是一样的。”④

① M. Walzer, *Thinking Politically: Essays in Political Theory*, New Haven: Yale University Press, 2007, p. 111.

② “Nation and Universe”, in M. Walzer, *Thinking Politically: Essays in Political Theory*, New Haven: Yale University Press, 2007, pp. 183 – 218.

③ Ibid., p. 185.

④ Ibid., p. 186.

沃尔泽将这种解释，与他在《出埃及记与革命》中所做的关于存在出埃及记故事的两个版本的论证联系起来。在第二种版本中，不同民族的历史没有趋向相同的目标。“虽然只有一个神，但存在很多祷告。”沃尔泽相信这种类型的故事版本，建立在宽容和相互尊重的基础上。“虽然所有被禁止的行为都是邪恶的，但因为每个民族都有自己的法律，因此，每一个民族的法律是不同的。”① 事实上，沃尔泽所论证的这种普遍主义类型，很容易与法律特殊主义相融合。他试图寻找一种普遍主义的变体与多元特殊主义的融合。“每一个民族都可以反复重申的普遍法律是与神订立的盟约。”用世俗的术语来讲，当我们允许每个民族建立它独特的法律之时，我们就是普遍主义者。当我们明白我们每一个人都可以“运用不同的方式去做不同的事情”时，我们就会承认我们共同的人性，就会承认自由主义的价值（如自由与自治）都是具有特殊内涵的普遍主义的价值。这种类型的普遍主义所“反复重申”的东西是，自决的集体权利是法律的实质内容。②

“反复的普遍主义”强调多元主义，但它仍是一种普遍主义形式，因为它确立了承认差异的普遍道德律令。因此，“反复的普遍主义”是与沃尔泽后期关于差异政治的论证联系在一起的。他认为，即使“反复”可能产生不同的结果，但它在每个民族中，都是以相似的方式在运作。这是因为，每个民族所构建的道德世界，不是随机创造的，而是一种经验的发展。③ 每一个民族必须寻找它自己的道路，但这并不意味着“它就是按照合理的方式进行的”，某些民族“不适当的或不正当的”构建道德世界也是可能的。对这些民族而言，我们可以在“实践效果未能符合概念上的效果：实践低于承诺”的基础上对其进行批判。④ 这也是社会批评家的主要任务。沃尔泽最基本主张是，应该按照每个民族自己关于“正当对待”的观念来评价他们。在这种意义上而言，“反复的普遍主义”与“理性规则”相一致，沃尔泽将其视为民主辩论的一个特征。沃尔泽试图将两种普遍主义之间的区分，置于对这个问题的讨论中，即“如果我们所做的

---

① “Nation and Universe”, in M. Walzer, *Thinking Politically: Essays in Political Theory*, New Haven: Yale University Press, 2007, p. 188.

② Ibid., p. 190.

③ Ibid., p. 196.

④ Ibid., p. 198.

事情被证明是邪恶的，这时我们应该做什么”①。他认为，“不道德就是对‘反复重申’权利的违背”。他反对马克思和密尔所辩护的对印度的“仁慈的”干涉，因为任何干涉都是通过下面的主张进行合理化的，即“道德上危险的信念，是认为受害者本人已经失去了塑造他们自己生活的能力”②。

这篇文章的重要性主要在于它对“反复的普遍主义”概念的运用，以及它揭示了沃尔泽不同研究主题之间的关联。在文章中，他对犹太历史的研究是与复合平等、对多元主义的辩护、不干涉理论以及阐释的路径相联系的。它也是对沃尔泽所倡导的“生活体验”观念重要性的一种清晰表达。道德是不断被“反复”构建的，总是在不同的背景之下被不断讨论的。因此，存在关于道德的无数可能的“反复重申”。

六 “客观性与社会意义”

这篇文章发表于1993年，主要是沃尔泽对批评者的回应，这些批评者认为他“蔑视”客观性。沃尔泽认为，“客观性”一般意味着“客体进行自我限制，而主体是消极的和不加以区别的”③。他反对“客观性”概念，因为人类是“能动的主体”，他们的能力影响他们的看法，他们使用已存的观念来考察客体。因此，“社会意义是主体对事物的解释”，是一种持续进行并可以修正的过程。④ 虽然客体可能对主体的建构方式设定限制，但它的意义总是对无数不同的构建模式保持开放。例如，一个桌子可以被用作“课桌、工作台或祭坛”。⑤ 我们的共享理解决定着意义和看法，或者塑造着不同的人所持有的不同意义，“客观性”就存在于一系列共享理解的背景中。

在任何共同体中，对某个事物意义的否定，可能反映了“某些正常理解的失效”或“对构建事物过程的修正”。一个共同体的成员，可以反

---

① “Nation and Universe”, in M. Walzer, *Thinking Politically: Essays in Political Theory*, New Haven: Yale University Press, 2007, p. 200.

② Ibid., p. 206.

③ “Objectivity and Social Meaning”, in M. Walzer, *Thinking Politically: Essays in Political Theory*, New Haven: Yale University Press, 2007, pp. 38–52.

④ Ibid., pp. 38–40.

⑤ Ibid., p. 40.

对事物已经被赋予的意义，但不能轻易否定这种意义是被赋予的。[①] “不存在社会构建的普遍模式，因此，实际结果之间存在差异的范围是非常广的。”而且，我们不能想象，社会构建可以在能够产生“一种模式结果”的“理想条件”下发生，因为这样的企图一定是循环的，即我们只有在知道什么条件是理想的情况下，才能知道这种模式的结果。考虑到我们不可能知道模式的结果是什么，因此，对实际结果进行批评似乎是不可能的。沃尔泽认为，这是对批评性质的误解。社会批评家的工作就是指出，“我们想以此为生的观念”，与这种观念被不完美实现的情形之间的差异。“在这种情况下，客观性是社会意义的一种真实反映”[②]。换言之，社会批评并没有被意义的社会构建所阻碍，相反，社会批评依靠这种意义的构建。

这里的问题是：一个社会是否可能非常恶劣地构建价值。沃尔泽设想了这样一个社会，其中，妇女被社会化地构建为一种可交换的物品。他认为，如果妇女已经被排除在构建活动之外，这样的社会将不可能是公正的。与其他物品不同，人类主体必须参与到他们的社会构建之中，否则意义就不可能被确立。如果被压迫的妇女不会将自己设想为可交换的事物，那么就不存在对她们的客观的社会构建。但如果这些妇女真的将自己视为可交换的物品，沃尔泽的论证就会出现争议。但他认为，这种自我否定的情形是不大可能的，因为社会构建服从一种必要的合理矛盾。这样的妇女，“被一种矛盾所构成，她的从属地位在道德上依靠她自己的同意或默认。因此，与从属的自我并不一样……她从来没有合理成为一种可交换的物品。如果她曾经否定她的客体地位，那她完全就是一个主体……但只要她确认它们……她在一定程度上就是一种客体……只要作为一种可交换物品的妇女，确认了她的客体地位，她的存在中的矛盾就是一种客观的矛盾……在一种重要的生活方式中，我看不到这样的妇女，以一种道德上可接受的方式来否定自己的理由”[③]。实际上，沃尔泽在这里的核心主张是认为，如同民主的多数必须有权去违背哲学原则一样，被排除的成员必须

① “Objectivity and Social Meaning,” in M. Walzer, *Thinking Politically: Essays in Political Theory*, New Haven: Yale University Press, 2007, pp. 41 - 42.

② Ibid., pp. 45 - 46.

③ Ibid., pp. 48 - 51.

有权决定他们的排除。

七 《厚与薄》

1994年，沃尔泽发表了《厚与薄》，提供了关于复合平等和正义战争理论是如何相互关联的最清晰的解释。在这本著作中，沃尔泽主张，存在一种普遍主义或接近普遍主义的道德，但它在范围上是最低限度的，它是一种“稀薄的”道德。按照他的观点，最小主义意义上的道德术语，在世界范围内都是可以理解的，几乎是可以被所有人理解的。例如，关于“正义”这个术语，存在一种每个人都可以理解的“普通的、平凡的用法”。这个意义上的“正义”意味着，“禁止任意的逮捕、平等公正的法律执行、废除特权和享有特权的精英群体”①。因此，最小主义意义上的正义，是一种可以普遍适用的正义。但这种最小主义的意义，总是与一种在文化上特殊的“厚重的”道德解释相伴随，或嵌入这种“厚重的”道德解释之中。也就是说，道德理解总是源于某种最大主义的文化理解之中，这种理解在其他文化中是不能被理解的。因此，最小主义的正义概念可以在跨文化的层面上进行理解，但它同时也总是具有一种适用于特定共同体的更为“厚重的”解释。“我们都可以理解以色列先知关于‘碾碎穷人的面孔’是不公正的主张，但我们可能不会同意究竟什么才算是对穷人的不公正对待，或者具体怎样做才可以被视为‘碾碎穷人的面孔’。正义的理念和基本观念可能是普遍的；但特殊的细节和内容在文化上则可能是特殊的。因此，同时存在一种‘厚重的’和‘稀薄的’道德理解。”②

《厚与薄》对理解沃尔泽的思想而言是至关重要的。同时存在关于道德的“厚重的”与“稀薄的”理解，可以解释沃尔泽将正义战争理论建立在人权观念基础之上，而在分配正义理论中却又回避人权观念的原因。战争伦理中的很多概念，都依赖“一种特殊道德术语的普通的和平凡的意义”。因此，我们都可以理解“美莱村大屠杀”意味着什么，因为在所有文化中都有反对大规模任意屠杀的道德理解。但在分配正义理论中，我们只有理解了善对于所要分配的人们的特殊意义之后，才能合理地分配这

① M. Walzer, *Thick and Thin*: *Moral Argument at Home and Abroad*, Notre Dame: University of Notre Dame Press, 1994, p. 2.

② Ibid., p. 5.

些善。分配正义并不容易受到最小主义道德理解的影响。例如，只有在一种最大主义的解释中，我们才能理解特定社会关于医疗的认识。《厚与薄》解释了沃尔泽的正义战争理论与分配正义理论是如何相容的，同时它也加深了我们对其方法论的理解，也可以深化我们对其社会批评理论的理解。在一定意义上而言，这本著作也是沃尔泽政治哲学方法的最好总结。

在《厚与薄》发表之后，沃尔泽在这一时期较少关注正义战争理论，而是主要探讨文化多元主义社会的实质，以及如何最好地包容差异等问题。他在这方面的论著，发展了他在《何谓美国人》中的论证。1997年，沃尔泽在耶鲁大学进行了卡斯尔讲座，并在随后出版的《论宽容》中考察了宽容问题。在《论宽容》中，他主要考察了不同的政体类型（多民族帝国、联盟、民族国家和移民社会）是如何包容种族差异和异端型的个人。[①] 自 1993 年以来，沃尔泽在《异议》杂志所发表的文章主要考察了“排斥”的四种类型，其中的三种类型是与文化相关的，即种族、种族划分与宗教，另一种类型则是阶级。[②] 此外，在 20 世纪 90 年代，沃尔泽还提出了“注重实际的文化多元主义”观念。他主张，“不同群体都有权获得尊重，通过赋予它们发展有组织的制度网络所需的资源，可以最好地实现种族调节”[③]。这种观念在一定程度上吸取了沃尔泽早期的思想，即公民社会中的次级组织，应该与中央政府组织共同提供福利服务，这也是与他的公民社会与文化多元主义观念相联系的。

---

① M. Walzer, *On Toleration*, New Haven: Yale University Press, 1997, pp. 8 - 10. 以及 “The Politics of Difference: Statehood and Toleration in a Multicultural World”, in M. Walzer, *Thinking Politically: Essays in Political Theory*, New Haven: Yale University Press, 2007, pp. 168 - 182.

② “Exclusion, Injustice, and the Democratic State”, in M. Walzer, *Thinking Politically: Essays in Political Theory*, New Haven: Yale University Press, 2007, pp. 81 - 95.

③ M. Walzer, “Multiculturalism and the Politics of Interest”, in D. Biale, M. Galchinsky, and S. Heschel. *Insider/Outsider: American Jews and Multiculturalism*, Berkeley: University of California Press, 1998, pp. 88 - 98. 以及 M. Walzer, “Blacks and Jews: A Personal Reflection”, in J. Salzman and C. West *Struggles in the Promised Land: Toward a History of Black-Jewish Relations in the United States*, Oxford: Oxford University Press, 1997, p. 409, 和 M. Walzer, “Michael Sandel's America”, in A. Allen and M. Regan, Jr. *Debating Democracy's Discontent: Essays on American Politics, Law, and Public Philosophy*, Oxford: Oxford University Press, 1998, p. 181.

在上文中，笔者简要地解释了《厚与薄》中的核心主张以及一些相关的论题。接下来，笔者将主要讨论它的论证结构以及它与沃尔泽思想发展的关系。这本著作的第一章是“道德最小主义”。主要关注了这样的观念，即任何道德体系都包含一种大体可以普遍适用的稀薄的最小主义的道德，以及一种厚重的最大主义的道德，这种道德依赖文化上特殊的意义和实践。第二章是“作为一种最大主义道德的分配正义”。沃尔泽主张，关于分配正义的论证，在文化上必须是特殊的。按照他的观点，“关于社会善应当如何被分配的任何完整论述，都将表现为道德最大主义的特征：在语言方面它将是符合语言惯例的，在文化属性上它将是特殊主义的”[①]。第三章是“最大主义与社会批评”。沃尔泽回顾了《阐释和社会批判》和《批评家群体》中的主要观点，并解释了社会批评家必须在一种特殊的最大主义的道德中进行社会批评的原因。第四章是“正义与部落主义”。主要解释了在国际政治和国际关系理论中，自决的道德最小主义原则必须发挥支配作用的原因。这种原则要求，应对“部落”的多样性的最大主义道德保持宽容。第五章是“分裂的自我”。主要解释了在进行自我理解的过程中，需要依赖存在区分的社会中的厚重道德。此外，沃尔泽也解释了战争伦理与分配正义两个研究主题之间的差异：分配正义只能以一种文化上特殊的方式进行理解，而战争伦理则建立在一种普遍原则之上。

“道德最小主义”涉及沃尔泽在“民族与世界”一文中提到的相对主义和普遍主义的问题，即每种文化所包含的厚重道德与被普遍呈现的稀薄道德之间是如何联系的。这是一个很重要的问题。按照沃尔泽的观点，关于最小主义观念（如正义）的道德反思，“通常在一个熟悉的地域之间变动”，它将与该共同体关于其他问题的观点相联系；它们对“局外人”而言，只有某些特征是熟悉的。任何人在关于正义的讨论中，都会看到某些他所认可的东西，而最小主义的道德就是“这些被认可的东西的总和”。[②]但最小主义也并不是像某些哲学家所认为的，是一种更为厚重的普遍主义的基础，因为它是“反复的和排他主义的，在局部是有意义的，并与最

① M. Walzer, *Thick and Thin: Moral Argument at Home and Abroad*, Notre Dame: University of Notre Dame Press, 1994, p. 21.

② Ibid., pp. 5 - 6.

大主义的道德紧密相连"[1]。沃尔泽所接受的普遍主义，是一种"重述的"形式："关于道德不存在什么客观的东西，道德是每个地方的人们不断参与的一种东西。因此，所共享的东西是被间接性地共享的：当美国人和西欧人看到布拉格的抗议者举着'正义'、'真理'的标语牌时，他们都能够明白它们的一般意义，但他们也添加了那些抗议者所没有呈现的意义。我们可以与抗议者共同游行，但我们事实上也有我们自己的游行。"[2]

道德必须在"人类社会"这个术语的双重性中进行理解。即"因为它是'人类的'，所以它是普遍的；因为它也是'社会的'，所以它又是特殊的"。社会是特殊的，因为它们共享一种集体的经验，这种经验是作为一个整体的人类所没有的。这意味着，只有在"最大道德解释的习语和方向上"，我们才能对"最小主义"进行解释。[3] 沃尔泽自己对"文化多样性"的解释，就是从当代自由主义这个"最大主义道德"中得出的。同样，对其他社会进行批评的企图，将很快进入最大主义道德的范围之内。但这并不意味着沃尔泽阻止这样的批评，如他接受人道主义的干涉，但只能在"最高危机"的情况下，才能进行这种干涉。[4]

"作为一种最大主义道德的分配正义"和"最大主义与社会批评"这两个章节，是沃尔泽对《正义诸领域》中的特殊主义方法的最终辩护。这两个章节在内容上，大部分重复了《正义诸领域》与《阐释和社会批判》中的主张。沃尔泽认为，自由主义关于正义应该按照适合我们生活规划的方式进行安排的主张，依赖于这种观念，即生活是根据某种规划进行的，它在文化上是特殊的。他通过反思"支配性的原则并没有实现哲学家所欲求的普遍的适用范围"的事实得出结论认为，正义必须依赖"此时此地"的人们关于特殊善的认识，这种认识会随着时间而变化，因此在政治中并没有最终的答案。[5] 正义要求尊重这些不同的认识，这使得正义成为一种"最大主义的"观念：它必须反映"特殊文化的真实的厚

① M. Walzer, *Thick and Thin: Moral Argument at Home and Abroad*, Notre Dame: University of Notre Dame Press, 1994, p. 7.

② Ibid., p. 8.

③ Ibid., p. 9.

④ Ibid., pp. 15 – 16.

⑤ Ibid., p. 28.

重性”。[①] 而“简单平等”并不是这样，它是从道德最小主义中发展出的一种稀薄的观念，并没有诉诸特殊的意义。沃尔泽认为，只有在一种最大主义的道德中，社会批评家才能开展社会批评。

沃尔泽又补充说，对特殊主义的辩护是对“民主理想主义”，而不是对“民主本身”的一种辩护。[②] 民主的意义本身是文化上特殊的厚重道德的一部分，如“中国的民主只能是适用于中国人”。[③] 在“正义与部落主义”这一章中，沃尔泽重申了每个群体进行自治的权利，并强调“重述”（反复重申）对这些权利所施加的限制。他回顾了“民族与世界”一文中的主张，并展望了《论宽容》中的观点。他认为，群体的宽容与对个人权利的尊重之间的关系，是值得研究的核心问题。国际政治中唯一的“普遍原则”就是自决的权利，它表达了该领域的最小主义道德。这个原则是一种“重述的”原则，因此，它能够在不同的时空中以不同的方式进行“反复重申”。沃尔泽在对本章的总结中认为，“对差异的讨论，从来不会带来一种最终的解决……我们普遍的人性，也从来不会使我们成为一个单一的普遍部落的成员。人类种族的决定性的共性是特殊主义的：我们在厚重的文化中分享我们自己的文化”[④]。在这些厚重的文化中，我们的认同将变得“复杂”和“分裂”，这是《厚与薄》最后一章的论题。

最后一章是“分裂的自我”。沃尔泽主张，所有的自我都以三种方式被分离：它们发挥不同的作用、具有不同的认同、承载不同的价值。它是多元社会中社会区分的产物。在他看来，在任何情形中，厚重的自我只有在复杂的社会中才能实现，这种社会提供给他们发挥不同作用的机会。这样的社会是“厚重地区分的”，因此也是文化上特殊的。所以，分裂的自我“最能适应民主社会中的复合平等，以及国内和国际社会中自决权的不同变体……而从中选出最好的变体又是不可能的”[⑤]。

---

① M. Walzer, *Thick and Thin: Moral Argument at Home and Abroad*, Notre Dame: University of Notre Dame Press, 1994, p. 33.

② Ibid., p. 58.

③ Ibid., p. 60.

④ Ibid., p. 83.

⑤ Ibid., pp. 102 - 103.

第二节 复合平等与差异政治的论证与制度适用

一 “此时此地的正义”和“长远观念”

这两篇论文都是沃尔泽在1986年所写的。“此时此地的正义”是沃尔泽所写的关于当代美国社会分配正义的一篇文章，它对“当代美国社会分配正义的必要特征”进行了完整的论述。[①] 而在“长远观念”一文中，沃尔泽重复了他在《正义诸领域》中提出的，国家化和社会化的医疗是当代社会对分配正义的要求。他提到，在中世纪的欧洲，分配正义并不要求社会化的医疗，因为那个时期的“共享理解”并没有将延长寿命作为主要目的，宗教和信仰才是分配正义的对象。从标题中也可以看出，沃尔泽强调，“共享理解”并非一天、一年或十年的事情，而是一种长期的历史观念。从中世纪对来世的关注到当代对长寿的关注，是“一种非凡的文化转变”。[②] 只有这样的转变，才导致了关于分配正义的共享理解的转变。沃尔泽认为，政治哲学家的任务就是描述“不同于我们自己的社会但又源于我们自己社会的一个社会”，[③] 而这篇文章的目的也正是概括这样的一个社会。正义社会是对当代世界非正义的一种改善，但并不是一个“海明威式的‘干净、光线充足的地方’”。对沃尔泽而言，正义社会一定要为地方化的和自愿性的活动留下空间。[④]

沃尔泽提出，正义社会包括四项原则性要求：首先，“一个共享的经济、社会和文化基础设施”，可以使公民参与一些重要的社会活动；其次，为那些不能享受这些设施的人提供公共供给，也就是福利制度；再次，平等的机会；最后，“政治权力被人民广泛共享的强民主”。所有这些原则的基础都是“政治正义”，换言之，分配正义的每个特性“都是政治性地决定的”。他得出结论认为，“正义要求正义本身处于民主的风险

① “Justice Here and Now”, in M. Walzer, *Thinking Politically*: *Essays in Political Theory*, New Haven: Yale University Press, 2007, p. 69.

② M. Walzer, “The Long-Term Perspective”, *Bulletin of the New York Academy of Medicine*, vol. 62, 1986, pp. 8 - 14, 10.

③ “Justice Here and Now”, in M. Walzer, *Thinking Politically*: *Essays in Political Theory*, New Haven: Yale University Press, 2007, p. 73.

④ Ibid.

之中”，因为对于所有实质性的分配而言，民主本身是作为一种配置权力的程序而运作的。①

在“此时此地的正义”的结尾处，沃尔泽重申，“正义需要我们做所有这些事，但它也要求我们民主地做这些事”②。换言之，正义需要某些特定的社会安排，即使这些社会安排从某些方面来看可能是非正义的。政治哲学家可能拥有关于正义的正确解释，但他也必须接受可能“不正确”的民主的大多数决定。沃尔泽强调，“平等主义哲学家”的任务，就是“为民主的公民资格以及公民彼此分配的善与机会，提供一种有说服力的解释，我的意思是美国民众才具有正当的话语权”③。政治哲学家必须进行说服，而不能进行压制。在“哲学与民主”一文中，沃尔泽就提到，当代政治哲学呈现出一种压制趋势。在他看来，正义应该通过民主的方式实现，“应该与通过更深层次的社会过程而获得的共享理解相一致”。当民主政治的公民仅为了追求自我利益而投票或参加竞选活动时，他们可能没有正当的行动；我们的决定应该反映关于我们社会的最好的共享理解。

在“此时此地的正义”中，沃尔泽描绘了分配正义的要求，它们是：共享的基础设施、公共供给、机会平等和强民主。这些要求结合在一起，就是被沃尔泽称为政治正义的东西。“公民是集体阐释过程的参与者，对公民资格意义的解释是这个过程的起点，在一种民主的背景中，这使得平等成为必需。但不是在所有的社会生活领域都是这样。”④ 美国的分配过程是一个阐释的过程，首先需要解释的就是公民资格。因为虽然存在平等，但平等并不适用于社会生活的每个领域。这意味着，所能实现的平等只能是复合平等，公民不是在领域之内而是在领域之间实现平等的。因此，“此时此地的正义”是对美国社会分配正义的论述，即对复合平等如何在美国运作进行解释。

在沃尔泽看来，最有助于复合平等的，是他在“民族与世界”一文中所主张的“反复重申”的概念。在《正义诸领域》中，他强调诉诸一系列共享理解的重要性，而“反复重申”的意义就是说明这些共享理解

① “Justice Here and Now”, in M. Walzer, *Thinking Politically: Essays in Political Theory*, New Haven: Yale University Press, 2007, pp. 69 – 79.

② Ibid., p. 80.

③ Ibid.

④ Ibid., pp. 68 – 80.

是如何形成的。就像沃尔泽在《阐释和社会批判》中所指出的，我们已经生活在一个道德世界中。所以，我们并不需要再创造或发现一个新的道德世界。我们之所以已经生活在一个道德世界中，是因为我们通过“反复重申”不断地创造和再创造一个道德世界。正是这个过程设定了进行分配正义辩论的形式。就像其他的社会批评家一样，沃尔泽提出了一种辩论立场，但这种立场不是也不可能是决定性的，因为民主辩论并不存在最终的答案。也就是说，“重述的权利”调节着共同体之间的外部多元主义，同时也调节着一个共同体内部的多样性。但它并不能一劳永逸地决定共同体未来的事情，也不能使哲学家决定任何特殊的分配安排。哲学家必须成为社会批评家并寻求说服民众，他们不应是抽象的道德家，更不能强制实施他们所谓的“真理”。

复合平等如何在美国运作，是沃尔泽在20世纪80年代后期思想的一个比较重要的问题。此外，就像我们已经看到的，通过考察其他的著作包括《阐释和社会批判》中关于方法论的主张也可以看出，复合平等将是在领域间的区分，以及由公共供给和社会化的基础设施而带来的平等。

二 “走向一种社会分配理论”和“福利国家的社会化”

这两篇文章分别发表于1986年和1988年，它们是沃尔泽关于“公民社会论证”的最早论述,[①] 它们都强调保持社会部门彼此平衡的重要性。在“走向一种社会分配理论”中，沃尔泽强调了“作为合作中心的社会部门”的角色，以及它在平衡国家与市场关系中的重要性。在“福利国家的社会化”中，他主要为一种“国有化的分配”进行辩护。

在“走向一种社会分配理论”的开头部分，沃尔泽提出了如何确定公共领域与私人领域之间界限的问题。他认为，我们通常对公私领域所做的区分过于“简单”，公共领域的范围过于狭窄，它排除了除国家之外的所有事物，而很多企业也承担了公共的责任，但它们与国家并没有直接的

---

① “Toward a Theory of Social Assignments”, in W. Knowlton and R. Zechhauser *American Society: Public and Private Responsibilities*, Cambridge: Harper and Row, Ballinger, 1986, pp. 79 – 96; “Socializing the Welfare State”, in A. Gutmann *Democracy and the Welfare State*, Princeton: Princeton University Press, 1988, pp. 13 – 26.

联系。非营利活动就是最明显的例子。此外，“私有”这个术语是有问题的，因为“它过于广泛，从个人、家庭一直到市场都存在私有问题，而市场实际上是一个公共领域，由公共规则和法律进行调节”[①]。沃尔泽提出，在进行社会分配之前，必须区分和描述四种社会部门：家庭、市场、国家和社会。每一部门都有其典型的相互作用模式：市场的模式是“计算”、国家的模式是“强制”、社会的模式是“合作”。而“合作”是一种更为可取的模式，也是一个完整统一的公民社会的希望所在。但我们也不能取消国家和市场。社会分配理论可以为社会部门平衡其他两个部门提供直接的支持。[②]

沃尔泽认为，我们必须首先“反思特定活动和不同部门以及它们在我们社会中的意义”，然后再进行社会分配，“并不存在划分商品和服务领域的单一原则”。[③] 换言之，社会分配原则必须建立在所涉及的善或领域的“内部理由”之上，而且一定存在分配的多元原则。同样，沃尔泽对市场和国家的效用和局限的解释，也遵循了《正义诸领域》中所做的论证。市场是有用的，因为它“带来商业活动在总体上非强制的协调”。但它也是一个“无社会责任感和存在环境损害的地方”，而且市场内部的救济方法并不能保护个人；更重要的是，市场并不能以任何有意义的方式对个人进行整合。因此，虽然市场反映了社会规范，但它未能为民众提供一种表达公共利益的平台或进行公共道德参与的能力。而国家则具备市场所缺乏的三个特征：它是一个“团结一致”、“民主责任”和“公共参与”的平台。“团结一致”是与市场失灵相联系的，它将“公民身份的相互关系”扩展到如公共教育这样的“建设性公共善”方面；“民主责任”是对私有化的一种限制，因为“强制在公共领域内必须是可辩护的”，在私人领域内必须是完全自愿的，否则没有任何事物是可以私有化的；“公共参与”本身就是一种价值，它可以一种市场不能提供的方式为人们寻求“承认”。在沃尔泽看来，社会部门“也是以团结一致、民主责任和公共参与为特征的，但所有这些特征的共同背景应完全是由自愿的合作所决

---

① “Toward a Theory of Social Assignments”, in W. Knowlton and R. Zechhauser *American Society: Public and Private Responsibilities*, Cambridge: Harper and Row, Ballinger, 1986, pp. 79 – 80.

② Ibid., pp. 80 – 81.

③ Ibid., p. 81.

定的”。①

因此，社会分配理论其实预示了福利国家社会化的观点，因为它主张“自由结合的公民的私有企业或公共职位的复合替代或社会化”。这种主张重申了沃尔泽的观点，即除了国家之外，福利设施可以通过组织化来提供，以及他对工人所有制企业的辩护。社会部门由于“民主责任”的原因不能完全取代国家，但“一个强大的社会部门可以强化民主责任”。而且，社会部门所能参与的社会分配范围，也取决于政治共同体的团结一致性。在一个缺乏“种族或宗教的多元性，自愿的积极参与是断断续续的或虚弱的”民族国家中，社会部门在社会分配方面的作用是有限的。总之，沃尔泽主张，应该采取一种平衡各个部门的方式进行社会分配，因为每个部门的“相互作用模式”都不能独自顾及所有民众。“将这三个部门相结合，可以顾及更多的民众。少数群体的成员致力于市场繁荣；政党、政治运动、教堂、公民自由组织和有组织的社会部门，为持不同政见者和少数派主张权利；国家为失业人员和流浪的公民提供社会保护。”②

“福利国家的社会化”一文的主题是，以社会分配制度的形式进行非国家性质的福利供给。沃尔泽认为，福利国家应被视为一种“国有分配制度”，并将其与国有化生产之间进行类比。③ 他的目的是表明，福利国家运转困难的原因，与欧洲政治经济中的国有工业运转困难的原因很类似。福利国家与国有企业很相似，它们都是将“某些关键的社会善从私人控制那里取得”，再通过法律提供给某些特定的人。只不过，国有企业是将从私人控制那里取得的产品，置于国家的控制之下。但在沃尔泽看来，将某些善从市场部门转移到国家的控制之下，这种行为反映了未能在社会部门之间进行充分的区分。国有企业出现的问题，是由于在管理设计上与私人企业太相似，工人没有参与到企业的管理中去，因此“生产关系还没有转变”。对福利的受众而言，他们是根据法律权力而不是慈善来接受帮助的，他们是“公民”而不是“乞丐”。然而，福利国家的受众事

① “Toward a Theory of Social Assignments”, in W. Knowlton and R. Zechhauser *American Society: Public and Private Responsibilities*, Cambridge: Harper and Row, Ballinger, 1986, pp. 82 – 90.

② Ibid., pp. 91 – 95.

③ “Socializing the Welfare State”, in A. Gutmann *Democracy and the Welfare State*, Princeton: Princeton University Press, 1988, p. 13.

实上仍处于一种“旧的从属模式之中”。因此，福利国家必须社会化，以便于更多的人成为福利的分配者和接受者。对福利国家进行社会化最重要的目的，就是为人们进行自我救助和彼此帮助提供新的方式。在理想的福利社会中，应该存在“互助的多样性制度和网络”，也就是由不同的福利原则所支配的多元福利服务。总之，福利社会和福利国家应一起运作，而且不应受福利国家的控制，因为“民主责任”原则为它的合理性提供了保证。[①]

三 《何谓美国人》

这是一本论文集，由沃尔泽在1972—1992年间所写的四篇文章构成，它们的主题都是讨论“美国的差异政治”。[②] 它是沃尔泽对公民社会和美国民主研究的重要组成部分。自从东欧剧变、苏联解体以来，沃尔泽就很关注公民社会观念，发表了很多学术论文，主要有“此时此地的正义”、“走向一种社会分配理论”和“福利国家的社会化”等。

沃尔泽认为，“礼仪”、“社会纪律”等公民德性在美国社会日益增长，但这些公民德性与自由主义的个人主义是不相容的，它们需要一种“新的政治学”。这种政治学一定是“社会主义的和民主主义的”，并且“不是取代而是与我们社会的自由主义经常处于一种紧张之中”。公民德性要求更多的政治参与，但“没有社会民主主义的自由主义，会将培育私人野心作为公民的主要目的”，这种方式阻止了政治参与。从这里也可以看出，《异议》杂志和激进民主传统对沃尔泽继续保持着影响力。他也一直保持着这样的信念，即任何一种自由主义的类型，对培育“一种包含的和行动主义的政治”而言，都是不充分的。

这本论文集所包括的四篇文章分别是：“礼仪”、“多元主义：一种视角”、“何谓美国人”以及“宪法权利与公民社会形态”。这本著作的副标题是“差异政治学”。在导论中，沃尔泽解释了他所说的差异政治学意味着什么。实际上，沃尔泽的主题是考察在存在“种族和宗教差异”的情

① “Socializing the Welfare State”, in A. Gutmann *Democracy and the Welfare State*, Princeton: Princeton University Press, 1988, pp. 15 - 26.

② M. Walzer, *What It Means to be an American*, New York: Marsilio, 1992, p. 3.

况下，美国社会如何能够保持繁荣。[①] 这个主题与《正义诸领域》中所提出的内部多元主义的主张相一致。大多数哲学家通常都假定了一种同质的社会，而沃尔泽则强调社会异质性的不可避免和存在的益处。因此，这本著作其实就是解释内部多元主义在实践上如何运作以及它所面临的问题。

在“差异政治学”一文中，沃尔泽比较了东欧国家中的差异政治是如何运作的。对这些国家而言，文化多元主义是一种新现象。他将这种比较称为“新部落主义”与“文化多元主义”之间的对比。沃尔泽对差异政治的运作过程，进行了一种历史描述。这个过程主要包括“表达、谈判和合并”。“表达”发生在差异政治的初始阶段，社会地位低下的群体“强调作为一个群体的价值、成员之间的团结一致性和要求某种形式的公共认可”。这些群体通过“表达”，主张自己的认同，并“主张差异不能被否定或超越”。差异出现以后，一定会有谈判。原来被压制的群体通常试图限制新群体的权利，这也意味着“差异的表达同样是非常危险的”，这也是进行谈判的必要原因。只有在类似于沃尔泽在“民族与世界”中提到的“反复重申”的东西发挥作用时，即“每一个群体都必须承认对它的限制，是由其他人的合理性来设定的”，谈判才发生作用。[②] 谈判寻求确保“和平的共存”或“一个多元主义的公民社会”，并将公民社会划分成不同部分。这与《正义诸领域》中的主张很相似。按照“谈判”，不同的群体会以一种新的和更为公正的方式联系起来，因为每一个群体都需要国家的经济支持，都需要与其他群体进行合作。这样做的结果就是，“宗教和文化的多样性、地区自治、群体代表制、平权行动以及公民身份的新形式”的出现。当然，它们在每个国家的具体情形可能是不同的，它们会在民主过程中产生不同的变种，但它们“都没有超越文化、宗教和民族的特性”。换言之，只要我们想去实施民主，就必须支持差异的政治。[③]

差异政治的社会形态可能是多样的，沃尔泽主要考察了两种较为常见的形式：第一种是在美国、加拿大、巴西和新西兰这样的移民社会中，移

① M. Walzer, *What It Means to be an American*, New York: Marsilio, 1992, p. 3.

② Ibid., pp. 4 – 6.

③ Ibid., p. 7.

民群体的“区域性分布”；第二种是包含多个少数民族的多民族国家。每一种社会形态都存在自己的问题，而“不够强大的公民权导致政治参与的缺乏”可能是其中的主要问题之一。沃尔泽主张，公民身份必须比种族认同更为强大。“我们单一的公民身份和多元文化，受到一种激进的个人主义意识形态和私有化的反政治的威胁。”[①] 在其他形式的民族国家中，政治参与一般不会成为一个问题，但民族国家必须努力确保“种族和宗教的少数群体得到保护，以及其成员必须充分享有公民资格的权利”。[②]

在“差异政治学”的结尾处，沃尔泽考察了美国社会在面临“单一的公民身份和激进的多元公民社会的双重价值”时，如何经营差异的政治。[③] 他在“何谓美国人”一文中也强调了这一点。总之，这本著作的目的，就是捍卫美国的这种双重价值。沃尔泽主张，美国一定不能限制外来移民，因为美国就是一个移民社会，“必须欢迎外来移民；公办学校必须加强，学校必须教授移民的历史和民主的历史与实践；加强公民社会和次级的协会组织；通过表现国家内部的独特认同来保持国家中立；创造一种更有参与性的政治；抵制在一个文化多元社会中，必然出现的专制和贵族政治”[④]。

笔者将“差异政治学”一文作为《何谓美国人》的关键部分，因为它是其他四篇文章的一个概述。下面将简单地解释一下其他的三篇文章。沃尔泽在“何谓美国人”和“多元主义”两篇文章中提出了大致相似的主张。在“何谓美国人”中，他主张，美国公民身份的核心特征是“美国没有单一的民族特性”。[⑤] 换言之，成为一个美国人就是要承认种族多元主义的价值。在“多元主义”一文中，沃尔泽解释说，与马克思主义关于阶级、种族和民族群体认同的主张不同，美国对世界所有民族都保持一种群体承诺。“民族自信”有助于“文化归化”，以及通过提高福利服务和获得对资源的控制来构建和维持种族共同体。[⑥] “种族主义对充分发

---

① M. Walzer, *What It Means to be an American*, New York: Marsilio, 1992, p. 11.

② Ibid., p. 13.

③ Ibid., p. 17.

④ Ibid., pp. 18 – 19.

⑤ Ibid., p. 49.

⑥ Ibid., p. 66.

展的多元主义而言，是一个很大的障碍。只要它存在，美国印第安人、黑人和墨西哥裔美国人都将会被反多样性的一些做法所歧视，如，国家发起的统一活动。”国家可以创造更多的机会，但无法保证少数群体成员都能利用这些机会。美国政府并不是一个民族国家的政府，它不能“培育一种特殊的认同”，这也是多元主义仍是“一种实验”的原因。[①] 沃尔泽关于美国政府不能培育一种文化认同的主张，是值得注意的。这也是社群主义对强调国家中立性的自由主义的主要批评之一。如果沃尔泽是一位社群主义者，我们或许可以认为，他将倡导一个非中立的国家。而在沃尔泽对民族国家的讨论中，也正是在倡导这样一个非中立的国家。但美国是一个多民族国家，如果国家培育任何“特殊的认同”，那将是反民主的。这也是沃尔泽著作中最清晰的见解之一。我们可以看到，他所谓的社群主义，实际上是社会民主原则和自由主义原则的一种运用和结合。社会民主原则主要来源于美国的激进民主传统，而自由主义原则则是受到伦理与法哲学学会影响的结果。

“宪法权利与公民社会形态”一文是这本著作的最后一个章节。在这篇文章中，沃尔泽主张，美国宪法有两种文本，一种是“为国家和政府设计的”；另一种则是“关注公民社会的”。[②] 第一种文本试图构建一个强大的中央集权政府，并通过一种相互制衡制度来限制它；第二种文本则试图通过对政府的外部限制，来加强这种相互制衡。这种对政府的外部限制，主要是通过权利法案和司法能动主义形式来实现的。沃尔泽主张，美国的社会性质使权利法案成为必要：“由于我们是一个存在差异的多元社会，所以我们需要权利法案。”权利法案反映了在美国建立之时社会成员的愿望，它是一个由新教徒组成的社会。因此，权利法案主要是一系列“保持差异和异议的权利”。[③] 但权利法案的这个基础，已经在美国社会导致了一种宗教保守主义。因此，“即使在面对工业革命、大规模移民、城市化和冷战的情况下，我们仍保持着类似 18 世纪公民社会的某些东西”[④]。沃尔泽并没有简单地认为，美国宪法的保守主义特征是一件不好

① M. Walzer, *What It Means to be an American*, New York: Marsilio, 1992, pp. 76 - 77.

② Ibid., p. 106.

③ Ibid., p. 108.

④ Ibid., p. 111.

的事情。美国宪法既保存又变革了美国的公民社会。这种变革主要采取了四种主要形式：第一，“改变既存所有制模式的集体行动”；第二，“在没有一种更普遍社会变革的情况下，改变个人关系的个人行动”；第三，“寻求社会改革或变革的政府行动”；第四，“寻求个人自由的政府行动”。沃尔泽认为，第二和第四种方式比第一和第三种方式更为成功，因为“宪法的第二种文本形式，对整个宪法产生了强烈的个人主义影响”①。权利法案可以引起个人的变革，却不能引起整个社会的变革。这是因为，权利法案所考虑的是“意见的差异”和“权力的差异”。虽然权利法案可以使少数群体合法地拥有“宪法权利”，但却不能确保资源的平等并阻碍了社会变革。沃尔泽认为，这或许意味着，对异议和隐私部分的限制是必要的。“但考虑到个人不会放弃法案中的任何权利，采取何种形式进行这种限制就成了问题。”可以首先考察一下个人为什么不愿意放弃这部分权利。就像沃尔泽所注意到的，“个人重视这些权利的主要原因之一是，它们促进了第一和第四种形式，即社会行动的集体和合作的形式……它们使差异政治成为可能”②。而且，权利法案的创立者，并没有预期它会有这样的“私人化效果”。虽然对权利的限制不能获得支持，但沃尔泽主张，应继续寻求通过集体行动来限制隐私部分。他没有寻求最高法院作为一种可能的支持来源，而是建议直接援引宪法本身。他认为，相较于最高法院对权利的辩护，国民代表大会更有可能加强美国的凝聚力。虽然国家必须“服从内部的相互制衡”，但它能够获得公民社会的帮助。③ 值得注意的是，沃尔泽实际上是在倡导运用国家的政治设施来实现集体的目的。这里并不存在自由主义的国家中立问题，而这也可以作为沃尔泽并非是一个社群主义者的明显证据。

四 “排斥、非正义与民主国家”

这篇文章最初发表于1993年，后收录在2007年出版的论文集《政治性的思考》中。它表明了沃尔泽的政治评论与政治哲学之间的联系，主要关注了复合平等的可行性：在政治经济决策中被排除的群体应被包含在

---

① M. Walzer, *What It Means to be an American*, New York: Marsilio, 1992, p. 115.

② Ibid., p. 118.

③ Ibid., pp. 123 - 124.

民主政治之中，因为这样有助于形成某些平等的类型，从而避免使他们成为“被剥夺公民权、无权、失业和边缘化的成员”[①]。

某些批评者认为复合平等是不可能的，因为“领域”的区分，会导致“彻底的排斥”。[②] 沃尔泽承认，人们在所有的“领域”都有失败的可能性，对复合平等理论构成了挑战。因为根据他的理论，这并不意味着这些人已经受到了不公正的对待，他们可能仅是承受“不应得苦难”的不幸运的人而已，而不是“被排斥的受害者”。[③] 针对这种批评，沃尔泽提出了两种回应。首先，他认为，这个问题在一定程度上是一个伪问题：“人们可能屡次失败，但在现实生活中，这些失败正在被支配善的不断增加的和微妙的可变换性而消除。”因此，这种观点并没有在正确的立场上理解领域间的区分，它并不是建立在关于我们如何生活的社会分析基础之上。其次，沃尔泽提出，“国家必须在促进复合平等的事业中，发挥更大的作用”。[④] 国家不仅应致力于防止对领域边界的践踏，而且在必要时应重新划分领域之间的边界。国家必须参与“解释相关的意义以及设计适当的分配安排……国家不能无视在不同领域所发生的事情”。[⑤] 当然，这有可能导致政治领域支配社会生活。因此，沃尔泽认为国家只能在“最小主义道德”的程度上进行干涉。

五　《多元主义、正义与平等》

1995年，沃尔泽和戴维·米勒合作出版了论文集《多元主义、正义与平等》,[⑥] 它主要由对《正义诸领域》进行批评的文章所组成。十几年之后，米勒也编辑了沃尔泽的论文集《政治性的思考》，并为这两本论文集撰写了导论。他也是受到沃尔泽影响最大的政治哲学家之一。在

---

① M. Walzer, “Exclusion, Injustice, and the Democratic State”, *Dissent*, 1993, pp. 55 – 64. 后收录在 M. Walzer, *Thinking Politically*: *Essays in Political Theory*, New Haven: Yale University Press, 2007, pp. 81 – 95.

② M. Walzer, *Thinking Politically*: *Essays in Political Theory*, New Haven: Yale University Press, 2007, p. 82.

③ Ibid., pp. 85 – 86.

④ Ibid., p. 83.

⑤ Ibid., p. 94.

⑥ D. Miller and M. Walzer, ed., *Pluralism*, *Justice*, *and Equality*, Oxford: Oxford University Press, 1995.

《多元主义、正义与平等》中，比较著名的文章是：布莱恩·巴里（Brian Barry）的“领域正义与全球非正义”[1]；理查德·阿内森（Richard Arneson）的“反对‘复合平等’”[2]，他们都认为沃尔泽的平等主义是对平等的一种“顺从形式”。苏珊·奥金（Susan Okin）的“政治与性别的复合不平等”[3]，以及朱迪丝·安德烈（Judith Andre）的“封闭的交换：一种分析法”[4]，它们都是对沃尔泽复合平等思想的一种批判性运用。

这本论文集也包括了沃尔泽对这些批评的回应。在这些回应中，沃尔泽主要围绕七个问题展开：“复合平等的意义和可能性；民主政治中公民资格的中心性；复合平等的危险；当代国际分配中的非正义；分配正义中日常道德的作用；效率的重要性；对社会区分进行历史解释的必要性。”[5]这些论题既回应了沃尔泽的批评者所提出的问题，也表明了沃尔泽在1983—1995年间的思想发展轨迹。前三个问题在“排斥、非正义与民主国家”一文中有所涉及。沃尔泽强调，虽然他承认对不同善的拥有可能产生支配，但仍然没有理由去质疑：“领域充分分离的一种分配制度，将会带来某种地位的平等，或至少不用对地位问题有太多的担心。”而且，“历史和日常生活……表明了不同的才能和品质在个人之间的分布是相当分散的，这也对支配构成了实质性的限制”[6]。在他看来，复合平等是一种真实的可能。为了实现复合平等，需要公民发挥更大的作用，确保领域的完整性并解决每个领域中关于善的意义的争论。换言之，沃尔泽重申，对分配领域的政治性干涉，关系到每个领域所分配的善的意义和边界。

---

① Brian Barry's “Spherical Justice and Global Injustice”, in D. Miller and M. Walzer, ed., *Pluralism, Justice, and Equality*, Oxford: Oxford University Press, 1995, pp. 67 – 80.

② Richard Arneson's “Against ‘Complex’ Equality”, in D. Miller and M. Walzer, ed., *Pluralism, Justice, and Equality*, Oxford: Oxford University Press, 1995, pp. 226 – 252.

③ Susan Okin's “Politics and the Complex Inequality of Gender”, in D. Miller and M. Walzer, ed., *Pluralism, Justice, and Equality*, Oxford: Oxford University Press, 1995, pp. 120 – 143.

④ Judith Andre's “Blocked Exchanges: A Taxonomy”, in D. Miller and M. Walzer, ed., *Pluralism, Justice, and Equality*, Oxford: Oxford University Press, 1995, pp. 171 – 196.

⑤ D. Miller and M. Walzer, ed., *Pluralism, Justice, and Equality*, Oxford: Oxford University Press, 1995, p. 281.

⑥ Ibid., p. 292.

沃尔泽继续主张，从复合平等的角度来看，国际不平等并不是一个正义问题，因为它是由于帝国主义、征服和支配所导致的。它只是“道德上令人忧虑的问题”，而不是正义问题。而且，它是可以“通过人道的对待和互助的日常道德原则”，就能处理的问题。① 对他而言，国际不平等涉及的是最小主义的道德问题，它并不是分配正义的最大主义解释的一部分。此外，某些日常道德价值，如个人责任，同样是“外在于或超越正义的”，公民可以在关于社会善的意义中援用它们，但除此之外，它们并没有独立的作用。② 沃尔泽补充道，《正义诸领域》之所以没有涉及效率问题，是因为它是“与社会意义相关的，在我们理解所涉及的善的相关价值之前，我们并不知道一种有效率的结果是什么”。最后，沃尔泽完全同意迈克尔·鲁斯丁（Michael Rustin）的批评，即复合平等需要表明，“实际的社会过程和冲突”是如何阻碍了复合平等的发展，以及如何利用它们来发展复合平等。③ 沃尔泽主张，现代性的历史就是社会分化不断增加的历史：市场从宗教或政治控制中解放出来；教会和国家相分离；教育机构实现自治等。在现代性生活中，“人们生活在不同的领域中，适应不同的角色，遵守不同的规则，发挥不同的才能，形成不同的认同”，在这种情况下，复合平等就是可能的。④ 换言之，没有社会分化，就没有领域之间的分离，也正是社会分化使不同领域变得更为自治。

最后，沃尔泽对《正义诸领域》的批评者的回应，在以下方面是值得注意的。首先，它表明了沃尔泽对复合平等观念的坚守程度，这种观念贯穿其一生。其次，与他这个时期的大多数论著相比，它较少涉及公民社会或文化差异的问题。文化多元主义之所以成为沃尔泽关注的一个主要论题，主要是由于20世纪90年代美国移民的不断增加，以及移民问题对激进民主主义和分析哲学所带来的挑战。

---

① D. Miller and M. Walzer, ed., *Pluralism*, *Justice*, *and Equality*, Oxford: Oxford University Press, 1995, pp. 292 - 293.

② Ibid., pp. 293 - 295.

③ Ibid., pp. 295 - 296.

④ Ibid., pp. 296 - 297.

六 “对公民社会的论证”

这篇文章加上“公民社会观念”一文,[①] 构成了沃尔泽关于公民社会观念的最清晰的解释。在他看来，公民社会是“无强制的人类组织的空间以及充满这些空间的一系列相关的网络，这些网络由家庭、信仰、兴趣和意识形态的目的所构成”[②]。换言之，公民社会培育了社会生活中的大众参与，并促使公民发展自我管理的能力。

在沃尔泽的论著中，公民社会与国家之间具有一种矛盾的关系。首先，公民社会是防止“联合生活和文明”衰落的一种必要方式，并作为一种“背景的背景”而发挥作用，它为人类活动领域间的多样性留下了空间。[③] 沃尔泽在这本著作中的目的，是强调关于好生活的最终安排并没有单一的答案。左派将好生活建立在政治共同体或经济活动基础之上；而右派认为，市场或民族“由于其独特性都是刚愎自用的，它们遗漏了人类社会的复杂性以及忠诚和承诺之间不可避免的冲突”。作为对这些问题的矫正，公民社会能够表明我们生活的复杂性。所以，公民社会是一种“背景的背景”，而不仅是一种“背景”，它是对国家权力的一种平衡力量。在公民社会中，关于好生活的所有变体“都是经过考验的……并证明是局部的和不完全的”。[④] 另一方面，公民社会又依赖国家。国家设定“所有联合活动的边界条件和基本规则……它迫使联合的成员思考一种共同的善”。[⑤] 没有国家权力，暴政的危险就会急剧增加。国家对保证福利领域的供给也是必要的，因为“公民社会会产生极端不平等的权力关系，只有国家才能对抗这种不平等”，并提供组织化的策略。[⑥] 虽然公民社会对避免共同体的衰落而言是必要的，但“如果没有社会正义，就不存在

---

① M. Walzer, “The Concept of Civil Society”, *Dissent*, Spring 1991. 后收录在 M. Walzer, “The Concept of Civil Society”, in M. Walzer, *Toward a Global Civil Society*, Providence, R. I.: Berghahn Books, 1995, pp. 7 – 27; M. Walzer, “The Civil Society Argument”, in R. Beiner, *Theorizing Citizenship*, Albany: State University of New York Press, 1995, pp. 153 – 174.

② M. Walzer, *Thinking Politically: Essays in Political Theory*, New Haven: Yale University Press, 2007, p. 115.

③ Ibid., p. 123.

④ Ibid., pp. 116 – 123.

⑤ Ibid., p. 129.

⑥ Ibid., p. 133.

共同体和公共的善”，而国家是确保社会正义的核心力量。①

因此，这篇文章有助于我们理解，沃尔泽倡导促进“批判的联合主义”的原因，因为它使公民社会成为可能。没有公民社会就没有共同体。因此，沃尔泽对公民社会的主张，促使他倾向于社群主义。但他也表现了社群主义的激进性质，因为他主张，共同体必须是平等主义的。就像我们所看到的，他认为，非正义的共同体根本不是共同体。

七　《论宽容》

1996年，沃尔泽在耶鲁大学进行了卡斯尔讲座，《论宽容》就是在该讲座内容的基础上整理而成的。这个讲座“旨在促使人们对社会以及政府的道德基础的思考，提高处在现代复杂社会中的人们对面临的道德问题的认识”②。在这本著作中，沃尔泽解释了宽容是如何与差异的政治相联系的，以及宽容需要什么。他认为，在捍卫差异的情况下捍卫宽容是可能的，并主张宽容的本质就是“不同的群体和个体和平共存”③。宽容是在两种方式上与差异的政治相联系的：首先，从本质上而言，宽容是对不同文化群体的调节；其次，除了适合不同时空的多样性的“宽容制度”之外，并不存在调节差异的普遍方式。④ 沃尔泽对五种宽容制度的详细解释，构成了这本著作的核心内容，它们是：多民族帝国、国际社会、联盟、民族国家以及移民社会。

在这本著作的前言和导论中，沃尔泽分别解释了该著作的缘起、方法论以及对哲学论证方式的批判。这本著作的第一章是“个人态度以及政治安排”。它解释了这本著作主要是，“对种族群体的一种调节，而不是对异端型的个人以及政治上的反对派的调节”。⑤ 第二章是“五种宽容的体制”，是这本著作中最重要的部分。它分别对不同的宽容体制进行了解释，并得出结论认为，民族国家和移民社会比古老的多民族帝国，在很多重要方面都更难以宽容不同的种族群体。第三章讨论了法国、以色列、加拿大和欧洲共同体的“具体宽容情形”。沃尔泽认为，它们都不符合上面

① M. Walzer, *Toward a Global Civil Society*, Providence, R. I.: Berghahn Books, 1995, p. 3.

② ［美］迈克尔·沃尔泽：《论宽容》，袁建华译，上海人民出版社2002年版，第V页。

③ 同上书，第6页。

④ 同上书，第14—36页。

⑤ 同上书，第8—13页。

提到的宽容体制的五种理想类型。第四章主要探究了权力、阶级、性别、宗教、教育、公民宗教和对不可忍受者的宽容等“政治问题”。在第五章，沃尔泽提出了认同的问题以及探究了宽容如何在后现代社会运作的问题。在结语中，他反思了美国的文化多元主义以及它倾向于从“一种假定的共同中心”出发，打破共同体与个体间联系的“离心力”。[①]

上文提到的“差异政治学”一文，就是主要建立在《论宽容》的第二和第五章的基础之上的。这篇文章解释了沃尔泽著作中差异政治、宽容和文化多元主义之间的相互关联性，它主要关注了宽容体制的四种国内形式。[②]《论宽容》中最重要的部分就是对宽容制度的解释，在沃尔泽看来，所谓宽容制度就是在历史上调节大致相同差异的制度安排。多民族帝国是最古老的宽容制度形式，它可以追溯到波斯和埃及帝国。在这种制度中，群体除了共存没有其他选择，帝国的官僚机构使用法典来保证不同群体之间关系的公平性。只要不同的共同体能够纳税和保持和平共处，帝国一般不会对共同体进行干涉，这也有助于激励共同体之间的宽容。只要帝国对共同体保持宽容，它们就能长期存在下去。“帝国统治在历史上是接纳差异和促进和平共处的最成功的统治方式。”但这样的宽容制度的代价是帝国可能是压制性的，“帝国自治趋向于把个人锁定在各个社区里，由此形成一个单一的种族或宗教认同”[③]。这种制度最成功的例子是土耳其帝国的“宗教社区体系”。[④]

在国际社会中，宽容是通过国家主权的规范而实现的，这意味着具有国家身份的任何群体，都不能受到外部力量的干涉。但人道主义的干涉是对国家主权的一种限制：它可以允许国家使用暴力来阻止暴行。联盟是与多民族帝国在“道德上比较接近的继承者”。[⑤] 像瑞士和比利时这样的国家，可以使两三个不同的民族共同体和平共存。但在没有至高无上的帝国权力强制的情况下，它们是如何解决这种共存问题的，是非常值得思考

① ［美］迈克尔·沃尔泽：《论宽容》，袁建华译，上海人民出版社 2002 年版，第 93 页。

② “The Politics of Difference: Statehood and Toleration in a Multicultural World”, in M. Walzer, *Thinking Politically: Essays in Political Theory*, New Haven: Yale University Press, 2007, pp. 168 - 182.

③ ［美］迈克尔·沃尔泽：《论宽容》，袁建华译，上海人民出版社 2002 年版，第 15 页。

④ 同上书，第 17—18 页。

⑤ 同上书，第 21 页。

的。因此，沃尔泽认为，联盟的观念是“吸引人的”，但在实践上，这种制度容易受到人口变化或不同群体的社会基础的影响，而这有可能威胁“已确立的平等模式”，也可能促使支配群体将联盟变革为一个民族国家。[①] 黎巴嫩就是联盟崩溃的明显例子。

在民族国家中，少数群体以不同的方式被宽容，但它们的宽容“很少扩大到旧帝国的整个自治领域”[②]。一般而言，宽容主要集中在群体的个体成员身上，他们首先是作为公民，然后是作为特定少数群体的成员而被宽容的。因此，就像法国的穆斯林所做的那样，试图将少数群体的文化进行公开的推行往往很困难。这意味着，虽然民族国家可能强制少数群体宽容个体成员并包容宗教差异，但民族国家与前面的三种制度相比，可能“为差异性的存在保留了更少的空间”。[③]

移民社会不能为不同的群体提供领土的自治，他们大多数也不是群居在一起的。因此，种族群体必须作为“自治组织”来维持他们自己，这也使得确保成员利益变得困难。移民社会中的国家，将不会保证任何群体的生存持续：“这个国家在目前阶段（从原则上而言）在各个群体中处于中立状态，对所有群体予以宽容，并在任何事情上都是独立自主的。”[④] 在移民社会中，个人是作为个体而不是作为群体的成员而被宽容的，差异被视为个人的事情。这可能会导致种族群体无法保持他们的成员认同，而要求从国家那里寻求支持。

《论宽容》的另一个重要论题是，沃尔泽反对哲学论证所运用的“程序”方法，这种方法为了包容差异而寻求某种单一的安排。他认为，宽容使和平共存成为可能，和平共存可以采用多种不同方式，但它们没有一个是“普遍行之有效的”，只是在特定的情境中才有效。因此，沃尔泽重点研究了宽容制度的理想类型和特殊情形，而不是发展关于我们如何相互宽容的与历史无关的抽象论证。“不可能汇集和组合所有各种不同体制中的‘最佳’特点……至少有时或许很可能常常在一种特别的历史安排中，某些我们所敬慕的东西与我们所担忧的或讨厌的某些东西有广泛的联

---

① ［美］迈克尔·沃尔泽：《论宽容》，袁建华译，上海人民出版社2002年版，第22—24页。

② 同上书，第25页。

③ 同上书，第26页。

④ 同上书，第31页。

系。”那些认为这样的结合是可能的观点，只能是一种乌托邦，因为它忽视了哲学“必须具有历史的底蕴和社会的适用性”。这也是沃尔泽在《论宽容》中，强调对宽容制度进行历史解释的原因。①

沃尔泽认为，宽容的核心目的是调节文化差异，而不是调节“异端型的或持不同政见的个体”。因为“在差异性方面表现独特的怪异者比较容易得到宽容，同时，社会怪癖行为的反感或抵触不构成太大的危险，尽管确实令人讨厌”。他主要关注的是“文化、宗教以及生活方式上的差异性”。② 最后，他解释说，宽容可以被理解为一种态度或一种心境，描述了某些潜在的价值。

第三章“复杂的案例”，是沃尔泽强调宽容的“生动经验”而不是抽象理念的一些重要事例。沃尔泽重点关注了那些具有混合特征的宽容制度，以及那些包含多种宽容制度因素的国家。例如，法国是最著名的民族国家，也是世界“主要的移民社会”之一。法国并没有将自己定义为一个多元社会，而是强调对共和政体的承诺。但大量的北非穆斯林和犹太人对法国提出了挑战，这可能会促使它发展一种类似于“土耳其宗教社区制度”的东西。③

第四章所考察的是“实践中的问题”。沃尔泽强调，群体的宽容可能会与这些群体中成员的权利产生冲突。最明显的情形是教育和宗教的例子。例如，在法国的学校和工作地点，穆斯林妇女戴头巾这种做法容易引起不愉快。针对这种情况，沃尔泽认为，应该制定允许穆斯林妇女戴头巾的制度。但如果某些穆斯林妇女认为，她们戴头巾是被强迫的，并不符合她们自己的意愿，这时就“不得不对这种妥协重新进行谈判”④。在民族国家和移民社会中，个人不被强迫的权利将优先于文化的价值。但在多民族帝国中，情况就不是这样，这也使古老的多民族帝国对文化差异的宽容变得更容易。同时，它也表明少数群体的宽容与公民个体的权利之间是存在张力的。在民族国家和移民社会中，个体权利将“胜出”，“社区再生权”将变得更为不确定，“传统主义者”将必须学会宽容那些对他们的宗

① ［美］迈克尔·沃尔泽：《论宽容》，袁建华译，上海人民出版社 2002 年版，第 1—5 页。

② 同上书，第 9 页。

③ 同上书，第 39—40 页。

④ 同上书，第 64 页。

教或文化所做的不同解释。①

最后，《论宽容》中值得注意的一点是，在当代世界中文化再生产的困难。就像后现代的批评家茱莉亚·克里斯多娃（Julia Kristeva）所指出的，自我的认同不断受到挑战，人们开始将自己视为没有固定认同的“分离的自我”。② 换言之，如果我们都成为陌生人，那宽容或许也将变得更容易。但按照沃尔泽的说法，“后现代性的分离的自我，看来将依赖于他们所来自的那个整体，也就是形成其自我塑造的文化基础的群体”③。也就是说，如果没有某些相互作用的文化基础，我们将不能成为充分发展的个体。在现代世界中，个体与群体之间存在一种不可解决的张力。因此，在后现代世界中也将会存在与现代性之间的一种张力。我们或许将无法克服成为公民和成员，与成为文化上的陌生人之间的相互对立。④ 在这里，沃尔泽并不是想消解我们的社会化认同，相反，他是强调这种消解将不可能完全成功。这也使得《论宽容》中的两点主张更为清晰：首先，政治问题并没有最终答案，而必须处于不断的争论中。其次，如同社群主义对自由主义的批评一样，对现代性的后现代批评也将不能被消解，但它也不可能完全取得成功，将很可能是永恒循环的。

八　“论非自愿结社”和“协商以及其他”

这两篇文章在主题上是相互联系的，它们都收录在沃尔泽于2005年出版的专题论文集《政治与激情》中。⑤ 在每篇文章中，沃尔泽都提出了对当代自由主义的批评。在“论非自愿结社”一文中，他认为，最重要的人类联合需要服从多种限制，但只要打破自然纽带是可能的，联合的自由就会存在。在“协商以及其他”一文中，沃尔泽明确反对协商民主的模式，认为它忽视了诸如教育、组织、动员、示威游行、谈判交涉和筹募

---

① ［美］迈克尔·沃尔泽：《论宽容》，袁建华译，上海人民出版社2002年版，第65页。

② 同上书，第87—92页。

③ 同上书，第91页。

④ 同上书，第92页。

⑤ M. Walzer, *Politics and Passion: Toward a More Egalitarian Liberalism*, New Haven: Yale University Press, 2005. 这部著作是沃尔泽所做的霍克海默讲座的扩展版，1999年首次在德国出版。

基金活动等政治过程的某些关键方面。

因此，这两篇文章重申了沃尔泽对自由主义政治哲学的一贯反对。但这并不意味着，沃尔泽试图提出一种非自由主义的立场，只是反映了他与分析哲学家所提出的抽象自由主义理论之间的张力。这些分析哲学家容易低估社会化的作用，以及我们出生就是某个阶级和群体的成员的社会事实。这样一来，他们就很容易忽视人类联合在文化上被决定的方式，如在不同社会中婚姻的意义就是不同的。[①] 此外，他们可能不承认我们作为特定政治共同体的成员身份的重要性。而且，他们可能低估道德的这种功能，即通过创造一种从属的义务，而限制了我们退出自然性联合的能力。[②] 最后，他们可能将“安静的、反思的、恭敬的……理性的论证优先于激情、承诺、团结、勇气和竞争力”。[③] 因此，协商民主可能会认为，可以一劳永逸地做出某些政治决定。但在政治实践中，政治行动者更有可能“由于感到某些东西在谈判的过程中丧失，而保留在条件更为合适的时候重新进行谈判的权利”[④]。沃尔泽明确指出，协商与他所反对的哲学模式之间存在紧密联系。他认为，“协商并不是一种为了民众的活动”，“协商”或许并不意味着普通民众不能进行“推理”，但它的确认为，大量的民众不能合理地“进行集体推理”。沃尔泽强调，“避免民众从事他们可以共同做的事情，将是一个巨大错误。因为这样一来，有效的有组织的反对将不复存在”[⑤]。也就是说，由于协商民主不能容许政治中的大众参与，因此它与作为“生动经验”的平等处于一种紧张的状态之中。从这里也可以看出，虽然沃尔泽在20世纪90年代后期仍在思考自由主义的抽象方法问题，但他已经在强调政治生活中激情与情感的作用。

---

① Walzer, “On Involuntary Association”, in A. Gutmann, *Freedom of Association*, Princeton: Princeton University Press, 1998, pp. 64 – 74.

② M. Walzer, *Politics and Passion: Toward a More Egalitarian Liberalism*, New Haven: Yale University Press, 2005, pp. 68 – 70.

③ Walzer, “Deliberation, and What Else?” in S. Macedo, *Deliberative Politics: Essays ong Democracy and disagreement*, New York: Oxford University Press, 1999, pp. 58 – 69.

④ M. Walzer, *Politics and Passion: Toward a More Egalitarian Liberalism*, New Haven: Yale University Press, 2005, p. 143.

⑤ Ibid., p. 145.

九　“划分界限：宗教与政治”

这篇文章[①]最初是沃尔泽在1998年于犹他大学法学院所做的讲座，它重申了《论义务》中的很多命题，并表明了它们是如何与沃尔泽关于政治中的激情和犹太政治传统的论述相联系的。沃尔泽在这篇文章中，首先描述了对教会与国家之间分离的不同解释。其次，对这些解释进行了两点批评。最后，他提出了关于当代美国应如何进行宗教与政治分离的看法。

在沃尔泽的解释中，宗教与国家的分离“是一种重要的民主价值”，它主要需要三方面的条件：首先，需要一种制度的区分，国家的支配性权力在宗教之间以及宗教与世俗群体之间保持中立；其次，要求国家的公共仪式不应与任何宗教群体的仪式相一致；最后，它们之间并不存在完全的和绝对的分离，“除非人们普遍接受所有的政治讨论和联合，都是开放的、实际的、因情况而定的、不确定的、非决定性的和宽容的”。宗教寻求终极答案，但政治并非如此。[②]

在现代社会，宗教与政治分离的目标是，“在政治中，神的话语不能承载任何特殊的权威”。但对政治与宗教之间的这种分离也有不少批评者，他们认为宗教也可以在政治中发挥积极的作用，以及这种分离有可能使政治陷入危局。第一种是民粹派的主张：“宗教是政治中令人兴奋的事物的源泉，一旦这种分离被确立，政治就可能变得世俗而世故、谨慎以及实用主义的。”没有宗教的政治将缺乏“激进的希望”、“解放的叙事”等。[③] 因此，这种分离有可能使普通民众丧失对政治生活的兴趣，也有可能使政治生活变成“一种防腐的自由主义”。第二种观点是“社群主义或多元主义的主张”。按照这种观点，宗教创造了“强共同体”，并提供了“表达人类对意义、包容和热情的需要”。“没有宗教的世俗世界被视为是一种客观而几近冷漠的自由主义，它将造就一个疏远的世界，一个陌生人

---

① M. Walzer, “Drawing the Line: Religion and Politics”, *Utah Law Review*, No. 3, 1999, pp. 619 – 638. 后收录在 M. Walzer, *Thinking Politically: Essays in Political Theory*, New Haven: Yale University Press, 2007, pp. 147 – 167.

② M. Walzer, *Thinking Politically: Essays in Political Theory*, New Haven: Yale University Press, 2007, p. 149.

③ Ibid., pp. 152 – 154.

的世界”。这种观点支持宗教宽容，并反对对宗教与政治进行严格的分离。[①]

沃尔泽的观点是，上述的每种主张都是有说服力的，但又不完全正确。“不可否认，强调有激情的政治……或共同体和团结的主张，所具有的说服力。但同时对这些主张进行限制也是必要的，以便那些承诺于不同的‘宏大理由’和不同共同体的人们，能够共同生活在一起。”[②] 换言之，我们所需要的是一种宽容的制度。沃尔泽认为，政治与宗教的分离可以创造这样一种制度。宗教群体应该有权利参与政治讨论，并可以援用宗教观念进行讨论，但他们不能拥有任何强制性的权力。这意味着，要分离的与其说是宗教与政治，还不说是宗教与“国家权力”。我们应当将种族划分与国家权力以及政治与国家权力相分离。这意味着，宗教或种族群体或政治意识形态都不能取得绝对支配，以防止它们阻止政治讨论。就像沃尔泽反复重申的，在政治生活中，所有的决定都要服从未来讨论的“重新开放”。教会与国家之间的分离应该意味着，“禁止任何一方运用强制来推行其意识形态”。只要需要“保持共存的人们之间关于利益和价值的开放式的冲突”，就必须进行政治与宗教之间的分离。冲突和共存是这种分离的“永恒的条件”。[③]

第三节　思想主题：要素与历史发展

在本节中，笔者将主要考察沃尔泽在该时期的思想主题。主要涉及以下几个方面：方法论；公民社会与美国民主；成员资格；文化多元主义与社群主义；社会批评的关联度以及宽容等问题。此外，笔者将解释沃尔泽的思想在该时期的历史发展，并主张，虽然各种传统仍在对其产生影响，但在这个时期他已经形成了自己的研究主题。

一　方法论：批判的阐释主义

沃尔泽拥有一种进行跨学科研究的惊人能力，他可以在社会学、哲

① M. Walzer, *Thinking Politically: Essays in Political Theory*, New Haven: Yale University Press, 2007, pp. 156 – 157.

② Ibid., p. 158.

③ Ibid., p. 164.

学、历史学、伦理学与宗教研究的基础上进行哲学对话。他为正义、民主、社会批评、共同体与宽容等论题做出了重要贡献。沃尔泽并非传统意义上的政治哲学家。他并不像某些政治哲学家那样，首先提出关于正义的抽象标准或关于好生活的抽象理念，然后再将它们运用于人类共同体之中；相反，他首先考察人类在其共同体之中进行道德决断的多元方式，然后再根据这些历史与社会的现实，形成自己的理论观念。[①] 高尔斯顿认为，“沃尔泽发展了一种独特的政治哲学方法，具体的而非抽象的，历史的而非永恒的，个人的而非空洞的”[②]。沃尔泽力求使其理论适应现实社会，而不是使现实适应抽象的理论。他的理论并不反对历史或社会的哲学洞见，但他更强调应根据人们的“生活体验”来确定理论关注。

沃尔泽政治哲学思想的主题之一，就是探究在广泛的民族与国际背景之中，政治与文化共同体之间的张力，包括在像美国这样的多元民主社会中，共同体之间的再生关系。[③] 而且，他试图表达自由主义理念（自由、平等、正义）与社群主义理念（共同体、公共责任、共同利益）在理论与实践方面彼此联系的方式。[④] 他的政治哲学思想的核心洞见包括：公共道德规范的根源，自由民主国家中的多元主义，自我在共同体中的本质，宽容在民族国家中的作用，以及共同体创造与支撑内在的社会批评的过程等。

共同体起初如何获得关于对错、好坏等道德规范的共享理解呢？这是沃尔泽反复提出的哲学问题。但他并没有将自己视为典型的政治哲学家，

---

① “Philosophy and Democracy”, in David Miller, *Thinking Politically: Essays in PoliticalTheory*, New Haven, CT: Yale University Press, 2007, pp. 1 – 21. 以及 “A Critique of Philosophical Conversation”, in David Miller, *Thinking Politically: Essays in Political Theory*, New Haven, CT: Yale University Press, 2007, pp. 22 – 37。［美］迈克尔·沃尔泽：《阐释和社会批判》，任辉献等译，江苏人民出版社 2010 年版。

② William Galston, “Community, Democracy, Philosophy: The Political Thought of Michael Walzer”, *Political Theory*, vol. 17, No. 1, 1989, p. 119.

③ ［美］迈克尔·沃尔泽：《论宽容》，袁建华译，上海人民出版社 2002 年版，第 30—35 页，以及 Michael Walzer, “Shared Meanings in a Poly-ethnic Democratic Setting: A Response”, *Journal of Religious Ethics*, vol. 22, No. 2, 1994, pp. 401 – 405。

④ 沃尔泽在《论宽容》和《政治与激情》中详细讨论了政治共同体问题。美国是他关注的主要对象，同时也讨论了全球共同体中的正义问题。［美］迈克尔·沃尔泽：《论宽容》，袁建华译，上海人民出版社 2002 年版。M. Walzer, *Politics and Passion: Toward a More Egalitarian Liberalism*, New Haven: Yale University Press, 2005.

因为“他并不相信超然的、抽象的思想能够告知我们应如何进行政治性的行动”。[①] 他反对哲学家与其政治共同体之间的分离，反对维特根斯坦的观点，即“哲学家不是任何观念共同体的公民。那就是他成为哲学家的原因”。[②] 相反，他主张，道德反思的出发点，应是既定共同体的成员对其道德世界如何运作的共享理解。在《正义诸领域》一书中，沃尔泽解释道：“我的论点完全是特殊主义的……着手哲学事业的一种方法——可能是最初的方法——是走出洞穴，离开城市，攀登山峰，为自己塑造一个客观的普遍的立场。于是，你就可以在局外描述日常生活领域，这样，日常生活领域就失去了它特有的轮廓而呈现出一种一般形态。但我的意思是站在洞穴里，站在城市里，站在地面上来做描述。研究哲学的另一个方法是向其他公民们阐释我们共享的意义世界。”[③] 他选择了从事政治哲学的一种“阐释”的方法，反对他称之为“创造”和“发现”的方法。[④] “创造”的方法是哲学家的典型方法，他们站在文化之上，试图通过理性的推理过程，创造某些或许无中生有的普遍规范。当这些被“创造”的规范外在地强加于某种文化时，不仅不能有效地发生作用，甚至具有很大的风险，因为文化共同体无法认同或理解它们。也就是说，这些规范与共同体的公共生活并不相干，它们试图从某个中立的空间来创造和决定道德原则，但这样的中立空间并不存在。因为政治与道德的论证，是发生于具有现实利益与特定价值的群体之间的。即使假定这些哲学家可以创造某些相互耦合的道德原则，沃尔泽仍不相信他们可以重新回到自己的共同体之中，并有效地运用这些原则。因为他们所创造的道德原则太过抽象，过于远离他们试图影响的共同体的日常生活。“为什么应该为已经分享一种道德文化并讲一种自然语言的人们创造一些原则呢?”[⑤] 因此，沃尔泽反对像罗尔斯、哈贝马斯、布鲁斯·艾克曼这样的政治哲学家，他们的政治哲

---

① M. Walzer, *Thinking Politically: Essays in Political Theory*, New Haven: Yale University Press, 2007, p. viii.

② Ibid., p. 14.

③ ［美］迈克尔·沃尔泽：《正义诸领域：为多元主义与平等一辩》，褚松燕译，译林出版社2002年版，第5页。

④ ［美］迈克尔·沃尔泽：《阐释和社会批判》，任辉献等译，江苏人民出版社2010年版，第1—41页。

⑤ 同上书，第16页。

学目的在于,“创造对话式的结局、完整的论证以及一致同意的主张,而这些主张就是我们有义务承认的真实的价值或道德正当性”[①]。他们所宣称的参与式的理想对话,实际上限制了政治参与者进行真正参与和讨论的能力,而且他们所宣称的思想实验与真实世界的道德冲突是完全不同的。对沃尔泽而言,不受哲学规划与预想方案束缚的对话,才是不断变化的政治与道德的真实对话。因此,他反对这些政治哲学家或英雄式的自由主义者,单纯从理性推理中创造某些道德语汇,进而导致一种脱离共同体生活的先验的道德或政治后果。[②]

沃尔泽明确反对的第二种方法是“发现”的方法。这种方法广泛存在于宗教思想家之中,这些思想家运用这种方法在神圣启示、自然秩序或自然法中“发现”了某些普遍的和客观的道德规范。这些“发现者”主张,他们的道德标准具有权威性,因为它们与自然的或神圣的终极现实相一致,因此,人们应该遵守这样的标准。对沃尔泽而言,“发现”的方式是不适当的。他认为,这些启示的道德标准可能的确有利于批评某个文化共同体,但随着时间的推移,这些启示的洞见会被同化进这个文化共同体的信念结构中,成为这种文化的历史与传统的一部分,进而失去了批评某些新的或未知的非正义的能力。更为严重的是,这些启示的掌控者,可能运用这些规范去摧毁甚至粗暴地压制特定共同体所持有的“厚重的”价值。[③] 因此,沃尔泽反对哲学家和神学家的这种普遍化倾向,他们试图运用源于某些所谓客观的“阿基米德支点”来超越和判定每一个特殊的共同体。

---

① M. Walzer, *Thinking Politically: Essays in Political Theory*, New Haven: Yale University Press, 2007, p. 22.

② 但金里卡认为,沃尔泽的方法与柏拉图、康德或罗尔斯的方法并无本质不同。康德和罗尔斯也是“居住在文化的洞穴里”,在文化上也可以获得关于绝对命令和公平观念的共享理解。他们的差异并不在于哲学事业始于何处,而在于终于何处。参见[加]威尔·金里卡《自由主义、社群与文化》,应奇等译,上海译文出版社2005年版,第68页。

③ [美]迈克尔·沃尔泽:《阐释和社会批判》,任辉献等译,江苏人民出版社2010年版,第5—9页。这种主张得益于沃尔泽的犹太人出身,他的主张明显是哲学化的,但他的犹太成长经历明显影响了他所关注的哲学问题。这种影响可以参见 M. Walzer, *Exodus and Revolution*, New York: BasicBooks, 1986. 以及 M. Walzer, *Law, Politics and Morality in Judaism*, Princeton: Princeton University Press, 2006. 高尔斯顿认为,犹太人的历史在沃尔泽的思想中占据着一个重要位置,它提供了沃尔泽关于共同体的基础性观念,参见 William Galston, “Community, Democracy, Philosophy: The Political Thought of Michael Walzer”, *Political Theory*, vol. 17, No. 1, 1989, p. 120.

“创造”和“发现”的方法都是不充分的，因为它们都没有诉诸真实的社会生活世界。在沃尔泽看来，“创造”或“发现”的道德规范的根本问题，就是它们都回避了“阐释”的责任。他写道：“对我而言，日常生活的世界就是一个道德的世界，我们最好先去研究它内在的规律、箴言、惯例和理念，而不是将我们自己从中分离出去以寻求一种普遍的或超然的立场。”① 他倡导，道德反思包括社会批评的过程应该运用第三种方式：“阐释”。政治哲学家运用这种方式，可以理解共同体创造、解释和捍卫它们自己道德规范的复杂过程。伦理与政治的价值总是与特定的文化紧密相关，并不是与某种关于人性或正义的先验概念相关。“道德思考没有任何其他出发点。我们只能从所在的地方出发。可是，我们所在的地方总是有价值的某个地方，否则我们绝对不会在那里生活。”② 沃尔泽将价值视为“彻底的特殊主义的”，总是根源于特定的共同体的，这也是为什么他总是被错误地视为社群主义者的原因。

沃尔泽主张一种批判性道德（在一定程度上是普遍化的道德），但他也认为一切地方化的解释都是适当的，这两种认识之间存在着张力。高尔斯顿建议了三种方式来缓解这种张力：首先，沃尔泽反对“空洞的普遍主义”。③ 内格尔认为，每个人都有能力从“本然观点出发”，尤其是“从某个超越客观性的地方”观察世界；同时，每个人也都有一种内在的、个人的视角来看待世界。这些视角都是重要的。虽然它们并不一定总是协调一致，但有时是整合在一起的。沃尔泽的观点与之有些类似，他认为，普遍性并不是建立在一种超验的客观性之上的，而是“经验的共性，我们是这一类存在物并在这一类情境之下发现我们自己”④。其次，高尔斯顿认为，沃尔泽的方法论与古典哲学方法并非完全不同。“苏格拉底也是在洞穴里开始他的洞穴理论，并走出洞穴的。这是一种运动，从共同体

---

① M. Walzer, *The Company of Critics: Social Criticism and Political Commitment in the Twentieth Century*, New York: Basic Books, 1988, p. ix.

② ［美］迈克尔·沃尔泽：《阐释和社会批判》，任辉献等译，江苏人民出版社 2010 年版，第 20 页。

③ William Galston, “Community, Democracy, Philosophy: The Political Thought of Michael Walzer”, *Political Theory*, vol. 17, No. 1, 1989, p. 126. 在此，高尔斯顿指的是内格尔的道德观。参见 Thomas Nagel, *A View from Nowhere*, New York: Oxford University Press, 1987.

④ William Galston, “Community, Democracy, Philosophy: The Political Thought of Michael Walzer”, *Political Theory*, vol. 17, No. 1, 1989, p. 126.

之中观察生活，再到对那个共同体道德生活中所存在的矛盾的观察。从那种观察出发，社会批评来自这个共同体之外。”也就是说，沃尔泽和苏格拉底采用了同样的过程，但苏格拉底是以“客观性”为基础的，而沃尔泽则不然。但两者的效果是一样的，社会批评源于并以社会的与公共的价值为基础。最后是考察沃尔泽的基本假定与承诺，即“对理性与一致性、公共说服以及通过非暴力的手段解决社会差异的承诺”①。古典哲学也具有这样的承诺。沃尔泽认为，“道德律令包括那些我们共同认同的普遍原则，即使我们不能或不愿遵守它们时也是如此”②。社会批评的责任，就是指出共同体中的哪些文化不符合它们自己的道德律令。“战争的道德世界是共享的，并不是因为我们达致了同样的结论……而是我们必须这样行动，它们是一种可能的（实际的）道德生活的条件。”③

在一定意义上而言，方法论问题是《阐释和社会批判》、《批评家群体》中的主要论题，在上文中已经有所涉及。在《正义诸领域》中，沃尔泽已经提到他采用了与当代政治哲学家不同的学科方法。在这本著作的最后几章中，他也提到了政治哲学家和政治哲学在共同体中的角色与地位问题。此外，“哲学与民主”和“自由主义与区分的艺术”两篇论文也对这个问题进行了论述；《正义与非正义战争》中运用历史事例的道德论证，也是对方法论问题的一种表达。但在这些论著中，方法论只是一个次要主题，直到20世纪80年代后期，沃尔泽才开始专注于政治哲学家应如何进行研究和理论论证的问题。

在这里，笔者不想重复沃尔泽在社会批评中的立场。笔者想讨论的是：是什么影响了沃尔泽将“阐释”作为研究政治和道德哲学的最好路径。就像笔者已经说过的，沃尔泽在早年主要受到三种智识传统的影响：研究生时期的历史化的理想主义、《异议》和《新共和》杂志的激进民主传统以及伦理与法哲学学会的分析哲学传统。他强调社会批评比抽象的道德主义更可取，也是由于受到这些思想传统的影响。一是研究生时代他对历史的研究，另一个则是他对美国新左派的愿景和问题的研究。换言之，

---

① William Galston, “Community, Democracy, Philosophy: The Political Thought of Michael Walzer”, *Political Theory*, vol. 17, No. 1, 1989, p. 127.

② ［美］迈克尔·沃尔泽：《正义与非正义战争：通过历史实例的道德论证》，任辉献译，江苏人民出版社2008年版，第xxvii页。

③ 同上书，第xxix页。

从沃尔泽身上我们可以看出，政治承诺影响着我们关于应该如何进行理论研究的观念，而且这些政治承诺大多早于对理论的研究。因此，沃尔泽关于方法论的立场明显受到《异议》杂志的影响。

历史化的理想主义和美国激进民主传统，已经影响了沃尔泽关于社会批评和阐释路径的观念，而后者是一个更为有力的激发因素。在《阐释和社会批判》的第二章和整个《批评家群体》中，沃尔泽都主张，“尽管只有很小的批评距离，社会批评家仍然可以进行激进的批评”，美国激进民主对这种观点产生了决定性的影响。作为《异议》和《新共和》杂志的编辑和撰稿人，沃尔泽无疑会相信，专注于美国政治生活以及成为共同体的积极成员是完全可能的，而且同时对共同体进行激进的批评也是可能的。

关于第三种影响，即通过伦理与法哲学学会而受到的分析哲学传统的影响，在这个时期主要是消极的。沃尔泽将分析政治哲学所使用的路径视为“发现和创造”的路径，并将内格尔视为典型的“发现者”，将罗尔斯视为典型的“创造者”。沃尔泽反对这两种路径，并认为它们既是不必要的也是不充分的。“我们已经生活在一个道德世界中，因此，我们不需要重新再去创造或发现一个道德世界。而且，即使我们发现或创造了一个道德世界，我们也必须去阐释它。”因此，阐释是无论如何也不能回避的路径。

事实上，还有第四种传统对沃尔泽产生了影响，即犹太传统。从其论著中，我们完全可以看到沃尔泽对犹太历史的浓厚兴趣，这并非一种巧合。因为沃尔泽的犹太人出身，在他成为一位政治哲学家之前，就已经影响了他关于“阐释的不可避免性”的观念。

此外，这种方法论也是使沃尔泽看起来像社群主义者的原因之一。沃尔泽的很多著名观点，都包含了他的这种方法论主张，如政治哲学家应该而且能够阐释他们共同体的价值；每个共同体都在发展它自己的道德世界；正是因为每个统治阶级都必须将自己呈现为一个普遍的阶级，因此会保留其虚伪性，这样一来，社会批评家就能够对其进行激进的批评。就方法论而言，沃尔泽似乎是一位社群主义者，但他是情境化的和平等主义的社群主义者。

二 公民社会与美国民主

在前文中提到，沃尔泽关于公民社会的论著，受到东欧剧变和苏联解体的影响。1993 年，他在《经济学家》杂志上发表了一篇文章，在该文中，沃尔泽注意到，公民社会和制度变革在 1989 年之后，成为政治哲学的两种新的辩护工具。① 对沃尔泽而言，公民社会明显与中东欧的民族主义运动有关，也就是与他所称的“新部落主义”相关。② 就像沃尔泽所注意到的，即使是“一种受到严格限制的公民社会”，也有助于苏联解体后“异议”的繁荣。而苏联新政体的中心任务之一，就是重建这种“异议”③。公民社会也是沃尔泽在美国民主观念中所拥护的东西。例如，公民社会是实现社会化分配的一种方式。但什么是公民社会以及它为什么是美国民主的一个重要方面呢?

要回答这个问题，我们需要首先考察一下公民社会的概念。在这个时期，沃尔泽所给出的关于公民社会的最清晰定义是在“公民社会观念”一文中。他认为，公民社会是“非强制的人类结合的空间，很多相关的网络充满着这个空间，如围绕家庭、信仰、兴趣和意识形态所形成的网络……工会、教堂、政治社团和运动、合作企业、邻居以及思想学派等”④。沃尔泽在《正义诸领域》中也提到，福利供给的某些方面，可以通过宗教群体在地方化的基础上进行管理，这里其实指的就是公民社会。

1986 年发表的“走向一种社会分配理论”一文，是沃尔泽最早关注公民社会的文章之一。在 1992 年之后，公民社会成为沃尔泽的主要论题之一。1995 年，沃尔泽出版了《走向全球公民社会》一书，同年发表了“对公民社会的论证”一文。在“走向一种社会分配理论”一文中，沃尔泽对将社会划分为公私部分的观点进行了批评。他认为，这种公私区分是

---

① M. Walzer, “Between Nation and World: Welcome to Some New Ideologies”, *The Economist*, Special issue, 150 Economist Years, September 11, 1993, pp. 51 – 54.

② M. Walzer, “The New Tribalism: Notes on a Difficult Problem”, *Dissent*, Spring 1992, pp. 164 – 171.

③ “The Concept of Civil Society”, in M. Walzer, *Toward a Global Civil Society*, Providence, R. I. and Oxford: Berghahn Books, 1995, p. 7.

④ Ibid., pp. 7 – 8.

不充分的，因为实际上存在四种这样的部分：家庭、国家、市场和社会部门。在这篇文章中，沃尔泽将第四种部门视为“包含性的”，即“除去家庭、市场和国家，公民社会所剩下的东西，它的典型模式是合作”①。他主张，“合作”比“市场”和“国家”的模式更为可取。我们大体可以认为，沃尔泽所谓的社会部门其实就是公民社会。他将公民社会作为一种平等主义的平台，从而避免市场的不平等，而又不必依赖国家的强制性。沃尔泽认为，只要市场保持在自己合适的领域内，它就是适当的。他并不想取消国家，他将“福利社会”的主要部分留给了国家，“它必须监督和资助公民和志愿者的工作”。② 但公民社会也可以从国家那里分担很多工作，通过这种方式更多的人将参与到再分配的过程中，并最终参与到政治生活本身。对沃尔泽而言，“将福利国家社会化”的好处之一就是，更多的人将成为资源的分配者而不仅仅是接受者。此外，对他而言，政治参与的缺乏，是美国政治生活的主要问题之一，也是自由主义政治哲学的缺陷之一。

公民社会对美国民主而言是重要的，原因主要有三点：一是公民社会可以消减国家强制的程度而不增加不平等；二是公民社会能够促进政治参与并给予人们公共目标而不仅仅是私人生活；三是《何谓美国人》的主要论题，即美国是一个多民族的国家而不是一个民族国家。由此，就需要一个相对虚弱的国家，因为在一个多民族国家中，公共权力的威胁会更大。而在一个民族国家的日常生活中，政治应取得一个更重要的地位，因为民族间的联系会使人们感到更有包容感。因此，公民社会对美国比对东欧国家而言更为重要。沃尔泽认为，在很大程度上，“美国公民是在次要和地方化的组织中获得政治能力的，公民社会对美国而言是民主政治的基础”③。政治参与对美国的普通公民而言，也比对欧洲国家的公民而言更为重要。因此，美国不能没有公民社会。对沃尔泽而言，它一定是美国民主的基础之一。这种立场似乎与自由主义者的主张很一致。但笔者

---

① “The Concept of Civil Society”, in M. Walzer, *Toward a Global Civil Society*, Providence, R. I. and Oxford: Berghahn Books, 1995, p. 80.

② “Socializing the Welfare State”, in A. Gutmann, *Democracy and the Welfare State*, Princeton: Princeton University Press, 1988, p. 26; “The Concept of Civil Society”, in M. Walzer *Toward a Global Civil Society*, Providence, R. I. and Oxford: Berghahn Books, 1995, pp. 21 – 25.

③ M. Walzer, *What It Means to be an American*, New York: Marsilio, 1992, p. 18.

相信，沃尔泽对公民社会的重视，根本上是由于美国激进民主传统和《异议》杂志影响的结果。它表明了沃尔泽对美国日常政治生活细节的关注。因此，在“新左派的田园式撤退”一文中，沃尔泽主张，政治运动并没有消失，而是转向了关注更为细小的地方化事务。沃尔泽更为注重地方共同体在资源分配中的决定作用，这与社群主义的主张具有一致性。

公民社会是沃尔泽思想中的一个持续论题，这主要是由于两方面的原因。首先，公民社会是文化差异失去作用的领域，这也是它必须受到国家干涉的原因。公民社会在培育一种积极的公共生活方面，发挥着至关重要的作用。但它从来不能免除对国家权力的需要。其次，公民社会是“无限开放的；无论公民身份需要何种特定联合，它总是可能形成一种新的群体”[①]。换言之，对沃尔泽而言，公民社会说明了政治、哲学或宗教之间的关键差异。在政治中，问题总是不断地被重新讨论，决定也总是不断地被改变，这是一个永无止境的过程。而这也是民主的要求，也解释了哲学和宗教与国家相分离的原因。当我们参与政治活动时，“我们其实是置身于一种持续的参与和永不终止的活动模式中”。[②] 原则上，政治参与是永不终止的，因为任何类型的终止都将违背自决的民主权利。沃尔泽重视公民社会，是因为作为一种“背景的背景”，它反对政治问题的单一答案。这在“对公民社会的论证”一文中表现得最为清晰，在此文中，沃尔泽反对将好生活置于任何一个单一的领域内，无论这个领域是市场、公共论坛、工厂还是民族。

三　成员资格

成员资格是沃尔泽在《正义诸领域》中所探讨的第一个“领域”。就像他的整个思想一样，他对成员资格的论证也是特殊主义的。在《正义诸领域》第一章的结尾处，他提到，“共同体本身——大概是最重要

---

① M. Walzer, *Toward a Global Civil Society*, Providence, R. I. and Oxford: Berghahn Books, 1995, p. 4.

② M. Walzer, “On Negative Politics”, in B. Yack, *Liberalism without Illusions: Essays on Liberal Theory and the Political Vision of Judith N. Shklar*, Chicago: The University of Chicago Press, 1996, p. 19.

的——就是一个待分配的物品"[①]。此外，他在"成员资格的分配"一文中也提到，每一个政治共同体都有权利决定接纳何人为其成员，并具有承认现有成员移民国外的权利，以及决定为哪些受到迫害和压迫的人提供庇护的权利。但共同体并没有必然的义务提供某种庇护，因为"限制难民涌入国界，是集体自决权的一个重要方面"。最后这一点将我们带入了沃尔泽成员资格理论的核心。按照他的解释，控制共同体成员资格的权利，是集体自决权的重要组成部分。如果国家不能控制成员的接纳，就不会有这样的集体自决权。此外，最值得注意的一点是，成员资格问题不能通过感知共同人性或维护基本人权的方式得到解答。相反，成员资格是集体自决的一个重要方面。他认为，"文化和群体的独特性依赖封闭，并且，没有封闭，文化和群体的独特性就不能被当作人类生活的一个稳定特征"[②]。多元民主社会是人们在其中可以自由结合的社会，而自由结合的结果就是建立了不同的社会生活形式。因此，自由结合有助于形成多元主义，这也意味着民主的实践有助于产生独特的文化，对成员资格权利的限制在一定程度上也是对民主的辩护。集体自决的权利是一种集体持有的权利，而正在被限制的成员资格的权利仅是一种个人化的权利。在沃尔泽看来，共同体似乎优于个体。他反对这样的主张，即自决实际上是一种集体持有的个体权利而不是一种集体权利：共同体无权自决，除非其成员同意它拥有这样一种权利。这是沃尔泽思想中一个明显的社群主义特征，他对待成员资格的方式，是他试图调和自由主义价值与社会化民主的结果。

沃尔泽在 1986—1992 年间最重要的文章可能就是"公民资格"，收录在 1989 年出版的论文集《政治变革与观念转变》中。对沃尔泽而言，在当代民主政治中，公民资格的主要问题是，"它似乎没有激励高水平的参与或奉献"。[③] 正是由于这个原因，公民资格的理论家经常诉诸古希腊和罗马的公民资格观念。在这篇文章中，沃尔泽考察了公民资格这个术语的起源以及作为一个公民的义务。他认为，"直到近代历史的早期，才将政治生活确立为普通人的'真实生活'"。当然，沃尔泽也承认，关于公

① ［美］迈克尔·沃尔泽：《正义诸领域：为多元主义与平等一辩》，褚松燕译，译林出版社 2002 年版，第 35—36 页。

② 同上书，第 48 页。

③ M. Walzer, "Citizenship", in T. Ball, J. Farr, and R. L. Hanson, *Political Innovation and Conceptual Change*, Cambridge: Cambridge University Press, 1989, pp. 211 - 219.

民资格的古典解释需要“一种最小范围的社会区分”以及“小规模的政治组织”。[①] 他并不主张回到古典的共和政体，但他强调了行动主义政治的重要性。这是因为，我们需要通过对抗政治当局来保证安全，这就需要政治行动主义。沃尔泽的公民概念不是一个权利承担者，而是一个政治行动者。但令人遗憾的是，公民资格并不是现代社会公民的“主要认同”或“强烈激情”，因为社会分化导致了“私人领域的首要地位”。[②] 因此，他希望公民资格能够在现代社会中发挥更大的作用。在这篇文章中，他指出，对卢梭和雅各宾派而言，“公民社会对共和政体是一种威胁，因为它使社会成员远离政治……公民资格和德性需要对公民社会的抑制或其范围的缩减”[③]。根据这种观点，沃尔泽很明确地希望人们能够积极参与社会生活。对他而言，这种分裂并不是一种简单的政治与公民社会的分离。社会生活也包括市场，“正是市场支配着我们在当代生活中的注意力”。通过将目光从市场转向公民社会，沃尔泽也试图使人们更为靠近公共生活。在他所规定的公民社会中，人们的目的不是私人性的而是社会性的。

对沃尔泽而言，他和卢梭之间的一个更为重要的差别是，他认为国家并不能包含所有的政治。在“自由主义的社群主义批判”一文中，沃尔泽指出，社群主义批评的优点，主要是它复兴了新古典主义的共和主义。在社群主义的主张中，地方政治将具有更大的作用，非中立的国家将授权给城市、市镇，至少在地方政治中，这将促使某些东西更为靠近古典的公民资格。地方政治不是公民社会的一部分，但它也不是传统理解的国家的一部分。通过增加政治行动主义观念，沃尔泽寻求吸取公民社会和共和主义公民资格理论的优点，使它们在社会生活中发挥更大的作用。

四　文化多元主义与社群主义

就像我们已经看到的，容纳群体差异是沃尔泽在 20 世纪 90 年代中后期论著的一个核心主题。在《厚与薄》的导论中，他也提到：“差异是我

---

① M. Walzer, “Citizenship”, in T. Ball, J. Farr, and R. L. Hanson, *Political Innovation and Conceptual Change*, Cambridge: Cambridge University Press, 1989, pp. 213 - 214.

② Ibid., pp. 217 - 218.

③ Ibid., p. 212.

一贯的研究主题和持久的兴趣所在。”① 显然，沃尔泽一直反对关于社会生活和分配正义的单一论述。差异政治语言的使用，是他政治哲学思想的一个重要发展，从20世纪80年代后期开始一直到90年代中期，他对差异政治进行了完整的表达。对沃尔泽而言，社会生活不仅是由具有自身独特分配价值的正义诸领域所构成的，而且是由具有跨领域的共享价值的不同种族、宗教和文化群体所构成的。而文化多元主义的事实使这一点更为明显。他认为，“民主国家显然是一个我们共享的意义世界”。文化多元主义的问题是，如何维护不同群体在社会中表达差异的权利。在这样一个社会中，国家可能并不承诺保护这些群体的发展和存续。因此，文化多元主义就不仅仅是一个群体能否共享一系列理解的问题了。

对沃尔泽而言，文化多元主义是平等主义政治中的重大问题。帮助种族群体在公民社会中建立联合，是他早期关于福利国家社会化主张的延续。这就是“注重实际的文化多元主义”理论所要表达的东西。按照他的说法，“文化多元主义的力量依赖群体表达文化善的能力”②。文化多元主义的问题是，不同的种族群体具有提供文化善的不同能力，如礼拜仪式的地点、教育设施和福利设施等，但“没有一个群体能够仅靠自己的能力做到这一点”。每个群体在一定程度上都要依赖国家的支持，来确保它们的发展和存续。这意味着，“所有具有多种文化的公民不得不从政治上运作，使国家承诺保护其多样性：以一种大体平等的方式向所有的群体分配资源以帮助它们自助”③。换言之，没有一种动员和资助某些群体的政治策略，就不可能“从分裂和被动中拯救个人”。国家必须支持一个具有多种文化的多元主义社会。沃尔泽得出结论认为，“作为一种意识形态，文化多元主义是为确定更广泛的社会和经济平等而提出的，假如没有这两方面的结合：捍卫群体的差异性和抨击等级的差异性，那么在一个移民、多元、现代和后现代的社会里，任何一种宽容制度都将无法长

---

① M. Walzer, *Thick and Thin: Moral Argument at Home and Abroad*, Notre Dame: University of Notre Dame Press, 1994, p. x.

② M. Walzer, "Multiculturalism and the Politics of Interest", in D. Biale, M. Galchinsky, and S. Heschel, *Insider/Outsider: American Jews and Multiculturalism*, Berkeley: University of California Press, 1998, pp. 88 - 98.

③ Ibid., p. 97.

期运作”①。

这些观点应该可以很清晰地表明，文化多元主义和公民社会对沃尔泽而言，是联系非常紧密的论题。文化组织的繁荣，是在公民社会中而不是在国家中实现的。文化多元主义和公民社会中的其他次级联合形式，都要依赖国家的支持，但它们也与国家处于一种紧张的关系中。沃尔泽认为，对群体差异的宽容和少数群体成员权利之间的张力意味着，“我们永远不可能是一位始终不渝的文化多元主义或个人主义的卫道士；我们永远不可能是彻底的公有社会主义者或自由主义者；也不可能是彻底的现代主义者或后现代主义者；然而正如这种平衡所要求的，我们必须两者兼之。就我看来，这种平衡的最佳做法就是社会民主”②。因此，沃尔泽的文化多元主义，表达了他对社会民主的一贯承诺。他的目的是确保“大体”的平等和差异。因此，他认为，少数群体需要从政治和经济上进行整合，并能够维持它们在文化上的自治。社会民主主义需要将所有的公民和群体都包括进来，但同时也需要尊重它们不同的生活方式。

文化多元主义对最终评价沃尔泽与社群主义之间的关系是至关重要的。沃尔泽曾断言，社群主义对自由主义的批评“注定是永恒重现的”：它不能完全取得胜利，也不能被完全消解。这一点在《论义务》中再次得到重申。在他看来，在对待群体认同和反对当代英美自由主义的抽象个人主义方面，社会民主主义者是倾向于社群主义的。但社会民主主义者也认为，应注意防止对少数群体的宽容变成合法的压制。可以说，沃尔泽与社群主义的关系只有根据他关于文化差异的思想，才能得到真正的理解。这一点也可以在他对桑德尔的《民主的不满》一书的回应中，得到最好的体现。在《民主的不满》中，桑德尔进一步加强了他对自由主义“程序共和国”的批评，他主张，只有对培育公民的道德价值进行一定的修正，并承诺于促进某种特定好生活的共和主义政治，美国才能从“无负载自我”的“痛苦”中解脱出来。③ 沃尔泽首先将此书描述为“内在社会批评的一个精彩的例子”，并强调他同意桑德尔的很多

① ［美］迈克尔·沃尔泽：《论宽容》，袁建华译，上海人民出版社 2002 年版，第 111 页。

② 同上书，第 111—112 页。

③ ［美］迈克尔·桑德尔：《民主的不满：美国在寻求一种公共哲学》，曾纪茂译，江苏人民出版社 2008 年版。

论述，尤其是同意他对程序主义的批评。桑德尔是在1998年发表这本著作的，而沃尔泽在1997年就已经在《论宽容》中提出了对“程序主义”哲学方法的批评。他和桑德尔也被视为当代社群主义的最著名的代表人物。

沃尔泽强调，社群主义实际存在两个变体：一个是公民共和主义的变体，另一个则是多元主义的变体。这两者之间存在张力，因为共和主义与“次级联合组织”之间存在张力，“次级联合组织”要求其成员的忠诚，而共和主义则对这样的组织进行了限定。[①] 共和主义者强调公民对国家的基本从属关系，而像沃尔泽这样的多元主义者则并不这样认为。在一个多元社会中，公民的大多数并不像桑德尔所描述的那样，他们将“对国家的从属”视为其认同的决定性部分，在美国尤其是这样。美国公民并不像生活在一个长期确立的民族国家中的公民那样，拥有强烈的义务感。因为在一个移民社会中，“构成自我认同具有很多不同的方式，一种单一的身份可能包含很多可能的身份认同”。在《论宽容》中，沃尔泽主张，“民族国家将少数民族的成员吸收为他们种族群体的传统成员，而移民社会则将他们视为对其种族划分的一个个性化版本”。移民是“有负载的自我”，但他们只是“轻度地多样性地有负载的”。沃尔泽认为，桑德尔的著作忽视了美国是一个移民社会的事实。

美国是一个移民社会的事实，促使沃尔泽做出了培育文化多元主义的社群主义承诺。按照他的理解，如果我们不能宽容群体差异和允许每个群体发展他们自己的公共生活，那我们就不可能是平等主义者。但在像美国这样的移民社会中，认同要比像桑德尔这样的共和主义的社群主义者所建议的更为不确定和更为复杂。桑德尔的“原生型社群主义”认为，关于认同的选择自由是不必要的：我们所需要的是培育人们能够在其中进行选择的环境，并要求“一种以群体为中心的分配正义”。[②] 沃尔泽接受桑德尔的这个主张，即分配正义是一个自由主义的而不是共和主义的概念。因此，他主张自由主义应加强对群体的社群主义式的关注，他试图运用一种

① “Michael Sandel's America”, in A. Allen and M. Regan, Jr., *Debating Democracy's Discontent: Essays on American Politics, Law, and Public Philosophy*, Oxford: Oxford University Press, 1998, pp. 175 - 177.

② Ibid., pp. 181 - 182.

社会民主主义的方式来平衡自由主义与社群主义，而文化宽容则是他在20世纪90年代寻求这种平衡的一个重要方面。

五　社会批评的关联度

如果像正义这样的特定道德规范源于一种文化的共享理解，那么在这种文化或跨文化的情况下社会批评如何可能呢？如果政治哲学家想获得某个共同体的共享理解，那他应该如何运用"阐释"的方法呢？沃尔泽在《阐释和社会批判》一书中对这样的问题给予了专门回答，"我在本书的目的是为理解作为一种社会实践的社会批评提出一个框架。社会批评家是做什么的？他们是怎样展开批判的？他们的标准从哪里来？批评家如何确定自己与所批判的民族和制度的距离？"① 在这本著作中，沃尔泽提出这样的观点："社会批评最好被理解为一种批判性的阐释。"②

正如沃尔泽所理解的，共享理解的存在，并不意味着共同体成员会自动无批判地接纳共同体的公共价值，社会批评在所有的社会性群体中都将自然地发生。而且，社会批评者也只是表达了共同体中某些成员的所想，几乎没有哪个社会批评者会与它所批评的社会绝对分离。因为只有在一定的文化之中，才会有一定的文化感受和文化表达。"社会批判是内部的争论。外面的人只有设法进入这个社会，在想象中进入当地的习俗和制度，才能成为一个社会批评家。"③ 沃尔泽认为，如在葛兰西的社会批评理论中，马克思主义社会中的统治阶级试图将其价值和信念普遍化到每个阶级；由于统治阶级所宣称和捍卫的道德规范与其实践活动并不一致，社会批评者就有了进行社会批评的动力。简言之，社会批评者总是将当前的社会实践，与支配群体试图普遍化的核心价值进行比较，通过理想状态与社会现实之间的不一致来挑战现状，从而获得支持和权威。"统治阶级的意识形态内在地包含着危及自身的

---

① ［美］迈克尔·沃尔泽：《阐释和社会批判》，任辉献等译，江苏人民出版社2010年版，第1页。M. Walzer, *The Company of Critics: Social Criticism and Political Commitment in the Twentieth Century*, New York: BasicBooks, 1988.

② ［美］迈克尔·沃尔泽：《阐释和社会批判》，任辉献等译，江苏人民出版社2010年版，第1页。

③ 同上书，第48页。

可能性。”①

如何对社会批评者的工作进行评价以及某种社会批评何时才算成功？对于这样的问题，沃尔泽认为并不存在最终的答案。只有被批评的社会本身，才能对社会批评进行评价。对话与解释将是永恒持续的，“它只有暂时的停止点，即作出判断的瞬间”②。社会批评是每种文化永无止境的工作。根据情况的不同，某种社会批评方式可能比其他方式更富有成效，但并不能预先确定这种方式是什么。

对于寻求客观或超然的社会批评的思想家而言，沃尔泽的思想是令人沮丧的。沃尔泽的批评者指出，没有一定的批判距离，就不可能进行有效的社会批评。但沃尔泽明确指出并不存在所谓的客观的批判距离，他写道：“……是反对或异议而不是批判距离决定着社会批评形式。”③ 欲成为有效的社会批评者，沃尔泽建议，“批判并不要求我们完全退出所在的社会，而只是要求远离社会中的某些权力关系。我们必须让自己远离的不是与这个社会的联系，而是权力机构和统治。边缘化是确定（或体验）这种距离的一种方式……处在稍微靠边的地方，但没有出去：批判的距离只有咫尺之遥”④。事实上，“相关联的”（connected）社会批评可能会以许多不同的群体或个体的形式进行呈现。从根本上而言，社会批评者并不是社会的“敌人”。

在《厚与薄》中，沃尔泽以另一种方式详细描述了“关联”与“距离”的观念，即通过一种“关于自我的特别的哲学人类学”来加以实现。在其称为“分裂的自我”中，沃尔泽主张，在社会批评的过程中，人类创造了一种“双重自我”，一个自我带着批判的眼光，从文化中撤退出来，从理性的、更少承诺的视角出发客观地衡量社会；另一个内在化的自我也同时存在，它积极参与社会生活，承诺于社会建设。他写道：“所有的自我都以三种不同的方式进行自我分裂（内在的区分）。”首先，自我通过其多样的角色与利益来划分自己，如作为商人、工人和专业人员等。其次，自我的划分存在于其文化认同之中，如存在于它的宗教、历史和家

① ［美］迈克尔·沃尔泽：《阐释和社会批判》，任辉献等译，江苏人民出版社 2010 年版，第 52 页。

② 同上书，第 62 页。

③ 同上书，第 70 页。

④ 同上书，第 77—78 页。

庭之中。这两个层面描述了人类身份复杂的复合厚重性。除这两个层面之外，沃尔泽还说明了自我的第三个层面："自我也在其理念、原则和价值之中划分自己；它具有多种道德声音（voices），这也是为什么它能够进行自我批评并倾向于怀疑、苦闷和不确定。"[①] 总之，自我既是道德批评的主体也是其客体。

对社会批评进行描述比较容易（无非是某个个体或群体批评另一个个体或群体），但对自我批评进行描述则更为复杂。进行批评的"大写的我"（I）是谁？被批评的"小写的我"（me）又是谁？人类存在的目的或许就是弥合"大写的我"与"小写的我"或者自我与超我之间的鸿沟。[②] 哲学家、行为科学家以及神学家可能以不同的方式描述自我的分裂，但他们都不能否认分裂的存在。从哲学的意义而言，自我是厚重的，分裂的道德自我也是厚重的。也就是说，不仅存在"大写的我"与"小写的我"两种道德声音，而且还有很多真实的多样性的道德声音。沃尔泽认为，自我批评的道德声音的多样性是很有价值的，因为合理的社会就应该有多样性的社会批评家，完善的自我也是如此。"自我的规则最好被想象成一个填充的圆圈。我处于中心，我的'自我的批评者'（self-critics）环绕周围……"某些道德声音可能受到更仔细的倾听，自我就有可能采纳这些批评，但其他的某些道德声音则可能被忽视。这些"厚重的"多元的道德声音来自哪里呢？沃尔泽认为，多元的文化赋予了自我复杂的和内在的道德声音，自我可能去倾听、去抵制、去采纳或去批评它们。自我内在与外在生活的多元性最终会对抗非正义，因为它使多重视角变得有效，从这些视角出发个体可以分析和批评自我的世界。他建议，通过支持和鼓励多元声音与社群参与，社会可以对抗非正义的情形，反过来也可以赋予分裂的自我一个"批评者共同体"。此外，"由于这些声音具有独特的作用，自我必须保持它自己的某些意识。一个分裂的自我并不意味着一个闭塞的自我，但自我仍须保持某个中心。没有一个连贯的公共社会，社会批评就会失去它的立足点；没有一个连贯的自我、本我和超我，自我批评也会失去立足点。尽管是由多重的批判声音所构成，但一个民族必须拥

---

① M. Walzer, *Thick and Thin: Moral Argument at Home and Abroad*, Notre Dame: University of Notre Dame Press, 1994, pp. 85 - 104.

② Ibid., p. 90.

有一种自我的意识"[①]。按照沃尔泽的理解，自我阐释的个体所处的多元共同体，塑造着他们的身份、他们各自内在的批评的声音、他们对社会善的理解以及关于正义的观念。道德并不是"起初是稀薄的，随着时间的推移逐渐变得厚重；相反，道德从一开始就是厚重的，是文化上整合的，是充分共鸣的，它只是在某些特别的时刻稀薄地呈现自我，也就是当道德语言诉诸特定的目的之时"[②]。由于道德从一开始就是厚重的，个体最初也只能根据孕育他们的共同体，来理解他们的承诺以及社会善。因此，从某种意义上而言，共同体的多重道德声音是先于个体承诺的。

沃尔泽强调，多元主义是一种有价值的社会善，因为它对于社会批评的持续发展是必不可少的。另外，社会应该珍视文化多元主义而不是诋毁它，因为通过社会批评，它提供了使社会更为合理的方式。分裂的自我也离不开文化多元主义，"……厚重的分裂的自我是一个厚重有区分的多元社会的典型产物，反过来，它也要求这样的一个社会"[③]。沃尔泽认为，理解自我的本质是重要的，但更为重要的是理解分裂的自我在共同体中是如何进行关联的。"政治哲学的中心问题，不是自我的构成，而是构成性的自我进行自我关联以及社会关联的方式。"[④]

六　宽容

沃尔泽认为，宽容是一种复杂的善，它倾向于一种消极的德性。也就是说，宽容通常意味着避免某种特定的恶性，如宗教迫害、政治偏见或者种族歧视等。高尔斯顿指出，宽容的启蒙源于欧洲历史上残酷的宗教战争，那段历史解释了某种强道德共同体的存在，它与民族国家的结构存在相当大的差异。"宽容的思想……为政治共同体提供了基础，在政治共同体中，一些意义是共享的，而另一些则不是。"宽容本身需要政治共同体与道德共同体之间的区分，因为宽容支持文化、宗教和种族共同体的多元存在，它涵括了信念与道德规范的多元性，它们之间的张力"是通过说

---

① M. Walzer, *Thick and Thin*: *Moral Argument at Home and Abroad*, Notre Dame: University of Notre Dame Press, 1994, p. 98.

② Ibid., p. 4.

③ Ibid., p. 101.

④ M. Walzer, *Politics and Passion*: *Toward a more Egalitarian Liberalism*, New Haven, CT: Yale University Press, 2005, p. 162.

服而非暴力进行调控的”。的确，宽容本身是一种政治性的建构，也是一种历史产物，用来解决相互冲突的宗教权利间的矛盾。[①] 换言之，宽容本身是一种独立的政治可能性，当一个政治共同体鼓励宽容时，它实际上默认了道德与政治共同体之间的区分。

根据单一宽容行为的背景与动机，宽容可能不仅是一种消极的德性，也是一种积极的德性，它涉及“具有不同历史、文化和认同的群体之间的和平共处”[②]。贝克曼区分了规范的宽容观念所包含的三种态度，即接纳（acceptance）、冷漠（indifference）与认可（endorsement）。作为“接纳”的宽容意味着，个体承认多样性的价值，尽管他们并不一定偏好他们所宽容的多样性。作为“冷漠”的宽容主张，应该忽视个体或群体之间的各种差异，也就是无须考虑这些差异；或者认为在我们生活的政治与文化世界中，多样性是无意义的差异。作为“认可”的宽容意味着，差异应被视为一种积极的善，并应被积极地包容进来；持有这种宽容观念的人相信，具有丰富差异性的共同体将更为幸福，应积极寻求多种方式认可并促进这些差异。总之，“人们接受宽容的程度可能取决于，处于利害攸关之中的是何种宽容”[③]。

沃尔泽概述了他自己的宽容模式，他将宽容视为个体趋向包含不同生活方式的群体的一种内在情形。[④] 第一，为了和平，沃尔泽认为应该接受宽容。“人们多年厮杀，最后筋疲力尽，出现怜悯，我们将其称为宽容。”第二，宽容也是“对差异的冷漠”。第三，宽容采取了一种义务的形式。“即使我们并不喜欢某些群体，我们也知道这些群体具有存在和表达它们自己的权利。”第四，宽容也是“对别人表达一种开放性、好奇心甚至是尊重，一种愿意倾听和学习的意愿”。在这种形式中，宽容表达了一种积极的肯定、认可以及对其他生活方式的包容。[⑤] 他解释说，“这种类型的

---

① W. Galston, “Community, Democracy, Philosophy”, *Political Theory*, vol. 17, No. 1, 1989, pp. 119 – 130.

② ［美］迈克尔·沃尔泽：《论宽容》，袁建华译，上海人民出版社 2002 年版，第 2 页。

③ Ludvig Beckman, *The Liberal State and The Politics of Virtue*, New Brunswick, NJ: Transaction Publishers, 2001, p. 27.

④ ［美］迈克尔·沃尔泽：《论宽容》，袁建华译，上海人民出版社 2002 年版，第 10—11 页。

⑤ 同上。

宽容超出了他本人的论述范围，因为它似乎是不一致的——它实际上是去宽容我所认可的东西”。

沃尔泽进一步主张，宽容不仅是一种善，而且也是生活和自由所依赖的一种跨文化的基础价值。宽容“维护着生命本身，因为迫害致死的事时有发生；它也维护共同体的存在，亦即我们生活的不同社区的存在。宽容使得差异性得以存在，而差异性使得宽容成为必要”。因此，宽容对多元社会中的个体的存在而言是必要的，对多元主义本身的存在而言也是必要的，它有利于保持共同体的多元性。即使在多元主义的背景中，沃尔泽也相信，为了宽容的发展，一种体制必须以一种合理的方式保持多元性的统一。“每种宽容体制在某种程度上必须是单一的和统一的，才能保证其成员的忠诚。”[①] 这样一来，沃尔泽的思想中就会出现一种张力，因为他既肯定宗教与种族群体的多样性（以及人们对这些群体的忠诚），又支持一种统一国家的观念（公民与群体成员应该对其保持忠诚）。他采用了很多历史事例来缓解这种张力，尤其是那些体现对群体的忠诚与对国家的忠诚之间张力的例子（如土著居民的权利要求）。

从历史与地缘政治学上来看，多元主义会以多种方式出现。因此，沃尔泽主张，宽容也是以一种多样的形式存在的。在《论宽容》中，沃尔泽概括了五种不同的宽容模式，他称之为宽容体制（regimes）：多民族帝国、国际社会、联盟、民族国家与移民社会。[②] 他并没有特别肯定其中的任一形式，因为在全球政治背景下，种族共同体的需求与种类是非常广泛的，没有哪一种模式可以内在地比其他的模式更好。

根据沃尔泽的观点，移民社会与民族国家的差别在于，前者之中的支配多数是暂时的，而后者之中的支配则是永久的。“不同群体的成员背井离乡，告别祖国，他们独自一人或携儿带女举家陆陆续续地奔赴新大陆，四处安家落户。尽管他们蜂拥而至，承受着同样的政治和经济压力，但他们并不是以组织起来的群体的形式来到新大陆的，他们不是殖民者，不打算有意识地把他们的本国文化移植于新的土壤，他们仅以比较少的人数相居为安，同时往往也与各个城市、各个国家、各个地区的其他类似的群体

① ［美］迈克尔·沃尔泽：《论宽容》，袁建华译，上海人民出版社2002年版，第vii页。

② 同上书，第14—35页。

相互交流，因而不可能存在领土自治。”[①] 也就是说，从其他地方迁入的移民会在一个新的地理场所定居下来。他们不是作为殖民者迁入的，也不是受到某个政治与文化共同体的邀请而迁入的，而是作为个体或家庭迁入的。他们可能会维持他们自己的文化传统，但不可能永远如此。移民群体有可能经常聚在一起，但他们并不是试图建立领土的自治。在较大的移民社会中，中立的国家通常宽容所有的群体。只要这些群体尊重程序正义，并保护个人的选择与独立的权利，它们可以自己决定它们在文化、语言、宗教或民族方面所认同的共同体和活动。“宽容具有一种极为广泛的形式：人人都得宽容他人。”[②] 沃尔泽指出，在移民社会中，大量的民众都是以种族名称加连字符（X-）的形式来描述他们的种族与文化身份的。这表明，在移民文化中，种族性本质上转变为一种私人选择。也就是说，个人将自由决定是否以及在多大程度上承诺于某个特定的种族身份。

尽管宽容具有很大的益处，但沃尔泽明确认为，宽容并不能独自解决文化与宗教群体之间的所有冲突。因此，他提出了这样的问题：如果所宽容的种族与文化群体，在根本上是彼此平等的并且在本质上是自愿的，那么群体将如何培养个体的某些公共德性，如公共忠诚。关于宽容在民族身份方面的局限性，沃尔泽写道：“宽容结束了迫害和恐惧，但它不是社会和谐的公式。”实际上，宽容开启了沃尔泽称为“极权化群体”的可能性，也就是强制要求对某种文化与身份的认同，但并不允许其成员进行重要的自我决定。在民主社会中，“极权化群体”是具有威胁性的。首先，它们潜在地危害公民对其他群体好生活观念的宽容，尤其是对那些不是自己所属群体的宽容；其次，“极权化群体”不能使其成员在更广泛的政治与经济共同体之中取得更大的经济成功。沃尔泽也承认宽容有可能摧毁群体的凝聚力，打破彼此之间的联系，它可能“产生不容异说的种种新形式和偏见——正如那种更为激烈和更为清教徒式的‘政治修正’以及对族群和种族神话的更为极端的要求”[③]。

此外，沃尔泽还提出了这样的问题，即承认个体对自由与身份的后现代式的表达，“有可能不断产生一批批浅薄无知的个人和一种急剧萎缩的

---

① ［美］迈克尔·沃尔泽：《论宽容》，袁建华译，上海人民出版社2002年版，第30页。

② 同上书，第32页。

③ 同上书，第98页。

文化生活”。“激进的自由权是一种脆弱的东西，除非它存在于一个为它提供强大抵抗力的世界中。”也就是说，当个体对最初塑造其语言、信念与身份的群体缺乏忠诚感时，他又如何可能对所宽容的群体产生忠诚感呢？如果民族仅是孤立和自由的个体的简单结合，那么宽容的宗旨也将会被摧毁。或许，正如沃尔泽所主张的，“宽容的出发点从来不是想废除‘我们’以及‘他们’，而是保证其持续的和平共处和相互作用”①。

第四节 小结

在这一节，笔者将主要考察沃尔泽在该时期的思想发展。笔者的论证将分为两部分。首先，想要说明，沃尔泽对其产生主要影响的三种智识传统进行了融合；同样，也只有在三种智识传统相结合的基础上对其思想进行研究才具有意义。其次，笔者一再主张，沃尔泽意义上的社群主义是他试图调和社会主义和民主承诺的结果，或者是他运用美国激进民主传统和分析哲学的工具来确立一种平等主义立场的结果。

一 沃尔泽是社群主义者吗？

社会主义、自由主义与民主因素的结合，使沃尔泽看起来似乎是一位社群主义者，但又很难确定他是不是真正的社群主义者。为了理解这一点，我们需要考察构成社群主义的主要因素。根据缪哈尔（Stephen Mulhall）和斯威夫特（Adam Swift）对社群主义思想的分析，社群主义主要在五个方面对以罗尔斯为代表的自由主义观念进行了批判，它们是：自由主义的自我概念；非社会性的个人主义；普遍主义；关于客观性的主张；国家在不同的善观念之间保持中立的观念。②

沃尔泽对自由主义的批判最明显的，是他对自由主义的普遍主义倾向的批判。自由主义的这种倾向与沃尔泽的外部多元主义相冲突，这也是他在“哲学与民主”和《正义诸领域》中的核心论证之一。沃尔泽的外部

---

① ［美］迈克尔·沃尔泽：《论宽容》，袁建华译，上海人民出版社2002年版，第91—92页。

② ［英］史蒂芬·缪哈尔、亚当·斯威夫特：《自由主义者与社群主义者》，孙晓春译，吉林人民出版社2007年版，第11—37页。

多元主义在某些方面看起来似乎是社群主义的，但它也明显具有民主主义的倾向。它重视公民对决策程序的参与，公民通过这种参与来决定共同体的生活，并且他们具有一种同理心，同时尊重其他成员参与这种决策的权利。沃尔泽的多元主义也明确反对普遍主义，他主张，哲学真理没有权利将自己强加给一个共同体，不能寻求对共同体公共生活的决定权。笔者的目的并不是为了给沃尔泽的思想贴上一个适当的标签，而是寻求解释它的因素。在为多元主义所做的辩护中，沃尔泽最为强调的就是理性的规则和参与政治生活的权利。这些价值也是大多数当代自由主义者所维护的。因此，沃尔泽的多元主义不是对自由主义的反对，而是对自由主义核心价值的辩护。

虽然“客观性”并非沃尔泽思想的核心命题，但它对“客观性”也有过论述。[①] 就像对待普遍主义一样，他反对哲学“客观性”的可能性，并强调哲学上正确的“真理”并不是普遍适用的，以及为政治哲学研究寻求一种客观立场也是不必要的。在《正义诸领域》的开头部分，沃尔泽慎重地避开这种客观立场，而是寻求向其公民伙伴解释共享意义的世界。这也是他主张“彻底的特殊主义”的原因。[②] 按照沃尔泽的理解，社会正义只有在它已经“隐藏”或隐含在我们的社会生活中时才能被实现，在民主政治的背景下，客观正确的“真理”必须让步给一种主观的说服。

因此，沃尔泽意义上的“社群主义”，也可以被视为民主主义的或共和主义的，它寻求在政治生活中限制哲学的作用范围而以民众参与代之。缪哈尔和斯威夫特提到的其他三个方面的命题，与沃尔泽所主张的“社会化的”自由主义紧密相关。这种主张试图将自由主义转化为一种社会民主主义的变体。在“自由主义与区分的艺术”一文中，沃尔泽认为，自由主义者已经误解了现代社会生活的复杂性，他们试图将个人相分离而不是维护制度的完整性。沃尔泽更为关注社会生活领域之间的分离，主张通过“社会化的”制度安排来避免个人的原子化。

显然，沃尔泽做了很多社群主义的工作：反对客观普遍性、反对自由

---

① “Objectivity and Social Meaning”, in M. Walzer, *Thinking Politically: Essays in Political Theory*, New Haven: Yale University Press, 2007, pp. 38 – 52.

② ［美］迈克尔·沃尔泽：《正义诸领域：为多元主义与平等一辩》，褚松燕译，译林出版社 2002 年版，第 5 页。

主义的原子个人主义和自我观念，并将其称为“虚构的创造”、“自由主义英雄、社会角色和自我的创作者”。[①] 但他这样做的目的，首先是为社会民主主义进行辩护：“一旦这样的制度社会化过程发生，自由主义的原子个人主义和自我观念就将成为神话，自由主义也将走向社会民主主义。”当然，在政治哲学的术语中，“社会”和“共同体”都是“个体”的对立面。但“社会”和“共同体”也并非同义词，这也意味着沃尔泽虽对自由主义进行了批判，但他未必一定是社群主义者。而且，值得注意的是，沃尔泽并不完全反对自由主义，他只是指出了它在社会学上的缺陷，肯定了自由主义在社会生活领域之间进行区分的观念，而这种观念是社会主义者通常所反对的。因此，对于沃尔泽思想中的这种复杂混合性，我们只能认为，他是在民主的基础上对自由主义和社会主义所做的一种调和，而这种调和具有明显的社群主义倾向，或许“复合平等”这一术语比较适合他的这种思想形态。

从上文中，可以看出沃尔泽在方法论方面的论著，表现出了激进民主的特点。而《阐释和社会批判》前半部分所论证的抽象理论，则表明了伦理与法哲学学会对他的影响。沃尔泽从每种传统中都吸取了某些东西，就像他对自由主义与社群主义之辨的分析一样，他从每一种传统中都吸收了某些命题。这也使得很难对沃尔泽的思想进行意识形态上的分类，或许他既不是一位激进的民主主义者也不是一位分析哲学家。换言之，他在这两种传统的基础上，发展出了自己独特的研究风格，并有可能确立了一种新的思想形态。

《阐释和社会批判》和《批评家群体》解释了他所使用的方法论工具，或许也可以视为其思想主题发展的终点。沃尔泽在20世纪80年代后期的论著，与诸如《正义诸领域》、《正义与非正义战争》和《激进原则》等早期著作具有大致相同的研究主题。这种现象或许可以通过两种方式进行解释。首先，《阐释和社会批判》和《批评家群体》实际上应当结合在一起进行理解。沃尔泽的主要论著实际上是依靠历史事例来论证他的观点，除了这些历史事例之外，关于方法论的理论论述实际很少，他需要通过其他专门性的论著来对方法论做进一步的论述。其次，到1983年

---

① “Liberalism and the Art of Separation”, in M. Walzer, *Thinking Politically: Essays in Political Theory*, New Haven: Yale University Press, 2007, p. 62.

为止，沃尔泽已经提出了他的两个主要理论贡献：复合平等与战争伦理。此后，他主要致力于进一步扩展和阐明它们的观点和立场。可以这样认为,《正义与非正义战争》是他在国际背景中对政治哲学的探讨，而《正义诸领域》则是他在国内背景中对政治哲学的探讨。因此，他的论证几乎覆盖了整个政治世界。我们是否接受他的这两个论证，在很大程度上取决于我们是否认可他的方法论。因此，方法论可以视为他的第三个理论贡献。

另一篇关于方法论的重要论文是“道德最小主义”，是《厚与薄》中的一个章节。在这篇文章中，沃尔泽提到，当我们看到1989年发生在布拉格的游行时，我们可以准确地理解他们的游行标语上所写的“真理”或“正义”等术语的意义。① 尽管存在文化的差异，但我们也都能够明白为了“真理”或“正义”的游行究竟意味着什么。这种现象说明，事实上存在一种道德普遍主义。但这种普遍主义是“稀薄的”或“最小主义的”，因为关于“真理”和“正义”这两个术语的任何充分的阐释，都将不是普遍共享的。“道德术语具有最小主义和最大主义的含义”，前者可能是普遍的，而后者则不是。② 我们对其他社会进行批评是可能的，但我们将不可避免地从使用道德术语的最小主义意义开始这种批评。道德最小主义也使文化之间的交流成为可能，它有助于解释沃尔泽不同思想主题之间的关系。沃尔泽的正义战争理论，实际上涉及一种普遍主义论证，即一种普遍的人权观念；而他的复合平等理论，其实也是普遍主义的，强调了一种沃尔泽称为“反复的普遍主义”，但由于善和分配的多元性，因此在特征上的表现则是特殊主义的。最小主义和最大主义道德论证的任务，就是探讨这两个主题之间的张力。

在这个时期，沃尔泽已经形成了自己的理论结构，并探讨了这种结构的基础。他的立场明显受到激进民主传统、英美分析哲学、历史化的理想主义以及犹太教的影响。这种立场的基础主要包括以下几个方面：一种稀薄的道德普遍主义（如正义、人权等观念）是可以跨文化共享的，每种

---

① “Moral Minimalism”, in W. R. Shea and A. Spadafora, *From the Twilight of Probability: Ethics and Politics*, Canton, Mass: Watson Publishiing Inernational, Science History Publications, 1992, pp. 3 - 14.

② Ibid., p. 4.

文化也都有发展自己独特道德的权利；而一种厚重的道德特殊主义则依靠“重述的”权利；每种文化中的道德生活以及每种文化进行内在的社会批评的能力都是普遍存在的；政治哲学研究应从特定文化的道德生活内部展开，并确保与该文化进行自我判断的共享理解相一致。我们或许要问：沃尔泽的这种立场是一种社群主义立场吗？就像沃尔泽在“自由主义的社群主义批评”一文中所主张的，社群主义者的主要区分特征是，他们相信自我不能质疑已经支配其社会化的价值。如果是这样，它明显不是一种社群主义立场。如果社会批评家不能质疑他们所在社会的主导价值，那这种社会批评明显是不可能的。按照沃尔泽的理解，社会批评家所要做的就是，将他们所在社会的“真实价值”表达出来。社会批评家通常认为，那些为社会中的某个特殊立场进行辩护的价值，其实并不意味着那种立场的辩护者让它们真正表达的东西。例如，市场背景下的自由和平等价值，很可能是资本家所赋予的那种意义。如果社会批评家不能质疑他的社会化，就不能做出这样的社会批评。自由和平等是根据我们在社会不同方面的不同运用而发挥作用的。社会批评家需要发掘出它们的潜在意义，这就需要对它们进行创造性的阐释。

但是，如果一个社群主义者就是持这种观点的人，即一个特殊共同体的价值不能通过使用另一个共同体的价值（即使是哲学共同体的真理）来说明其缺陷，那么在这种限制意义上，沃尔泽就是一位社群主义者。他一再重申这种观点，即正义要求尊重共享价值，以及要求按照人们自身所持有的关于应该如何被对待才是正义的观念来对待他们。最小主义的道德表明，通常可以从外部来对某个共同体的价值进行批评。但《批评家群体》的细心读者可能已经注意到，沃尔泽认为，普遍主义的政治哲学家所做的社会批评，在很多方面并不如“相关联的”社会批评家所做的社会批评那样有力。沃尔泽可能注定是一位最大主义的社群主义者而不是一位最小主义的自由主义者或普遍主义者。换言之，最好将沃尔泽称为“厚重的”社群主义者或“稀薄的”自由主义者。

因此，沃尔泽是不是一位社群主义者，并不依赖“社群主义”这个术语的意蕴，因为他从来没有选择使用这个术语来描述他自己。他通常将自己视为一位社会民主主义者，并试图将社会民主主义与自由主义统一起来。他并不喜欢自由主义对待平等的方式，认为这种方式过于抽象。对沃尔泽而言，平等自由主义不能体现关于平等的“生活体验”。因此，相较于其他的政治哲学家而言，沃尔泽是一位注重平等实践的平等主义者。这一点明显体现在他的《政治与激情》、《正义诸领域》、“此时此地的正义”以及“当代美国的礼仪与公民德性”等论著中。正如前文所述，沃尔泽的社群主义是他试图协调自由主义、社会主义和民主的结果。他对待平等的方式，使他看起来像是一位社群主义者，这种方式来源于激进民主传统和他特殊的方法论，即建立在“生活体验”基础上的一种情境化方法。这种传统和方法，也促使他将民主程序视为高于实质结果、现实生活高于哲学职业以及真实对话高于理想对话。笔者并不想否认将沃尔泽视为社群主义者的有效性，仅是想指出我们最好使用他自己的标签来呈现他的立场。

二　总体特征

《正义诸领域》在诸多方面设定了沃尔泽在这个时期的研究主题：《阐释和社会批判》探究了《正义诸领域》中所倡导的方法论路径；《批评家群体》是这种方法论的实际运用；《厚与薄》则集中关注正义的相对性问题；《政治与激情》寻求“一种更为平等的自由主义”，它也是沃尔泽在《正义诸领域》中试图调和自由主义和社会民主主义的一种延续。因此，对沃尔泽而言，这个时期主要是思想巩固期，进一步论证了他在20世纪七八十年代所提出的思想论题。此外，他在这个时期也进一步发展了最小主义的道德方法，继续探究公民社会观念，并进入关于《正义诸领域》的批评与回应的辩论中。在内容方面，本章还主要关注了沃尔泽关于最大主义与最小主义道德以及文化多元主义的论著，这与其关于文化差异以及文化差异在道德生活中的作用的论题紧密相关。此外，本章也涉及了公民社会在构建宽容社会中的作用与角色等其他论题。在这个时期，沃尔泽关于民主政治中的公民、宗教等论题也开始有所显现。在2000年，他出版了《犹太政治传统》的第一卷。

正如前文所表明的，到目前为止，沃尔泽已经形成了自己成熟的研究范围，但这并不意味着影响其思想的传统就不再重要了。文化多元主义是激进民主传统和分析哲学传统中值得注意的论题，而《犹太政治传统》的出版则证明了犹太教在沃尔泽思想中的作用。沃尔泽的文化多元主义主要是调和群体差异、强调宽容，以确保共同体不能压迫其成员。从他的观点来看，分析哲学家倾向于将个体权利优先于群体宽容。在前文中，笔者已经提到，研究沃尔泽可以使我们恢复美国左派的非个人主义的分支，而他关于文化多元主义的论著则对其做出了最清晰的表达。他运用对共同体敏感的社群主义方式，来处理分配正义的自由主义话题。同样，他试图平衡现代主义的关注，即通过后现代对自我类型之间的区分，来调和个体与群体。也可以说，他寻求平衡激进民主对政治参与的强调与分析哲学对权利的强调。因此，沃尔泽的思想在很大程度上是多种对立面的综合，或者寻求将多种对立面放入一种平衡的方案中。在他看来，这种平衡方案就是社会民主或者社会民主主义。这种平衡方案同样可以产生一种多元主义形式或者对差异的尊重。沃尔泽认为，我们并非简单的仅是自由主义者或社群主义者，我们有时是自由主义者而有时又是社群主义者，这取决于情境的需要。在政治中，并不存在最终的解决方案，而只能是多种可能的“暂时解答”。

在 20 世纪 90 年代，沃尔泽从多元主义的语言转向了差异的语言。多元主义和差异虽不是同义词，但它们的确在沃尔泽的正义理论中发挥着相似的作用。它们都反对“程序主义”正义理论的单一性。当涉及种族或文化群体时，沃尔泽大多使用“多元主义”这个术语；而当涉及认同和生活方式时，他往往使用“差异”这个术语。这也说明，沃尔泽往往根据情境的需要而选择他的术语和主题。因此，在对《正义诸领域》批评者的回应中，他很少使用群体差异的语言，而更多地使用了多元主义的语言。他在 20 世纪 90 年代的大部分论著都讨论了差异，它们所涉及的核心问题是相同的。差异也是社会民主主义论题的一部分：当我们的社会中具有不同的善以及我们所有人都有权利追求不同的生活方式时，我们如何将彼此作为平等者加以对待？因此，关于文化多元主义的论著和对批评者的回应，都推进了复合平等这个主题。

在本章中，笔者认为，沃尔泽主要做了两件事情。首先，他对适合政治哲学研究的方法论进行了总结，并说明该方法论是如何将正义战争理论与复合平等理论联系在一起的。他通过提出一种稀薄的和普遍的最小主义道德，以及相伴随的一种厚重的和特殊的最大主义道德的方式进行这项工作。正义战争理论的关键特征，即尊重人权以及尊重国家主权规范之下的自决原则，是道德最小主义的典型代表。另一方面，分配正义则是一种最大主义道德，涉及一个最大主义的道德主题。因此，它必须是特殊主义的。其次，沃尔泽关注了美国背景之下的文化差异问题，并寻求解释公民社会和文化多元主义，如何构成了社会民主主义的复合平等特征。本书的下一章主要关注沃尔泽的思想在近期的发展。自 2001 年以来，沃尔泽主要对犹太政治传统和战争伦理进行了研究，并更为广泛地关注了政治中激情的作用。

第五章
思想的近期发展与反思（2001—2011）

对沃尔泽政治哲学思想的任何解释，都很难做到完全自足。2010 年，沃尔泽已经 75 岁，但他的论著数量依然惊人。2008 年，他从普林斯顿高等研究院退休，但仍保留了荣誉退休教授的职位，并继续在《异议》杂志担任编辑工作，经常撰稿讨论公共政治问题。2005 年，《外交政策与前景》杂志推选沃尔泽为世界最重要的公共知识分子之一，位列第 68 位。迄今为止，沃尔泽的论著已达 33 部，其中 11 部是使用英语之外的其他语言写作的。他的很多论著也被译成多国语言，如《正义与非正义战争》已经被翻译成希伯来语、西班牙语、意大利语、德语、法语、葡萄牙语、荷兰语、希腊语、日语、汉语等；《正义诸领域》已被翻译成意大利语、德语、瑞典语、法语、西班牙语、日语、韩语、汉语、葡萄牙语、波兰语等。此外，学术界对沃尔泽思想的专门研究也开始出现，如 2001 年，奥瑞德（Brian Orend）出版的研究论著；2008 年，意大利锡耶纳学院组织召开了沃尔泽思想研讨会。他的很多论著也开始再版。

沃尔泽在这个时期的思想并没有太大的发展，主要是进一步完善以往的研究论题。例如，《论战争》是他在这个时期出版的三部英文著作之一，[①] 显然它是《正义与非正义战争》的一个续集。在这本著作中，沃尔泽进一步强调了正义战争理论在解决冲突中的重要性，并对人道主义干涉的正义性进行了更深入的讨论，同时也对全球正义问题进行了论述。但他关于正义战争理论的基本原则并没有改变。同样，《政治与激情》这部著作也在很大程度上重复了以往的论题。它们包括：自发性组织是社会生活

---

① ［美］迈克尔·沃尔泽：《论战争》，任辉献等译，江苏人民出版社 2011 年版。以及 M. Walzer, *Politics and Passion*: *Toward a More Egalitarian Liberalism*, New Haven: Yale University Press, 2005; M. Walzer, *Thinking Politically*: *Essays in Political Theory*, New Haven: Yale University Press, 2007。

的一个不可避免的特征；自由主义未能充分重视政治哲学在社会学层面的复杂性；公民社会对支撑民主政治是有益的，但同样需要国家的支持等。这部著作也将复合平等理论，运用到近年来的智识和政治发展中，如协商民主和公民社会理论的兴起、种族多样性意识的觉醒等，都进一步发展了复合平等理论。

这些都指出了沃尔泽思想中最重要的东西，即它的政治性本质。在前文中，我们已经注意到，沃尔泽对研究论题的选择，通常都反映了他的政治关注。2001 年以来的论著，更为明显地反映了这一点。例如，他主张政治讨论是内在于政治的，并反对许多政治哲学家的“哲学中心主义”；他与德沃金、内格尔关于政治生活中强烈归属感重要性的争论；[①] 他对克林顿政府期间美国国内政治问题的关注；以及他对布什政府外交政策的关注等。他的论文集《政治性地思考》（*Thinking Politically*）的标题，恰当地表明了沃尔泽思想的政治性本质。

本章主要考察沃尔泽自 2001 年以来所写的三本著作，并将其归入三个主要的论题：战争伦理和世界政治、政治中的激情和犹太政治传统。本章就是主要围绕沃尔泽的这三个主要论题，并试图将它们与政治发展联系起来。当然，这些论题之间是相互联系的，尤其是沃尔泽对犹太教的兴趣，既具有他个人的意义又具有政治的意义。从个人方面来讲，他更为关注自己的文化和宗教的历史；从政治方面来讲，他试图将犹太政治传统与其他传统进行对话。在本章的结尾，重点考察了沃尔泽发展至今的思想全貌，这将使我们可以更好地反思其政治哲学思想的重要性，以及对其思想进行历史性解释的重要性。

第一节　近期的主要论著

一　《论战争》

2004 年，沃尔泽出版了《论战争》这本论文集，它主要发展了《正义与非正义战争》中的正义战争理论。沃尔泽关于正义战争的基本观点是始终如一的，只不过在这本论文集中，他更倾向于支持对其他国家的军

---

① “Liberalism, Nationalism, Reform”, in R. Dworkin, M. Lilla, and R. Silvers *The Legacy of Isaiah Berlin*, New York: New York Review Books, 2001, pp. 169 – 176.

事干涉。但他并没有放弃正义战争是自卫战争的核心命题。而且，他更倾向于接受“长期军事占领”和民族构建的合理性。这两个方面直接发展了他的正义战争理论。他认为，关于战争的论证，是民主政治的一个持续的并且不能被消除的特征。而将所有的军事行动都转变为政治行动的企图，在缺乏一个全球性国家的情况下注定失败。① 这本论文集的另一个主题是考察是否需要一个全球性国家。沃尔泽对此表示了怀疑，但他承认，进一步的全球整合对实现正义的世界秩序而言是有益的。

这本论文集共分为三个部分。前两个部分由《正义与非正义战争》的基本原理及事例所构成。沃尔泽并不主张在没有任何支撑性事例的情况下进行理论论证，就像他所指出的，正义战争理论并不是一种哲学上的论述而是一种“政治活动”。第三部分由一篇名为“全球治理”的论文构成。

第一部分由五篇文章构成，其中“危机时刻的道德规范”② 和“驳为恐怖主义开脱的四种理由”③ 两篇文章是再次收录。“危急时刻的道德规范”主要扩展了《正义与非正义战争》中关于“最高危机”情形的讨论，沃尔泽试图调和实施战争的功利主义与绝对主义方式。在一般情况下，他的论证是与绝对主义者所辩护的权利结合在一起的：人权构成了对战争行为的一种道德上的约束；非战斗人员的豁免原则，要求士兵承担保护平民生命的责任等。但当敌方对政治共同体的生存，构成迫在眉睫的“最高危机”时，政治领导人必须准备着“违背”，如非战斗人员的豁免权等绝对主义原则。但这样的原则只是“被违背”而不能“被忘记”，政治领导人在违背这个原则的过程中也成了“道德上的罪犯”。④ 这与政治领导者的“肮脏之手”问题有关。沃尔泽再次强调，“最高危机”只能在“我们最深层的价值和我们的集体生存”受到严重威胁时才能适用，如遭遇到

① ［美］迈克尔·沃尔泽：《论战争》，任辉献等译，江苏人民出版社 2011 年版，第 5 页。

② “Emergency Ethics”, in J. Carl Ficarrotta, *The Leader's Imperative: ethics, integrity, and Responsibility*, Purdue: Purdue University Press, 2001, pp. 126 – 139.

③ “Terrorism: A Critique of Excuses”, in S. Luper Foy, *Problems of International Justice*, Boulder: Westview Press, 1988, pp. 237 – 247.

④ ［美］迈克尔·沃尔泽：《论战争》，任辉献等译，江苏人民出版社 2011 年版，第 45 页。

像纳粹那样的敌人。[①] 在“驳为恐怖主义开脱的四种理由”一文中，沃尔泽主张，恐怖主义的支持者，并没有为恐怖主义提供合理化的证明而仅是一种借口，如他们认为恐怖主义可能是弱势共同体能够采用的唯一手段。沃尔泽认为，之所以会这样，是因为恐怖主义群体并不能动员广泛的成员支持。他主张，那些认为压迫导致了恐怖主义的说法，“仅是一种借口”。但他也强调，如果真的存在压迫的情形，这种压迫应当被消除。但这是因为正义的要求，而不是因为消除压迫将有助于减少恐怖主义的发生。

另外三篇文章中的两篇，也是沃尔泽早期论文的重新收录。在“战争中的两种责任”一文中，沃尔泽重申了他对非战斗人员豁免权的辩护，并主张军事长官必须尽力避免平民伤亡。因为虽然他们对上级和士兵都有“层级上的责任”，但就造成平民伤亡的行为而言，并没有“层级上的责任”。[②] 在“营救的政治”一文中，沃尔泽支持在某些行为“违背了人类的道德良知”的情况下，可以对其进行军事干涉。例如，印度对东巴基斯坦的干涉、坦桑尼亚对乌干达的干涉以及越南对柬埔寨的干涉等都是合理的。在每种情形中，邻国的单边干涉要比像联合国这样的机构实施的多边干涉更为有效，因为邻国“对地方文化有更好的理解”。[③] 第一部分的另一篇文章是“正义战争论的获胜（和获胜后的危险）”，这篇文章写在《正义与非正义战争》发表 25 周年之际。到那时为止，正义战争理论已经取得了很大的影响力，现实主义已不再主导国际战争伦理的讨论，甚至军事部门也在援用正义战争的语言。但正义战争理论的这种成功可能导致两种风险，首先，它可能造成人道主义干涉的滥用，进而增加进行所谓无风险战争的可能性；其次，现代战争的结局是很复杂的，正义战争理论在这方面的论述并不充分，以及如何同时保持它的辩护性和批判性也是一种挑战。

在第二部分，沃尔泽将正义战争理论运用到伊拉克、科索沃、反恐战争和巴以战争中。这一部分的第一篇文章是《正义与非正义战争》第二

① ［美］迈克尔·沃尔泽：《论战争》，任辉献等译，江苏人民出版社 2011 年版，第 49—50 页。

② 同上书，第 29—34 页。

③ 同上书，第 73—75 页。

版的导论，在此文中，沃尔泽主张海湾战争是正义战争的一个经典案例，因为它是出于自卫的目的而进行的战争，它也证明了“最后手段”原则的荒谬性。还有两篇文章是关于巴以战争的：“巴勒斯坦人起义与绿线”和“四种以巴战争”。在这两篇文章中，沃尔泽试图阐明巴以战争双方的正义性与非正义性。另外一篇文章是“9·11之后：恐怖主义五问”。他认为，对恐怖主义进行“一种简单的唯物主义的经济解释”是不充分的，恐怖主义袭击不仅仅是由经济压迫所造成的。[①] 我们必须注意到这样的事实，即承受贫困和不平等最多的非洲和中美洲，并不是发生恐怖主义最多的地方；穆斯林的恐怖主义也并不是为了自由而战，而是“重建伊斯兰教在伊斯兰土地上的支配”。[②] 此外，恐怖主义的“秘密活动”，可能使我们关于战争正义性的认识产生混乱，因为无法知道如何将战争伦理运用到这样的活动中去。最后一篇文章是“正义与非正义的占领”。沃尔泽通过这篇文章对“战后正义”问题进行了讨论，其中有两点是值得注意的：首先，一场非正义的战争可能会先于一种正义的结果；其次，所谓正义的结果，就是承诺于所有公民的福祉并保护少数群体的自决权。[③]

在第三部分“全球治理”中，沃尔泽考察了几种关于国际政治制度安排的不同观点。他认为，存在两种极端观点，一种是建立“统一的全球国家”；另一种则是“国际无政府主义”。[④] 前者的问题是，这样的全球国家可能忽视公民特殊的和地方化的利益，危害公民在文化上特殊的生活方式；而后者的问题则是，它有可能带来不断的战争和压迫。沃尔泽提出了一些更为可取的方式：“……国际无政府状态被三种非国家机构缓和、限制后的情况：联合国这样的全球性国家组织、国际公民社会中的社团和类似于欧盟这样的地区性国际组织。”[⑤] 沃尔泽认为，这种非国家的代理人制度，需要一个能够维护和平与人道主义的联合国，但它可能无法促进平等或维护个人自由。但这种制度是在不威胁正义的“总体事业”的情况下，最有利于正义实现的一种制度。

---

① ［美］迈克尔·沃尔泽：《论战争》，任辉献等译，江苏人民出版社2011年版，第120—122页。

② 同上书，第121页。

③ 同上书，第146—151页。

④ 同上书，第155—156页。

⑤ 同上书，第167页。

二　《政治性的思考》

这是一本包含 17 篇论文的论文集，写作时间的跨度从 1973—2007 年。沃尔泽的长期合作者戴维·米勒（David Miller）编辑了这本论文集，并写了序言。米勒认为，它将有助于我们理解沃尔泽思想中的某些新联系，以及他对特定问题的看法。这本论文集是进行沃尔泽思想研究的一个非常好的文本，它涉及了沃尔泽思想中的一系列主题以及米勒的解释性论文。

这本论文集的最大好处是，它涉及了沃尔泽最为关注的一系列命题。前四篇论文涉及了沃尔泽对当代政治哲学的抽象性和普遍性的批评，包括“哲学与民主”、“自由主义与区分的艺术”、“哲学对话批判”和“客观性与社会意义”。这几篇文章的核心主张是，政治哲学必须是政治性的：它不能像哲学家所做的那样寻求终极答案，而是必须参与到公民的现实生活中去。在沃尔泽看来，政治哲学一定不能回避这样的问题：大众意见、真实对话和自我理解等。论文集的第二部分主要关注了分配正义理论在现代社会的具体实施。这些文章主要是：“此时此地的正义”、“排斥、非正义与民主国家”、“自由主义的社群主义批评”以及“自由主义与区分的艺术”。第三部分主要关注了种族多样性以及协会组织、宗教群体和强烈的归属感在政治生活中的作用问题。这些文章包括：“公民社会论证”、“协商以及其他”、“划分界限：宗教与政治”以及“差异政治学：文化多元社会中的国家地位与宽容”。总体来看，以上这 11 篇文章都是在关注民主政治问题。第四部分主要关注了国际政治中的道德问题。这些文章主要包括：“民族与世界”、“国家的道德身份”、“对人道主义干涉的论证”、“超越人道主义干涉：全球社会中的人权”、“恐怖主义与正义战争”以及“政治行动：肮脏之手问题”。以上所有这些论文的核心思想在前文中都已做了分析和阐释，这里不再赘述。

三　《政治与激情》

在这本著作中，沃尔泽在一种特定的“国内社会”背景之下，发展了他的复合平等理论，并对当代自由主义进行了批评，即自由主义在社会学上不够深刻。但他并没有否定平等自由主义的成就，只是强调它忽视了人们日常生活的复杂性。自由主义作为一种原则，未能“包含、解释和支撑民主政治的动员和团结一致性”。[①] 因为它不能调动民主政治中公民的能量，自由主义实际所培育的社会并没有实现它所主张的那种社会平等。因此，它需要周期性的“社群主义修正”，以便更好地“包含一种政治学、社会学和社会哲学的理解”。[②]

这些导论性的摘要表明，《政治与激情》至少在两个方面触及了沃尔泽政治哲学思想的核心。首先，社群主义是自由主义的一种“周期性修正”，它使自由主义认识到现代社会生活的复杂性；其次，自由主义政治哲学未能理解社会生活的“生动经验”，这反映了它对人文和社会科学中的其他学科的忽视或无视，尤其是对社会学和社会哲学的忽视。这一点很容易使我们想起《正义诸领域》中提到的，沃尔泽与罗尔斯在研究方法上的差异：前者重视历史学和人类学；而后者则重视经济学和哲学，并对社会生活的复杂性认识不足。

沃尔泽承认，人类学和社会学对其政治哲学思想在诸多方面都产生了重要影响。他对学科的选择也反映了不同思想家对其思想的影响，如格尔茨（Clifford Geertz）对《正义诸领域》中所运用的人类学方法产生了重要影响；金里卡（Will Kymlicka）和奥金（Susan Moller Okin）对种族多样性和性别不平等的强调，则影响了他在《政治与激情》中对社会学方法的运用。[③] 沃尔泽运用人类学和历史学方法，解释了自由主义政治哲学如何低估了社会共同体之间的共享理解和人类实践的多样性。这也是《正义诸领域》的核心论证之一。在《政治与激情》中，他进一步强调，自由主义未能充分认识到社会内部的复杂性，我们需要“一种像我们自己的生活一样复杂的政治哲学”；[④] 沃尔泽还指出：自由主义未能理解“我们的联合生活方式”，而是错误地强调了个人自治和自愿组织；在我们的社会生活中，很多重要的“归属”并不是我们所选择的，但它们对我们的选择会带来重要影响，我们不能在政治哲学中简单地回避这些未经选择的“归属”；自由主义以牺牲我们的“生动经验”为代价，推崇自由

---

① M. Walzer, *Politics and Passion*: *Toward a More Egalitarian Liberalism*. New Haven: Yale University Press, 2005, p. ⅶ.

② Ibid., p. ⅹ.

③ Ibid., p. ⅷ.

④ Ibid., p. 140.

选择。①

这本著作的第一章是“自愿的结合”。在这一章中，沃尔泽主要描述了对我们的结合能力产生影响的四种类型的“自然限制”。第一种限制是由我们的出身所决定的特定的家庭、国家、阶级和性别。他强调，社会生活中的这些因素，强烈影响着我们那些看似是自愿性的“归属”，如对政党和宗教团体的忠诚等。因此，我们并非是“自愿”加入某种共同体的，自由主义对“自愿性”的描述是局部的和不完全的。第二种限制是文化上的：我们所出生的社会将决定可能存在的“结合形式”，并赋予我们关于“组成某种联合共同体意味着什么”的观念。这种限制意味着，“我们的共同体生活具有一种深刻的赋予性”②。第三种限制是政治上的：几乎所有人一出生就成为某个政治共同体的成员，“不管是否愿意，所有成员都被卷入了一系列的制度安排中”。最后一种是道德上的限制：它限制着我们退出“自然结合”的能力。③ 正是以上这些限制构成了我们的现实世界，也使得我们无法实现自由主义所欲求的那种平等主义。沃尔泽的这种观点，其实是重申了《阐释和社会批判》中的主张，进一步强调了社会生活不可避免的是一种“道德约定”。他得出结论认为，“现实主义的社会学”意味着我们对生活负有义务，这是自由主义的自主性所无法丢弃的。④

第二章是“无力的集体主义”。沃尔泽指出，现代社会中的某些群体，被系统化地排除在了某些社会优势条件之外。这与自由主义所强调的，权力是广泛分散的观点正好相反。这样的不平等是持久的和难以克服的。他认为，女性主义的描述，是这种不平等最重要的例子，它发生在我们每一个社会中。我们无法在自由主义模式之内克服这些不平等，因为这种模式致力于将共同体中的成员分解为个体，而共同体的成员身份对个体而言却是至关重要的。这使得沃尔泽称为“注重实际的文化多元主义”成为必需，即必须为不同的共同体提供必要的资源，来发展他们自己的社群，以确保多样性的切实实现。因此，“解放和赋权是自由主义政治和公

---

① M. Walzer, *Politics and Passion*: *Toward a More Egalitarian Liberalism*. New Haven: Yale University Press, 2005, pp. 1 - 20.

② Ibid., p. 7.

③ Ibid., pp. 8 - 10.

④ Ibid., p. 11.

民社会的必要特征"，它有助于权力的分散，并可以作为一种"均衡工具"。[①] 但自由主义政治哲学缺乏社会学上的复杂性，仅通过"在群体生活的中心和外围，进行一种调节性的资源再分配"，根本无法解决持久的不平等问题。[②]

第三章是"文化权"。沃尔泽认为，文化群体正是他所提到的"自然结合"，并考察了文化群体可能具有的权利。他指出，对承诺于"某种传统主义或宗教激进主义文化生活"的宗教或种族群体而言，"文化权"问题尤其难以解决。对这些群体进行的自由主义调节，与自由主义试图将那些意欲脱离共同体的成员包含进政治共同体的努力之间，存在着很大的张力。就像沃尔泽在《论宽容》中所提到的，自由主义共同体最终将不得不同意"退出"的权利。但他也相信存在着某些"强论证"来支持这些群体文化再生的权利，这种权利包括允许他们自己决定自己子女的教育等。[③] 这样一来，就存在一种困境，即维护传统生活方式的亲权，与人们对政治共同体负责的公民权之间的困境。

第四章是"公民社会与国家"。沃尔泽认为，公民社会从来不能离开国家的支持，因为公民社会本身可能带来不平等，而不平等将威胁公民社会的持续存在。国家则可以维护平等，"维护多元主义与自由之间的平衡"。对公民社会而言，允许结社自由是必要的，但国家必须限制财富和特权在结社中可能造成的支配。沃尔泽使用了四个命题来总结这一章的论证：首先，公民社会不仅仅是一批自愿组织；其次，没有国家的支持，公民社会不可能以一种自由主义的方式运作；再次，国家不仅要调节公民社会中的冲突，而且还要修正不平等；最后，国家不能致力于确保公民社会的所有组织都是自由主义组织。[④]

第五章"协商以及其他"。在这一章中，沃尔泽对协商民主模式进行了批判。他认为，协商民主至少低估了14种主要政治活动的重要性，而它们对民主过程都是非常重要的。这些政治活动是"政治教育"、"组织"、"动员"、"示威游行"、"声明"、"辩论"、"交涉"、"游说"、"竞

① M. Walzer, *Politics and Passion: Toward a More Egalitarian Liberalism*. New Haven: Yale University Press, 2005, p. 41.

② Ibid., p. 43.

③ Ibid., pp. 52 – 55.

④ Ibid., pp. 87 – 88.

选”、“投票”、“筹募基金”、“腐败”、“卑鄙活动”以及“支配”等。[①] 虽然协商民主是一种平等主义理论，但它含有不民主和不平等的意蕴，“协商”也不可能是大规模的现代国家所能从事的东西。他强调，如果我们重视民主，那我们就必须为那些可以共同进行的政治活动寻求空间。否则，“就不能形成对财富与权力的有效的和有组织的反抗”[②]。

第六章“政治与激情”。沃尔泽主张，如果不能激发“处于权力等级末端的人们的联合的和好战的激情”，政治社团就不可能成功地对抗已确立的等级制，或者成功地进行为平等而战的活动。这些激情包括嫉妒和怨恨，它们是支配所造成的自然后果。他认为，虽然自由主义对激情的忧虑具有一定的道理，但将激情从政治生活中排除出去，却是一种错误。因为激情包括很多积极的特征，如“对非正义的愤怒和团结一致的意识”。[③] 另外，虽然对“理性”和“激情”在概念上进行区分具有一定的意义，但两者在实践中总是纠缠在一起的，它们之间的界限是非常模糊的。沃尔泽注意到，在“社会想象”的某种版本中，“激情”与“信念”是相对的。前者是“平民”的一种特征，而后者是“贵族”的一种特征。[④] 但在某些情况下，“激情”是与“利益”相对的，并可以成为一种“贵族”的品质，而“利益”则是资产阶级的特点。换言之，“激情”是与不同的社会群体相关的，“所有这样的联系都是不稳定的，并且它们中的很多联系也都是假定的”[⑤]。而且，“激情”与特定共同体相关联的观点是很有说服力的。“激情”也是不可避免的。因此，将“激情”从政治哲学中排除出去，也是自由主义的另一个不足之处。

最后，沃尔泽使用关于全球不平等的一个简短结论，对《政治与激情》进行了总结。他提出一种“双轨”路径：首先，我们必须加强国际管理，帮助欠发达国家摆脱全球经济的压制特征；其次，我们必须保护欠发达国家进行自助的权利。“解放和赋权”是复合平等的必要特征，而简单平等只能是一种妄想，它最终会被自身的简单性所毁灭。沃尔泽强调，

---

① M. Walzer, *Politics and Passion: Toward a More Egalitarian Liberalism*. New Haven: Yale University Press, 2005, pp. 102 - 103.

② Ibid., p. 109.

③ Ibid., p. 130.

④ Ibid., p. 121.

⑤ Ibid., p. 127.

“未经加工的”平等才是可能的，也是我们所需要的。[①]

第二节 主要的思想反思

2001年以来，沃尔泽的政治哲学思想主要由三个主题构成：战争伦理与世界政治，政治中的激情以及犹太政治传统。这些论题在沃尔泽的思想中并不是新问题，他在这一时期也主要是对它们重新进行反思。

一 战争伦理与世界政治

冷战的结束和美国在1991年参加海湾战争，促使沃尔泽再一次关注战争伦理问题。1992年，他出版了《正义与非正义战争》的第二版，新增了关于海湾战争的讨论。此外，他在《新共和》杂志也发表了关于战争伦理的文章。[②] 他重申了战争必须受到正义战争理论的约束，如尊重非战斗人员的豁免权等原则，并批评了将战争作为最后手段的观点。他认为，并不存在这样的最后手段，国家总是可以找到避免战争的替代方式。

在关于“紧急情形下的道德规范”的公开演讲中，沃尔泽重申了在一个大规模杀伤性武器的时代，仍然必须认真对待正义战争理论。[③] 他回顾了在《正义与非正义战争》中提出的“最高危机”的观点。这种危机的发生，是由于我们道德中效用的要求与权利的重要性之间存在张力。在这种情形下，政治领导者必须“搁置”某些权利。但只有在下列条件下才适用：他必须面对重大的不道德，对这种“最高危机”的唯一可能的反应只能是战争。[④]

沃尔泽关于战争伦理的其他论文还包括，1988年发表的“恐怖主义：对借口的一种批评”。在此文中，沃尔泽主张，没有人可以为恐怖主义进

① M. Walzer, *Politics and Passion: Toward a More Egalitarian Liberalism*. New Haven: Yale University Press, 2005, p. 139.

② M. Walzer, “Perplexed: Moral Ambiguities in the Gulf Crisis”, *New Republic*, vol. 204, January, 1991, pp. 13 – 15.

③ “Emergency Ethics,” in J. Carl Ficarrotta, ed., *The Leader's Imperative: ethics, integrity, and responsibility*, Purdue University Press, Purdue, 2001, pp. 126 – 139.

④ Ibid., p. 138.

行明确的辩护，因为这种行为是对无辜者的一种袭击。这篇文章的重要性在于，它重申了非战斗人员豁免权的重要性。通过强调非战斗人员的豁免权在道德上的重要性，沃尔泽表明了他对待正义战争理论适用性的立场和严肃的态度。他对恐怖主义的另一个批评是，所谓“最后手段”的不可能性，以及这种所谓的“最后手段”并不存在。关于对待恐怖主义的正确方式，沃尔泽强调，对恐怖主义的回击，必须只能针对恐怖主义者本身，不能针对他们的同情者；此外，如果恐怖主义者所指向的地方真正存在压迫，也应对这样的压迫给予打击。这样做可以摧毁恐怖主义者发动袭击的理由，也是因为反对压迫本身就是一项正义的事业。①

关于战争伦理的另外两篇文章：首先是“古代以色列的圣战观念”一文，沃尔泽主张，圣战的观念“应当受到政治哲学家和神学家的重视，在《申命记》中可以发现一种有吸引力的共同体概念”。② 对沃尔泽而言，从古代以色列的著作中，可以发现解释我们当代共同体的理论资源。其次是“道德最小主义”一文，它也是《厚与薄》这本著作的第一章。《厚与薄》这本著作是非常重要的，因为它将沃尔泽的正义战争理论和复合平等理论以及其他著作联系起来。

综上所述，沃尔泽后期关于战争伦理的主张，并没有太大的发展。因为他关于战争伦理的主要观点，早在 1977 年出版的《正义与非正义战争》中进行了阐述。沃尔泽强调，在一项正义事业中，战争必须进行，但这样的战争必须仅限于恢复“原状”，而且必须对战争进行严格限制。在这些论著中，沃尔泽所要表明的是，正义战争理论在后冷战世界中也是同样适用的。沃尔泽在其整个学术生涯中，对正义战争理论不断进行思考和写作，我们也可以经常在其他的主题中看到他对这方面的论述，但基本观念都没有太大的变化。

2001 年之后，除《论战争》和《政治性地思考》之外，沃尔泽也发表了多篇关于战争伦理方面的论文，如“侵略战争的罪行”③、“公正的反

① Walzer, “Terrorism: A Critique of Excuse”, in S. Luper Foy, *Problems of International Justice*, Boulder: Westview Press, 1988, pp. 237 – 247.

② M. Walzer, “The Idea of Holy War in Ancient Israel”, *Journal of Religious Ethics*, vol. 20, 1992, p. 215.

③ M. Walzer, “The Crime of Aggressive War”, *Washington Global Studies Law Review*, vol. 6, No. 3, 2007, pp. 635 – 643.

对恐怖主义"①、"存在美帝国主义吗?"② 等。值得注意的是，沃尔泽关于战争伦理这个主题的论著，清楚地阐明了他的哲学立场与其政治关注之间的内在联系。与其早期的战争伦理思想相比，他现在更为支持人道主义干涉。他认为，美国应积极主动地参与到人道主义干涉中去，"对美国权势的怀疑久已有之，这也是美国咎由自取，但现在应该让位于对其必要性的谨慎认可"③。

同样的观点也可以在《正义与非正义战争》的新版序言中看到。在第三版的序言中，沃尔泽对"人道主义干涉"的强调已经明显转到了中心位置；而在1977年它只是处于一种次要位置，甚至被视为一种帝国的野心；而现在它则必须被接受为一种道德义务。第三版序言提出了与《论战争》中所处理的五个相似问题：(1)"对于生活在特定国家的人们来说，主权和领土完整的价值是什么？对这个问题的回答决定了对干涉的限制"。(2)"杀多少人才算'有组织、有计划的屠杀'？杀多少人才算大屠杀？多少人被驱逐我们才认为是'种族清洗'？一国境内的情势恶化到什么程度才能证明来自境外的武力干涉和战争是正当的?"(3)"如果一场战争是正当的，应该由谁来进行？谁有权力进行？对干涉的完整论证必须回答这些问题。"(4)"如果一个国家或国家集团（或联合国）决定干涉，干涉行动应该如何实施？使用什么武装力量？参加干涉的军人要做出什么牺牲？被干涉国家的军人和平民需要做出什么牺牲?"(5)"在计划、实施干涉时，进行干涉的军队追求的是什么样的和平?"④ 这个序言很简短，它与《论战争》中的主张很相似。唯一不同的是，沃尔泽在序言中加强了对20世纪90年代后期世界地缘政治形势的关注。而到2006年，沃尔泽在《正义与非正义战争》第四版序言中，已经将关注点转移到政权变革的道德合理性上。

沃尔泽近期关于战争伦理思考的第二个特征是，它的政治立场的模糊性。他承认《正义与非正义战争》中的论证，在一定意义上是自由主义

① M. Walzer, "On Fighting Terrorism Justly", *International Relations*, vol. 21, No. 4, December, 2007, pp. 480 – 484.

② M. Walzer, "Is There an American Empire?", *Dissent*, Fall, 2003, pp. 27 – 31.

③ [美] 迈克尔·沃尔泽：《论战争》，任辉献等译，江苏人民出版社2011年版，第75页。

④ [美] 迈克尔·沃尔泽：《正义与非正义战争：通过历史实例的道德论证》，任辉献译，江苏人民出版社2008年版，第20—21页。

的，并混合着“天主教的理论和犹太人的忧虑”。但在沃尔泽的早期思想以及当代民主思想中，将自己视为反自由主义的。他一直将自己描述为社会民主主义者，并认为他像大多数犹太人一样倾向于“偏左”的政治立场。按照他的解释，犹太人之所以采纳这种立场，是因为被迫害的记忆促使他们倾向于偏左的位置，但左派对自由主义与多元主义的反对，又促使他们处于一种更为居中的位置。

沃尔泽近期关于战争伦理思考的第三个特征，与第二个特征之间存在一定的张力。尽管他对人道主义干涉采取了一种不断接受的态度，但他的正义战争理论在诸多方面仍然存在着理论上的连续性。就像前面所提到的，沃尔泽保持着对非战斗人员豁免权的承诺。简言之，由于世界形势的变化，沃尔泽正义战争理论的关注重点也有所变化，但理论的总体结构并没有太大变化。

沃尔泽关于战争伦理思考的最后一个特征是，自2001年以来，他逐渐略去了关于复合平等和犹太政治传统的论述。在《犹太教中的法律、政治与道德》中，[①] 沃尔泽注意到，以色列国家的建立对犹太政治传统提出了根本性的挑战。因为犹太政治传统“在本质上是流放和驱逐的产物”，但它现在必须学会如何处理主权问题。[②] 在“被命令的与被允许的战争”一文中，沃尔泽对犹太战争理论进行了研究，并认为，“它与标准的正义战争理论相比，经常是相互矛盾的”[③]。犹太政治传统在当代的发展，必须注意加强与正义战争理论的一般传统进行更为紧密的对话。因此，正义战争理论的研究与犹太政治传统的研究，不能被视为分离的或各自独立的，而应加强它们之间的交流与对话。

从沃尔泽思想的发展历程可以看出，战争伦理与复合平等之间的重叠是很明显的。可以认为，沃尔泽已经对两者进行了综合，这也表明在世界事务中，战争伦理与其他伦理问题之间的重合。按照沃尔泽的说法，每个国家在对外事务中都有四种重叠的道德责任，即保护本国公民的生命、不能对其他国家的公民造成伤害、在必要的时候帮助别人以及建立合理的政

---

① M. Walzer, *Law, Politics, and Morality in Judaism*, Princeton: Princeton University Press, 2006.

② Ibid., p. ⅶ.

③ “Commanded and Permitted Wars”, in M. Walzer, *Law, Politics, and Morality in Judaism*, Princeton: Prenceton University Press, 2006, pp. 149 - 168.

治制度。在人道主义干涉越来越普遍的时代，战争理论也不得不涉及战后伦理问题。在《正义与非正义战争》中，沃尔泽主张，人道主义干涉的主要规则应是“进入且迅速撤出”；而在《论战争》中这种观点则被修正为“进入且逐渐撤出”。沃尔泽认为，“撤出”的伦理必须被视为一种具有自身权利的问题。因为正义的“进入”，可能会以非正义的“撤出”而告终，反之亦然。在“撤出”时，大多数平民的安全必须是最重要的考量对象，并认真考虑“撤出”之后平民可能面临的威胁。①

二 政治中的激情

《政治与激情》的核心主张是“在排除论辩和政治参与中的‘激情’，而给予合理的审慎更大的特权的情形下，自由主义政治哲学将有可能出现错误”。在当代政治哲学中，杨（Iris Marion Young）是沃尔泽这种观点的最重要的支持者之一。② 沃尔泽认为，排除激情而重视理性的做法，会造成政治对平等的不敏感。如果我们想要实现复合平等，或者仅仅是实现一种真实的民主，就必须为政治生活、论辩以及理论论证中的激情的表达，提供合理的途径。

沃尔泽强调，我们不能在当代政治生活中去除对激情的依赖。这种主张是与平等自由主义的观点相抵触的，这一点在他与德沃金、内格尔的论争中表现得很明显。在纽约大学举办的纪念柏林逝世10周年的学术会议上，沃尔泽主张，我们应该保持对特定共同体的承诺，只有通过承认其他人的“归属”的合理性，我们才能过一种“道德生活”。按照他的理解，我们对像民族共同体这样的群体的归属，要求我们既要接受自己的普遍性，也要接受“激情”的合理性。他的这种立场，既促发了他在“民族与世界”一文中所阐明的“反复的普遍主义”的观念，也促发了他在《政治与激情》中关于“激情”的论述。德沃金作为沃尔泽的长期批评者，他对《正义诸领域》的评论，促使沃尔泽在《阐释和社会批判》中论证自己方法论的合理性；而他也一定会对沃尔泽的这种主张感到“恐慌”，即自由主义者应该停止相信“可以摆脱特殊的归属”。德沃金认为，

① M. Walzer, *Getting Out: Historical Perspectives on Leaving Iraq*, Philadelphia: University of Pennsylvania Press, 2009, pp. 3 - 8.

② I. Young, *Inclusion and Democracy*, Oxford: Oxford University Press, 2000.

沃尔泽对不同于民族主义的某种“归属”的追求，会由于“不可改变的人性”而注定失败。在对德沃金的回应中，沃尔泽补充说，他无法想象“哪一种可接受的人类生活方式，不是将个人卷入强烈的共同体之中的。因此，这种事实也要求政治生活应该抓住共同体成员所表达的激情”。对沃尔泽而言，试图消解特定归属的自由主义愿望，只能是一种古老的反政治的哲学梦而已。因此，沃尔泽对政治中的激情的捍卫，是他反对平等自由主义政治哲学理论的一部分，这种理论过于强调哲学论证的重要性。①

三　犹太政治传统

自20世纪80年代以来，沃尔泽已经开始研究犹太政治传统中的某些特征，这主要体现在《出埃及记与革命》和《犹太政治传统》等论著中。2001年之后，对犹太政治传统的研究，已经成为沃尔泽政治哲学思想的中心。他关于犹太教的论著，最重要的理论特征是，揭示了沃尔泽思想中的一种历史主义特征。他的核心关注是将犹太政治传统带入当代智识传统的对话之中，并试图实现其在当代政治生活中的运用。从这里我们也可以看出，沃尔泽并不是简单地将对犹太政治传统的研究，作为由于自己的出身和传统缘故而从事的一项研究，而是作为可以运用到当代犹太人政治生活和政治环境中的一种理论资源。沃尔泽对犹太政治传统的研究，也有助于解释他为何倾向于选择一种“偏左”的政治立场。

沃尔泽认为，作为犹太教“规范体系”的“哈拉卡”秩序，需要进行“修正和更新”。原因在于，政治史的发展已经改变了犹太人在世界中的定位，这使得“哈拉卡”的法律和道德秩序在某些方面已经过时。首先，在离散的犹太人所居住的民主国家中，他们已经获得了合法的公民资格；其次，自从罗马帝国的军事征服以来，以色列国家的创立，使得犹太政治必须学会如何处理相对自在的国家主权问题。犹太人被流放的历史，也使得他们尚未做好准备，去适应像志愿组织这样的现代政治生活，包括在公民社会次级组织中的参与、民主责任以及对公共福利的责任等政治问题。为了应对这些变革，犹太的政治、法律和道德传统都需要改变。沃尔

① ［美］马克·里拉等编著：《以赛亚·柏林的遗产》，刘擎等译，新星出版社2009年版，第35页。

泽认为，承认犹太传统与国家主权要求之间存在张力，是早期犹太复国主义思想的一个主要特征。所以，犹太复国主义“既对犹太人民保持着承诺，同样也对犹太人的政治变革保持着承诺”。这种变革包含着无数的态度和价值的改变，尤其是使犹太人从“被动”转向“积极行动”，从“服从”转向“公民身份”，以及从“隔离”转向“政治参与”。

在“普遍主义与犹太人的价值”一文中，沃尔泽主张，犹太人在“普遍主义政治行动中的”行动主义，在一定意义上而言是犹太政治传统的继续。但它在一定程度上也是对这种传统的背离。他的核心观点是，犹太政治传统总是对“修正”保持着开放，并可以吸纳新的“定位”；它可以适应国家主权政治，并能够与其他的政治共同体和平共存。因此，对犹太政治传统的修正，可以使它更好地应对新的政治状况。①

那政治传统又是如何变革的呢？在《犹太政治传统》中，沃尔泽认为，当某种思想传统与其他的思想传统遭遇时，在这种思想传统中就会出现论争；在这些思想论争中，传统的变革就有可能出现。他强调，犹太人的政治认同，与基督教世界中的其他政治共同体的认同存在差异，这主要是因为犹太人既是一个民族共同体，同时也是一个宗教共同体。如犹太政治传统中的正义战争理论，与我们通常所论证的正义战争理论就存在冲突。犹太人对战争的理论化，带有“流放”的特征：“在两千年的时间里，对犹太人而言，战争就是一种虚构的野兽。”② 但沃尔泽同时也指出，犹太政治传统中也存在很多进行政治更新的资源，如“进行法律解释和论争的长期传统、犹太人的历史、伦理述说的实践、神学反思以及世俗的哲学等”③。这些资源都是非常重要的，原因在于，首先，犹太人关于法律的学说总是建立在阐释的基础之上的。《犹太政治传统》第一卷的第五章对这个问题进行了专门的讨论。沃尔泽非常强调犹太人所具有的长期的阐释传统，这或许就是他在《正义诸领域》和《阐释和社会批判》中所运用的解释主义方法的来源。其次，沃尔泽重申了从历史中进行学习的重

① “Zionism and Judaism”, in J. Malino, Hampshire, *Judaism and Modernity: The Religious Philosophy of David Hartman*, UK, and Burlington, Vermont: Ashgate Publishing, 2004, pp. 308 - 325.

② M. Walzer, *Law, Politics, and Morality in Judaism*, Princeton: Prenceton University Press, 2006, p. 150.

③ Ibid., p. vii.

要性，并将其视为是优先于哲学论证的。最后，沃尔泽非常强调“伦理叙事”的重要性，这一点不仅吸取了犹太人长期的历史传统，也与诸多著名的社群主义者尤其是麦金太尔的主张很相似。犹太政治传统对当代政治生活的借鉴作用，是沃尔泽在《犹太政治传统》中的主要关注点。

此外，在20世纪90年代，宗教也以多种方式出现在沃尔泽的论著中。沃尔泽关于宗教的观点主要包括：首先，它是文化差异的一种形式；其次，它是政治权力潜在的竞争对手，因为就像哲学一样，它寻求终极答案，所以必须保持它与国家权力的分离；最后，宗教宽容和种族包容一样重要。

2000年，《犹太政治传统》第一卷出版，这一卷主要是关于权威的。沃尔泽对犹太政治传统这个项目的研究是在1987年开始的，一直持续了十几年。它反映了犹太教对沃尔泽思想的持续影响，尤其是对其阐释的方法论和运用这种方法进行社会批评的可能性的影响。《犹太政治传统》的第二卷是关于公民资格的，于2003年出版。《犹太政治传统》这本著作的资料来源非常广泛：圣经、塔木德经、犹太法师的注释、中世纪的条例以及哲学著作等。它涉及沃尔泽关于在君主政体中能否有一部宪法、先知批评的目标、多元性与单一性等问题所做的论述。沃尔泽的多数主张都是我们已经熟悉的，如他批评那些认为存在关于道德真理的单一正确的论述的观点，他支持多样性的解释“可以明显增强我们的理解”的观点。

《犹太政治传统》的重要性在于，它可以作为沃尔泽思想的一种来源。尤其是他对传统的解释与他对社会批评如何运作的解释，具有惊人的相似性。例如，沃尔泽强调犹太政治传统具有明显的对“圣经的意义进行激进的解释或不断重新解释其中的意义”的痕迹。[①] 就像一般的道德原则一样，犹太传统的观念是“阐释”而不是“发现”的结果。而且，“引用和相互引用由此形成传统”，它是几个世纪以来大量著者所发表的论述。犹太传统中存在一系列的共享理解，它的明显特征是对细节的异议而不是共识。而且，这种异议似乎是永恒的：就像在政治中一样，犹太政治传统所提出的问题也不存在终极的答案。这本著作的目的就是“再现、

① ［美］迈克尔·沃尔泽等编：《犹太政治传统》（卷一），刘平等译，华东师范大学出版社2011年版，第2页。

整合和评论”这种传统。[①] 虽然沃尔泽对犹太政治传统的恢复工作没有历史学家所做得那么多，但值得注意的是，他最早的学术研究（《圣徒的革命》）就是试图恢复新教徒的激进主义；《正义与非正义战争》的目的也是通过回顾宗教传统，“从政治与道德理论中恢复正义战争伦理”。[②] 就像我们已经看到的，将不同传统彼此交涉，是沃尔泽思想的重要特征。

第三节 小结

这一章主要讨论了沃尔泽在当代的政治哲学思想，解释了他在最近十年出版的三本著作：《论战争》进一步发展了他最著名的著作《正义与非正义战争》中的观点；《政治与激情》进一步完善了他在《正义诸领域》中所提出的复合平等理论；《政治性地思考》则是他关于政治哲学研究方法的论文集，涉及公民社会、战争伦理、政治生活中的道德等问题。战争伦理、政治生活中的激情和犹太政治传统是沃尔泽在这个时期的主要论题，这三者之间的界限在近年来也逐渐变得模糊。此外，本章也强调了沃尔泽政治哲学思想的政治性：他对研究论题的选择，通常都反映了美国或世界政治的发展变化。作为《异议》杂志的编辑和普林斯顿高等研究院的社会科学教授，沃尔泽结合了政治评论家和政治哲学家的双重角色。

如前文所述，沃尔泽在其早期思想中，就很注重将不同的思想传统进行融合。历史化的理想主义、激进民主主义以及伦理与法哲学学会的分析哲学传统，在他关于复合平等、战争伦理和犹太政治传统的研究中，都发挥了重要作用。自 2001 年以来，沃尔泽对其早期思想中的诸多问题重新进行了反思，其中最重要的是战争伦理和“战后正义”问题。他对犹太政治传统的研究，逐渐取代复合平等和战争伦理，成为他在该时期的最核心论题。同样，美国或世界政治在新世纪的发展变化，对沃尔泽的论题选择也产生了很大影响，这些论题主要渗透在公民社会、差异政治、宽

---

① ［美］迈克尔·沃尔泽等编：《犹太政治传统》（卷一），刘平等译，华东师范大学出版社 2011 年版，第 3—4 页。

② ［美］迈克尔·沃尔泽：《正义与非正义战争：通过历史实例的道德论证》，任辉献译，江苏人民出版社 2008 年版，第 xxii 页。

容与文化多元主义之中。从沃尔泽的思想发展历程来看，在其思想的中后期，他试图将其研究论题整合为一个整体，并通过对不同思想传统的批判性融合，发展自己独特的研究主题。

第六章
批判与争鸣

沃尔泽并不认为自己是相对主义者。[①] 但相当多的批评者认为，沃尔泽的正义理论很明显是相对主义的，更有甚者，认为其正义理论实质是无效的。例如，丹尼尔斯（Norman Daniels）认为，沃尔泽的正义理论表现出“一种很强的相对主义形式”；柯亨则进一步认为，沃尔泽的相对主义导致了一种悖论；[②] 德沃金的批评观点，体现在他为《正义诸领域》所写的评论文章“给人们应得的”一文中。[③] 这篇文章同时收录在德沃金的《原则问题》一书中。奥金（Susan Moller Okin）对沃尔泽的批评集中在文化相对主义方面。[④] 他们都是沃尔泽的主要批评者。

第一节 沃尔泽的主要批评者

一 柯亨和奥金的批评以及沃尔泽的回应

柯亨正确地指出，沃尔泽的复合平等理论试图提出一种批判视角。他解释说：“（沃尔泽）注重现行价值……但实际的分配以及关于分配正义的普遍信念，有时并不局限于这些源于共享理解的分配规范。”[⑤] 他认为，对于沃尔泽的正义理论而言，我们所能依靠的唯一证据，就是去确定这些价值（共享理解）是什么，也就是对所处共同体的现行实践规范进行阐释。然而，“价值阐释”的方法存在一个悖论，虽然这种方法可以提供一

---

① M. Walzer, “Spheres of Justice: An Exchange”, *New York Review of Books*, July 21, 1983, pp. 4 – 5.

② Joshua Cohen, “Review of Spheres of Justice”, *Journal of Philosophy*, 1986, p. 466.

③ Ronald Dworkin, “To Each His Own”, *New York Review of Books*, April 14, 1983.

④ Susan Moller Okin, “Justice and Gender”, *Philosophy and Public Affairs*, vol. 16, winter, 1987, pp. 52 – 56.

⑤ Joshua Cohen, “Review of Spheres of Justice”, *Journal of Philosophy*, 1986, p. 466.

种批判视角，但很显然，如果共同体的价值要通过它现行的分配实践规范来确定，那么源于这些价值的分配实践规范，就不能用来对现行价值规范进行批判。[①] 例如，如果试图确定一个共同体是否把医疗作为一种“需要”，那么就必须去了解医疗目前在该共同体中是如何被分配的。假设目前医疗正在被作为一种由市场定价的商品进行分配，那么我们还能根据“需要”的原则对这种分配方式进行批判吗？柯亨认为显然不能。因为按照沃尔泽的观点，我们只能在“地方性价值”的基础上进行批判，并且我们只能通过考察“地方性实践”，才能了解这些价值是什么。“如果共同体的价值要通过现行的分配实践加以确定，那么随之而来的，源于那些价值的分配规范就不能对现行的实践进行批判。因此，如果某种善不是基于‘需要’原则进行分配的，那么在何种意义上共同体才能将其视为一种需要呢？”柯亨将这种情况称为“社群主义的困境”，并认为这种困境贯穿在沃尔泽的整个正义理论中。[②]

但柯亨的这种反对，是不是有些简单化？当代社会毕竟是多元的，多元社会中的规范与实践，体现着深刻的差异性，很难对其中的价值进行排序。按照沃尔泽的理解，在存在深刻差异的多元社会中，社会实践会经常存在不一致的情况，不可能只承诺于“任何单一的价值集群”。而我们对价值的阐释将会反映这种差异性，并且在阐释的过程中，某些社会实践特征将会通过对其他实践特征的批判来支持这些阐释。例如，医疗保险和医疗补助支持了对医疗所要求的“需要”价值的阐释。这种“阐释”就可以用来批判那些不符合“需要”价值的医疗保障制度。

柯亨承认这一点，但认为它的意义并不大。一方面，他认为，在多元社会中，事实上并不存在共享的价值，因此也就不存在政治共同体。在这种情况下，沃尔泽的正义理论就无法说明正义究竟意味着什么，就会失效；另一方面，“根据沃尔泽的观点，不存在外在于共同体的力量，来确定价值正确与否”，这样一来，在一个共同体内部就无法判断价值是否正确；再者，关于多元社会中的社会实践，可能存在多种可能的“阐释”，但只能有一种正确的“阐释”。由此，柯亨得出结论认为，既然沃尔泽相对主义的观点，不允许我们基于对现行社会实践的阐释，来对共同体进行

① Joshua Cohen, "Review of Spheres of Justice", *Journal of Philosophy*, 1986, pp. 463 - 464.

② Ibid.

批判，那么他的正义理论就肯定是“保守的或空洞的”。[1]

奥金对沃尔泽的核心批判是这样的：由于沃尔泽是在一种特定的背景下，讨论正义问题的，那么他的“文化相对主义”倾向，就无法对共同体的价值与实践提出严肃的批判。她认为，沃尔泽的正义理论具有天然的保守主义倾向。奥金在《正义与性别》一书中指出，“虽然沃尔泽本人认为《正义诸领域》一书可以提供一种批判的视角，但恰恰相反，这本书最大的特征是缺乏这种批判的视角”[2]。奥金批评了沃尔泽所主张的“关于正义的实质性解释一定是地方性解释”的观点。她着重强调了在家长制社会中，女性的非正义分配问题。尤其是批判了沃尔泽的这种观点，即只要符合“正义的内在标准”，即使像古印度那样的种姓制度也有可能是正义的。她认为，种姓制度与当今的家长制社会，具有很大的相似性，无论是沃尔泽还是罗尔斯的正义理论，都忽视了女性的正义问题。

奥金认为，古印度的种姓制度社会，暴露了沃尔泽正义理论体系的内在紧张。沃尔泽实际上采用了两种根本上相互冲突的正义标准。一种是普遍的“共享理解”标准；另一种则是相对的“分离领域”标准。这两种标准并不能同时成立，这种问题在像种姓制度这样的高度等级制社会中尤其突出。在那样的社会制度下，社会意义的一致性越完美，达到复合平等的可能性就越小，正义最终也就有可能为不平等推波助澜。“可以用性别制度做一个例子。如果家庭建立在男性主导、女性依附的法律和制度中；如果宗教也在反复灌输这种等级观念，并树立一位男性神来加强它；如果教育制度排除了女性接受更高教育的可能性，并为家长制进行智识论证，那么建立一种关于性与性别的竞争性意识形态的可能性，就会受到极大限制。历史上，以男性为主导的意识形态无疑是压倒性的。”[3]

奥金认为，在这样的情形下，就会出现一种悖论现象：某项制度如果从“分离领域”的正义标准来看越不正义，而从“共享理解”的正义标准来看就越正义。照此而言，社会文化中的家长制与古印度的种姓制度，自相矛盾地既可以看作是正义的，也可以看作是非正义的分配制度。从沃

---

① Joshua Cohen, “Review of Spheres of Justice”, *Journal of Philosophy*, 1986, p. 465.

② Susan Moller Okin, “Justice and Gender”, *Philosophy and Public Affairs*, 16, winter, 1987, p. 55.

③ Ibid., p. 58.

尔泽的理论立场来看，只要人们相信那是代表了神的意志或者某种类似的自然力量或共享理解，就无法对其中的任何一种制度进行深刻的批判。也就是说，虽然人们对等级制下的不公正分配表示不满，但正是人们的“同意”和“共享理解”使这种不公正分配成为可能。“意识形态的支配性越彻底，对主流制度结构的质疑与反抗的可能性就越小。……沃尔泽正义观念的危险就在于，什么是正义的观念严重依赖人们被说服相信什么。”① 如果奥金的批评是正确的，它将是沃尔泽正义理论的一个重大缺陷。

奥金提出，对沃尔泽的这种批判还可以更进一步。她进一步指出，即使某种文化共同体中表现出异议，按照沃尔泽的标准，也不能导向一种更公平的分配。沃尔泽认为，在一个对社会善的本质理解存在分歧的共同体中，“当人们对社会诸善的意义有歧义时，当人们的认识相互矛盾时，正义要求社会忠实于这些歧义，为它们的表达、宣判机制和替代性分配提供制度渠道”②。但奥金回应说，“如果压制者与被压制者之间存在根本分歧怎么办?”“如果压制者自视为正义的，并利用这种自视的正义为不公正分配辩护怎么办？又或者，如果被压制者自视与压制者一样持有正义，并要求实现与压制者一样的正义怎么办？考虑到这些基本的分歧，似乎关于这些最根本的问题，并不存在共享的理解，关于正义的问题也就会出现不可调和的观点。”“如果被压制者群体内部也存在不同的分歧，那么这个问题将变得更为复杂。群体内部的分歧可能非常深刻，以至于根本不存在‘进行正义辩论的智识结构’。”沃尔泽认为，这些可以通过诉诸“一些超越分歧的潜在理解进行解决”③。但奥金对此深表怀疑。

显然，对沃尔泽的“共享理解”观念，奥金和柯亨都持反对观点。尤其是他们都认为，在多元社会中，事实上并不存在共享的价值，因而也就不存在政治共同体。在这种情况下，沃尔泽的正义理论就无法确切说明正义意味着什么，他的理论也就会失效。本书对他们的批评表示质疑，因

---

① Susan Moller Okin, “Justice and Gender”, *Philosophy and Public Affairs*, 16, winter, 1987, p. 59.

② ［美］迈克尔·沃尔泽：《正义诸领域：为多元主义与平等一辩》，褚松燕译，译林出版社 2002 年版，第 418 页。

③ Susan Moller Okin, “Justice and Gender”, *Philosophy and Public Affairs*, 16, winter, 1987, pp. 59 – 60.

为他们似乎错误地理解了沃尔泽的“共享理解”观念。

柯亨正确指出了这样一个事实：沃尔泽在《正义诸领域》中已经摆脱了其早期著作中，关于“政治社群”是否可以被视为共同体的疑问；在其后期著作中，他已经将政治共同体视为主要的价值载体。柯亨指出，沃尔泽对社群主义的信奉，存在一种变化。他在早期一直将“群体”作为主要的价值载体，而今他已从早期的这种形式转变为柯亨称为“政治社群主义”的形式。[①] 但柯亨并没有充分注意到这样一个事实：正是因为沃尔泽主要关注“政治共同体”问题，他才能够调和价值多元论。沃尔泽并不是将政治共同体视为一个同质性的共同体，在其中所有的理解都是共享的；而柯亨和奥金在对《正义诸领域》的讨论中，似乎暗含着政治共同体就是同质性的共同体的意味。对沃尔泽而言，政治共同体是历史性形成的社群，其中“语言、历史与文化结合起来（在这里比在任何别的地方结合得更为紧密）产生一种集体意识。……因此政治共同体可能是最接近我们理解的有共同意义的世界”[②]。沃尔泽对此进行了仔细的论证：“政治共同体和历史共同体有时并不重合，当今世界，感情和直觉并不容易分享的国家正在增多，而分享在更小的单元发生。因此，我们可能应该寻找某种方法以把分配决定调整得符合那些单元的要求。但这一调整必须是通过政治方式达成的，并且其根本特征将建立在公民们对文化多样性、地方自治等价值的共识基础上。我们——我们所有的人，而不仅仅是哲学家在进行争论时，必须诉诸这些共识，因为就道德而言，争论就是诉诸共同意义。而且，政治建立了它自己的共性纽带。……现在的政治是过去政治的产物，它为思考分配的正义设立了一个不能避免的背景。”[③]

事实上，沃尔泽相信，政治共同体的本质之一就是其成员共享很多价值，但并非共享全部价值。政治共同体的公共生活，是由相对立价值的不断冲突与妥协所塑造的。真正的价值共享，更有可能出现在亚共同体中，这种亚共同体还不能被严格地称为政治共同体。但在一定程度上，这些亚共同体间的冲突，对其所在的更大的政治共同体的公共生活而言，起着决

---

① Joshua Cohen, “Review of Spheres of Justice”, *Journal of Philosophy*, 1986, pp. 459 - 460.

② ［美］迈克尔·沃尔泽：《正义诸领域：为多元主义与平等一辩》，褚松燕译，译林出版社 2002 年版，第 34—35 页。

③ 同上书，第 35 页。

定性作用。否则，较大的政治共同体可能处于崩溃的边缘，或者有可能消解为一些更小的亚共同体。“较大国家共同体内的民族和伦理群体有可能会走向地方分权，（这样的选择）尤其会发生在这样的群体中：他们共享部分而不是全部的共同体特征，并且保留着较明显的地域边界。”① 人们会选择一定的政治过程去解决他们之间的冲突；而政治过程的结果，又会产生新的冲突；随着历史发展，冲突又会得到解决。人们的公共生活就是在这种“冲突—解决—冲突”的持续过程中不断发展的。

需要注意的是，尽管不是所有的历史（或文化）共同体都是政治共同体，但政治共同体一定是历史共同体。例如，沃尔泽指出，美国的多元社会中存在很多共存的文化群体。它们甚至已经建立了某些它们自己的制度，但这些制度对其成员来说，基本没有太大的强制力。这些群体依然共享着美国人的生活方式，但在自愿选择的背景下，他们会对他们独特的文化遗产进行积极而有组织的维护。人们具有不同甚至相冲突的价值和人生目标，可能正是由于这个事实，才形成了一个共同体的历史特征。事实上，这些冲突可能是任何一个历史共同体的必要组成部分。我们今天共同奉行的这些制度与惯习，是由过去的冲突所塑造，随着历史的发展，它们也正在被今天的冲突所改变。可以这样认为，正是这些共同的制度与惯习，构成了共同体生活。因而，柯亨的批评可能会失效，因为他忽视了公共生活背景下的冲突与变革过程。

显然，奥金的批评也没有考虑到这种冲突与变革的现象。她认为，沃尔泽的正义理论，在共同体内部存在深度分歧的情况下就无法发挥作用。因为如果何谓正义，要依赖人们相信什么，而人们对此可能相信完全不同的东西，那么似乎就没有什么途径可以达成共识，也就不会有什么途径，可以形成解决非正义问题的一致认可的方法。而且，如果我们因为某事就是这样的，而相信它就是公正的，那么肯定就会出现这种情况：分歧越大，相对立观念之间的鸿沟越大，就很可能会出现无所谓正义可言的局面。

但奥金以上的批评意见是很难成立的，她的这种批评其实隐含着三个假定：（1）分歧的冲突主要是智识的冲突：她假定沃尔泽主张人们之间

---

① “Pluralism in political perspective”, in Walzer, et al., *The Politics of Ethnicity*, Cambridge, Massachusetts, Harvard University Press, 1982, p. 4.

肯定会对正义问题进行哲学的讨论，并能够达成一定共识，然后才能解决非正义的问题；（2）她假定沃尔泽主张人们对于他们的道德或意识形态观点不可能相互妥协，也就是说，深度社会化的人们无法改变；（3）对正义或道德原则存在深度分歧的人们，不存在开展辩论的共同背景。

对于第（1）点，沃尔泽强调，他并不认为冲突一定是一场智识冲突。他并不认为，我们必然需要关于正义的哲学大讨论，即使我们通过哲学讨论有可能获得道德真理，但这种真理也未必有用。沃尔泽认为更有效的方式，仍是公民在追求政治与道德至善过程中的政治参与，这种政治参与同时也是公民相互说服并寻求共识的过程。也就是说，政治问题应该用政治性的方法去解决。倾向于民主政治而非哲学论证，是沃尔泽政治哲学思想的重要特征之一。这一点不容忽视。①

实际上，沃尔泽的政治哲学思想背后，暗含着政治学对哲学的优先性这种认识。在“国家的道德身份”一文中，沃尔泽指出，国家的合法性主要是一个道德问题，而其他国家看待合法性的方式，则往往是一个政治问题，而且像大多数政治问题那样，往往带有道德含义。沃尔泽注意到，道德与政治问题经常是难以理解地纠结在一起。他认为，出于对其他共同体公共生活的尊重，我们应该将其政府视为合法的政治机构，除非有强有力的证据表明，该政府的统治违背了人民的同意（如出现大量难民或者大规模的屠杀等）。② 他强调，即使我们可以通过哲学论辩，来证明我们的制度在所有可能的制度形式中是最好的，但我们仍然不能试图将其强加给其他的政治共同体：他们会建立他们自己的制度机构，来应对其历史上出现的地理、文化、宗教与政治问题。正是公共生活本身塑造了人们的政治制度与文化特征，虽然这些特征有可能在与其他共同体的相互接触中发生转变，但它们仍是共同体自己的公共生活。也就是说，只有本国人民才有绝对权利推翻本国政府的统治。另外，沃尔泽认为，我们有时很难分清人民是政府的支持者还是反对派的支持者，或者是支持他们中的某个团

① M. Walzer, “Flight from Philosophy”, *New York Review of Books*, February 2, 1989, pp. 42 - 44; “Philosophy and Democracy”, in M. Walzer, *Thinking Politically: Essays in Political Theory*, New Haven: Yale University Press, 2007, p. 1; ［美］迈克尔·沃尔泽：《正义诸领域：为多元主义与平等一辩》，褚松燕译，译林出版社2002年版，第xiv；3—17页。

② M. Walzer, “The Moral Standing of States: A Response to Four Critics”, *Philosophy and Public Affairs*, vol. 9, pp. 209 - 229.

体。所以，最好不要对他们进行盲目的干涉。“任何人都可以发表论辩，但只有作为主体的公民才有权利去行动。”显然，这里暗含着多种道德权利，如公民一律平等和人民的自决权等。[①]

第（2）点认为，人们无法改变他们的观念，事实上并非如此。正如丹尼尔斯所指出的，我们道德生活的普遍现象之一，就是“我们可以理性地思考和修正我们的善观念”[②]。同样，沃尔泽关于“公共生活”的观念也是如此，尽管人们改变他们基本观念的过程，可能存在很大的难度，但它始终是处于一种不断发展变革的过程中的。

第（3）点认为，对沃尔泽而言，道德分歧就意味着不存在共同的论辩背景。首先，奥金忽视了这个事实，即所有的道德分歧，在本质上都预设了潜在的道德一致的基础。“交谈发生在共性基础上。”[③] 否则，当事人就无法进行论辩。其次，奥金假定在达成政治解决方案之前，我们必须达成理智的同意。但恰恰相反，沃尔泽认为，政治解决方案的达成，经常先于哲学上的同意。哲学上的正当性是为了政治上的必要性。例如，宽容原则就是一个例子。最后，奥金似乎误解了沃尔泽所谓的“共享理解”的实质。作为公共生活的产物，“共享理解”所包含的内容，远比关于政治与德性的特定观念丰富得多。它们并非体现在我们现行的实践或无须反思的观念的表面，而是需要通过阐释或文化解释的过程，将其从实践或观念的背景中提取出来。进而，共享理解就可以作为一种批判现行观念和实践的标准，这些观念和实践有可能与内隐于公共生活中的这些标准相冲突，而这正是社会批评所要做的工作。

在“社会主义与馈赠关系”一文中，沃尔泽反对社会民主主义者所主张的，取消所有的私人馈赠与慈善捐助，以支持国家主导的福利体系。他支持一种公私联合资助的福利体系。他的这种主张，建立在他对当代美国社会中的“共享理解”的阐释之上。他认为，尽管完全由国家资助建立福利体系，可能是最为公平的一种方式，但“社会主义的方式不仅有

---

① M. Walzer, “The Moral Standing of States: A Response to Four Critics”, *Philosophy and Public Affairs*, vol. 9, p. 214.

② Norman Daniels, “Review of Spheres of Justic”, *The Philosophical Review*, vol. 94, No. 1, 1985, pp. 142 – 148.

③ ［美］迈克尔·沃尔泽：《正义诸领域：为多元主义与平等一辩》，褚松燕译，译林出版社 2002 年版，第 78 页。

助于正义，而且还有助于同情和团结”[1]。在对福利机制的探讨中，需要诉诸不同的道德原则，不仅要考虑物质方面的非正义，还要考虑尊严、自我意义等人类价值方面的非正义，而后者经常被忽视。因此，除了对那些有需要的人进行必要的物质资助，使其能过上体面的生活之外，还应保护他们的尊严。沃尔泽主张，正义要求救助和被救助都应该是自愿的和相互的，而这可能是通过国家官僚机构无法实现的。所以，他倡导私人慈善机构与国家福利体系共存。

沃尔泽在其早期著作《正义与非正义战争》中，也使用了类似的方法，来确定正义战争理论中的正义原则。通过对处于战争中的国家所采取的行动或目的以及国家对这些行动或目的的辩护理由进行阐释，将它们与我们普遍接受的道德常识（如禁止暴行和滥杀无辜）相联系，进而确定内隐于这些战时国家行为中的道德规范。但也许有反对者会认为，按照沃尔泽的观点，对我们而言，我们目前所坚持的价值就是正当的价值。[2] 但事实并非如此，沃尔泽认为，我们通常所坚持的价值很可能与内隐于我们共享的公共生活中的价值并不一致。《正义与非正义战争》的目的，就是获得“关于战争的一种综合观念以及相对系统的道德学说，它有时与已确立的法治原则相重叠”。[3] 在战争领域，至少存在着某些具有道德约束力的对每个人都适用的权利。这其实就是一系列的道德常识，沃尔泽将其称为“最低限度的普遍道德规范”。[4] 在这种意义上而言，在某种程度上就存在着普遍的价值集群以及普遍的道德规范。

柯亨指出：沃尔泽的理论似乎并没有提供一种方式来批判道德规范本身，我们应该认同的道德规范，或许就是那些我们想去认同的道德规范而已；而且，《正义诸领域》中的论证，只是给我们提供了一种在社会自身的基本价值背景中批判社会的方式，但并未提供一种批判这些基本价值本身的方式。这一点将在下文进一步讨论。

---

① M. Walzer, "Socialism and the Gift Relationship", *Dissent*, vol. 29, fall, 1982, p. 436.

② Joshua Cohen, "Review of Spheres of Justice", *Journal of Philosophy*, 1986, p. 458.

③ ［美］迈克尔·沃尔泽：《正义与非正义战争：通过历史实例的道德论证》，任辉献译，江苏人民出版社 2008 年版，第ⅷ页。

④ ［美］迈克尔·沃尔泽：《阐释和社会批判》，任辉献等译，江苏人民出版社 2010 年版，第 29—35 页。

二　德沃金与柯亨的社群主义困境

就上文所述，我们仍需认真看待柯亨提出的第（1）和第（2）点批评意见。德沃金在对沃尔泽的批评文章中也谈到，在抽象层面上，自由主义与社群主义之间共享着相同的道德传统，“因为他们都要求国家应该公正地对待所有人，对于什么是正义的认识，他们也享有很多共同的观点”①。但它们在另一种道德传统中又存在着分歧。这些分歧都是“关于正义允许或要求国家在公民道德生活中所扮演角色的‘具体问题’”。“我们可以认为，一方比另一方能够更好地理解他们所同意的抽象原则……但那不是一个中立的人类学的判断。通过研究美国的社会实践就可以看出这一点。它是一种道德判断，如果正义仅是一个习俗问题，那它就没有多大意义；如果社会是以议题划分的话，那争论的开始就意味着传统的终结。”②

这里的关键问题是，需要在由这两个传统所提出的价值观之间进行选择。德沃金认为，必须诉诸一项关于正义的独立标准，才可以在两者之间进行道德选择。他认为，“正义完全独立于过去”③。这与沃尔泽的观点正好相反。本书提出两点主张作为对德沃金批评的回应，其中一点是笔者的，另一点是沃尔泽的。

首先，不可否认，德沃金的观点很有吸引力。为了在一场道德争论中做出选择，我们的确需要诉诸一些独立于争论的原则或标准。例如，在应该如何分配医疗保健的探讨中，我们感到疑惑的或许不是“我们是否应该将医疗保健视为一种需要”，而是寻求某种方式去回答与正义原则相关的某些问题。也就是说，正义原则在一定程度上是独立于当前特定的政治情形的。沃尔泽通过诉诸超越特定政治情形的“共享理解”与“公共生活”，来回应德沃金的问题。他区分了“表层价值”与“核心价值”。④通过对“核心价值”的阐释，我们可以挑战那些已被接受的价值、规范

---

① R. Dworkin, “Spheres of Justice: an exchange”, *New York Review of Books*, July 21, 1983, p. 46.

② Ibid., pp. 45 – 46.

③ Ibid., p. 45.

④ ［美］迈克尔·沃尔泽：《阐释和社会批判》，任辉献等译，江苏人民出版社2010年版，第113页。

与惯习，即使这些价值、规范与惯习很可能已被大多数人所接受。①

但这里又会出现柯亨的“社群主义困境”问题。也就是运用从对实践的考察中获得的原则、价值或普遍的道德规范，来批判这种实践传统，就会出现一种无尽的循环；进而我们也无法在此基础上批判其他的共同体，因为这样一来，我们似乎永远不可能了解其他共同体的传统。沃尔泽在《阐释和社会批判》以及随后的《批评家群体》中，都承认了这一点。社会批评家只有在“最低限度的道德规范”基础上，才能对其他的政治共同体实践，提出实质性的批判。他将其称为“相关联的社会批评”。②

其次，德沃金认为，自由主义与社群主义之间的观念似乎是不可调和的，在道德论辩中，我们也不可能得到“正确的答案”。但沃尔泽恰恰认为，“道德是我们必须争论的东西。有这样一种传统，这样一套道德知识；还有这样一群争论的贤人。其他的都不存在。没有什么‘证明’的效力可以比贤人（暂时的）多数更优越”③。“争论的是我们自己；争论的问题是我们的生活方式的意义。……对我们来说，正确的做法是什么?”④ 也就是说，沃尔泽将道德视为一种社会建构，道德既不是一种“外在于”社会，等待我们去揭示的东西，也不是一种依靠神启的东西。他反对内格尔的看法，内格尔认为，我们应该“从不是任何特定地方的地方”观察世界，从而客观公正地对待道德问题。“以内格尔‘发现’的那个客观道德准则为例：我们不应该对别人的苦难漠不关心。我接受这个准则，却没有获知重大发现时的那种兴奋。因为我早已知道这个准则。”“以这种方式来看，道德准则很可能像是客观的；我们就像宗教先驱发现上帝的律法一样‘发现’它们。可以说，它们（客观上）就在那里，等着被人们遵守。但是，它们之所以在那里只是因为它们实际上在这里，是

① ［美］迈克尔·沃尔泽：《阐释和社会批判》，任辉献等译，江苏人民出版社 2010 年版，第 115 页。

② ［美］迈克尔·沃尔泽：《阐释和社会批判》，任辉献等译，江苏人民出版社 2010 年版，第 1—41 页；M. Walzer, *The Company of Critics: Social Criticism and Political Commitment in the Twentieth Century*, New York: Basic Books, 1988, pp. 225 - 240.

③ ［美］迈克尔·沃尔泽：《阐释和社会批判》，任辉献等译，江苏人民出版社 2010 年版，第 40 页。

④ 同上书，第 28—29 页。

我们日常生活的一部分。”① 沃尔泽可能接受柯亨的“社群主义困境”所指出的循环论的批评，但否认它是一种恶性循环。

三　丹尼尔斯的批评

丹尼尔斯对沃尔泽的批评与其他批评者有相似之处，只是更为深入和具体。他概括了作为《正义诸领域》论证基础的四个基本论点，但沃尔泽对此并未明确表示过赞同。

（1）文化相对主义：善的社会意义与不同的文化相关；

（2）道德人类学论点：只有通过一种类似于道德人类学的方法，我们才能揭示善的社会意义；

（3）不可公度论：善的社会意义在“不同文化间是不可公度的”，不存在可以普遍接受的对作为文化产物的善进行价值排序的方法；

（4）正当化论点：不同分配领域内的分配原则，只有符合“该领域内人们赋予善的社会意义”时，它才是正当的，才是可以被接受的原则。

丹尼尔斯指出，“以上论点促使沃尔泽坚持正义是与社会意义密切相关的”。② 这也意味着，我们没有适当的理由，去偏爱某种文化中的道德选择，而排斥另一文化中相反的道德选择。

就丹尼尔斯的批评观点而言，“不可公度论”看起来具有很强的说服力。沃尔泽认为，“我们（所有人）都是文化的产物；我们创造并生活在有意义的社会里。……没有办法按这些社会对社会诸善的理解来给这些社会分等和排序……”③ 丹尼尔斯认为，“沃尔泽似乎将社会意义视作关于善的独特的概念，并反对可以对社会意义进行排序或分等”④。他指出，沃尔泽承诺“一种超强形式的内在主义”，这种“内在主义”包含这种观念，即道德主体的理性，只有与其已有的欲望（或价值或共享意义）相

---

① ［美］迈克尔·沃尔泽：《阐释和社会批判》，任辉献等译，江苏人民出版社 2010 年版，第 4—6 页。

② Norman Daniels, “An Argument About the Relativity of Justice”, *Revue International de Philosophie*, 1989, pp. 7 – 8.

③ ［美］迈克尔·沃尔泽：《正义诸领域：为多元主义与平等一辩》，褚松燕译，译林出版社 2002 年版，第 419 页。

④ Norman Daniels, “An Argument About the Relativity of Justice”, *Revue International de Philosophie*, 1989, p. 15.

关时，道德主体才会根据理性进行行动。① “在道德主体现行价值以外，我们不可能使道德主体的任何分配原则正当化。这种强烈的内在主义，出乎意料地将我们导向了沃尔泽所支持的相对主义。”②

丹尼尔斯的第（1）论点，只要不涉及“不可公度性”论点，基本上表达了沃尔泽的立场，（2）论点也是如此。丹尼尔斯使用“文化”一词的地方，我们应该理解为“公共生活”。这两个概念事实上是可以共存的，但“公共生活”这个概念，可以避免共同体成员在现行的和应遵守的支配性价值的意义上，将善的社会意义理解为是与文化相关的。善的社会意义与“公共生活”的关联性意味着，必须将那些支配性价值，放在共同体的基础背景下（如特定的历史）进行考虑，并允许共同体成员对核心价值及其阐释开展论辩。这样做也有利于唤起最低限度的道德规范，因为它几乎是每个共同体“公共生活”的一部分。

与之类似，第（2）论点可以理解为沃尔泽在《阐释和社会批判》一书中提到的“阐释”一词的意义。既然“阐释”是关于正义和道德的“共享理解”的重要组成部分，那么传统道德规范就有可能是“阐释”的一部分。其次，就沃尔泽本人关于分配原则与共享理解的论述而言，第（4）论点即正当化论点，就是理所当然的。沃尔泽的善观念存在这种可能性，即与特定善的分配相关的“共享理解”，有可能产生不被大多数人所接受的分配原则。例如，如果沃尔泽对财富与成员资格领域的“共享理解”的阐释是正确的，那么“……合适的制度安排是那些分权性社会民主主义的安排”③。可以想象，相当数量的中产阶级和富裕国家的公民将不大可能接受这样的制度安排。

第二节　不可公度性与不可兼容性

只有与“不可公度性”相联系，丹尼尔斯的批评才会成为沃尔泽的问题。“不可公度性”通常具有两种含义，它们都是相对而言的。

---

① Norman Daniels, “An Argument About the Relativity of Justice”, *Revue International de Philosophie*, 1989, p. 19.

② Ibid., p. 26.

③ ［美］迈克尔·沃尔泽：《正义诸领域：为多元主义与平等一辩》，褚松燕译，译林出版社 2002 年版，第 424 页。

第一种是戴维森（Donald Davidson）意义上的“不可公度性”。这种意义上的“不可公度性”可以理解为：概念化的方案是如此彻底不同，以至于在某种语言中可以使用的概念，而在另一种语言中则是不可转化的。这是根本性的“不可公度性”，似乎就是丹尼尔斯批评沃尔泽理论中存在的“不可公度性”，也就是同一种道德语言对不同的个体而言，可能是完全不同的东西。但这种根本性的“不可公度性”在现实生活中是极少的。

第二种是限制性意义上的“不可公度性”，即泰勒（Charles Taylor）所提出的“不可公度性”。泰勒不是在戴维森意义上使用该术语的，即语言在原则上是不可互译和不可比较的。他指的是，两种或两种以上的活动或思维方式，在本质上是不可相容的。“你在事实上不可能同时参加的两种活动，它们在本质上就是不相容的。如，踢足球和下象棋。这两种活动在事实上是不能同时进行的。我们无法想象哪一位运动员可以在下象棋的同时还可以进行足球场上的防守与进攻。”①

泰勒认为，与之类似，同一个人不能同时讲两种语言，不能同时参加两种不相容的语言游戏，如基督神学与粒子物理学，但我们可以分别从事这两种活动。而且，不相容的两种活动在原则上是可以进行比较的，可以根据其自身的或外部的标准进行比较。在这种意义上，我们可以将沃尔泽的“公共生活”视为一种思维方式，在不相容的意义上，它可能就是不可公度的。不同人群的“公共生活”是可以被理解、比较和排序的。人们可以根据他们自己的理解和道德观念，认为一种生活比另一种生活更好。但这种论述不可避免地会存在种族中心主义的因素，正如泰勒所说，种族中心论可能阻碍我们理解其他的生活方式，阻碍我们对生活方式进行比较以及进行批判学习的能力。② 泰勒正是运用这种观点来反对相对论者的论述，相对论者认为生活方式无高低之分，它们之间是不可比较的。

通过对现代科学和文艺复兴时期的科学进行比较的例子，泰勒试图说明，检视不同文化并对其进行最优选择是可能的。当然，也许有人会认

---

① C. Tayor, *Philosophy and the Human Sciences: Philosophy Papers 2*, New York: Cambridge University Press, 1985, p. 144.

② Ibid., pp. 123 – 133.

为，由于现代科学成长于其先前的历史时期，或许可以合理地认为它只是其发展的高级阶段而已。但如果库恩关于科技结构的革命理论是正确的，那这种认识可能就是错误的。另外，也有人可能会认为，现代科学只是更深层次文化萧条的结果或象征，或许文艺复兴时期的科学更好。当我们比较两种不可公度的文化时，会不由自主地倾向于根据文化所含有的技术成就，来决定哪种文化是更好的。对于科技进步的文化还是原生态的非技术性文化，泰勒认为前者更好。

沃尔泽的立场与泰勒有些类似。共同体在文化意义上的深层差异，会导致我们在不同的共同体之间做出不同的道德选择，但这并不意味着相对主义会成为一种必然。文化意义上的差异，也可能会得到像沃尔泽那样的语境主义者的支持。通过考察看待沃尔泽观点的不同方式，我们可以缓和丹尼尔斯的“不可公度性”的批评，他并没有表明沃尔泽一定是相对主义的。

第三节　最低限度的道德规范

在《阐释和社会批判》中，沃尔泽通过讲述一个哲学故事来回应其批评者：一群旅行者被安置在一个文化中立的环境中，他们来自不同的文化，持有不同的语言，然后他们被强制生活在一起，用“……同等的吸收了这些人的自然语言的成分——一种更完美的世界语”进行交流和思考。[①] 就像在罗尔斯的“原初状态”中一样，他们必须抛弃他们各自共同体的价值和实践，必须决定如何在一起生活。他们将会很自然地确定一些合作的普遍原则，如空间的划定以及食物的分配等。进而“他们需要一套普世的道德规范（即使数量很少），或者至少是一套由一群陌生人创造的道德规范”[②]。

最低限度的道德规范对沃尔泽而言意义重大，它表达了他的这样一种认识，即我们有时候需要超越我们所生活的特定共同体及其特定的传统与价值，进行更为普遍的交流。沃尔泽认为，可以将道德视为一项“综合

① ［美］迈克尔·沃尔泽：《阐释和社会批判》，任辉献等译，江苏人民出版社 2010 年版，第 16 页。

② 同上书，第 18 页。

事业”，在该项事业中，人们可以超越对其而言的“对错”，用一些更为普遍的术语进行交流。他认为：“道德规定了一些基本的禁止事项：谋杀、欺骗、背叛、残忍等，这些在法律上也有规定。我们可以研究这些禁令逐渐被认可和接受的真实历史过程，因为这些禁令已经被几乎每一个人类社会所接受。这些禁令组成了一部极简短的、普世的道德法典。因为它们是极简短的和普世的，所以看起来像是哲学的发现或创造。”①

这种“最低限度的道德规范”，是对那些批评沃尔泽正义理论具有很强的“不可公度性”的批评者的一种集中反驳。因为它表明，沃尔泽相信在政治共同体或持异议的个体之间存在共同的道德背景。沃尔泽写了很多关于战争和国际关系的文章，这些文章也表明他相信存在某些普遍适用于人类共同体的道德规范。例如，“最低限度的道德规范”使我们可以对大屠杀之类的极端行为进行批判。沃尔泽也借助“最低限度的道德规范”以及一些其他形式的论证来批判恐怖主义。

在“最低限度的道德规范”的基础上，我们可以谴责任何制度，但我们必须正确地理解它。

第一，它是最低限度的。善的社会意义以及分配原则不是这种规范的组成部分，不能从这种规范中推导出它们。某些具体的禁止事项不能单独诉诸这种规范，必须在某些特定共同体的公共生活背景之下，进行理解和阐释，而且这种理解和阐释是可以发生变化的。这也表明，我们运用最低限度的道德规范对其他共同体进行批判，可能存在较大的局限性。在下文中，本书会论证沃尔泽所关注的并不是道德的真理性，而只是关注某些行为、原则或分配的道德合理化问题。

第二，最低限度的道德规范并不能帮助我们决定，哪些分配政策或政府决定具有道德性。也许，有效的社会批判可以揭示出内在于文化中的价值，但不同的批判者也可能对同种文化进行不同的解读，从而得出完全不同的结论或价值。

第三，正如沃尔泽所言，这种规范完全是在消极意义上而言的，它由一些禁令组成，并不能在积极意义上说明哪些行为在道德上是正当的。但我们可以通过对禁令的阐释而得出它们的积极后果，它最大的作用是告诉

---

① ［美］迈克尔·沃尔泽：《阐释和社会批判》，任辉献等译，江苏人民出版社 2010 年版，第 29—30 页。

我们哪种行为、情境或政策是应该避免的。

第四，沃尔泽认为，这种规范几乎普遍存在于所有的人类社会，但并不排除也可能存在人类学上的相反证据。沃尔泽认为，这种规范是一个经验主义问题，通过广泛的实证调查，我们似乎可以确定它的存在以及它实际上的普遍程度。这种规范与自然法有些类似，但它并不具备自然法所具有的永恒不变的特征，它是社会历史的产物，是可以发生改变的。①

一般而言，最低限度的道德规范可以给我们提供一个讨论道德问题的起点，它是一个合格的道德主体应该相信的最基本的东西。在文化多元主义的共同体中，我们可以将其视为判断标准或不同共同体的分配实践标准。就这一点而言，沃尔泽也不是一位相对主义者。

第四节　历史主义与语境主义

上文简要回应了沃尔泽的四位主要批评者。在本节中，本书将在非相对主义的背景下，介绍沃尔泽的理论。本书试图提出非相对主义的哲学解释，来论证沃尔泽的理论背景是历史主义的和语境主义的，他关注的不是道德的真理性问题而是道德的正当化问题。本节将结合上文所讨论的关于沃尔泽相对主义的批评，这种批评认为沃尔泽的正义理论缺乏批判的视角。批评者认为，沃尔泽是在毫无批判地接受人们在特定文化中正在实践或信奉的任何东西。本书认为这种批判是站不住脚的。还有一些批评者认为，沃尔泽的正义理论不能对共同体关于道德、制度或实践的基本价值进行批判；以及他相对主义的理论立场，不允许其进行激进的和彻底的批判。本书还将探讨沃尔泽的社会批评观念，并判断其是不是保守主义的。

一　历史主义

沃尔泽是一位历史主义者，在这一点上，他与大多数社群主义者具有一致性。本书将道德上的历史主义解释为：道德体系或道德规则是社会的

---

① ［美］迈克尔·沃尔泽：《阐释和社会批判》，任辉献等译，江苏人民出版社 2010 年版，第 31—32 页。

产物，它们在人类文明背景中形成和发展。它包含这样一种观念，即某种特定的道德规则，如禁止偷盗，是“经过缓慢的发展和我们对违反这个禁令的麻烦不便的反复体验中，才逐渐产生并获得效力的”[①]。这种规则的产生是必然的，它与我们普遍的道德欲求有关，如禁止残忍的规则，我们具有希望在任何时候避免遭受残忍对待的普遍道德欲求。当然，这里又会引起另一个问题：为什么我们会有这样的普遍欲求？历史主义者可能认为，我们的欲求是历史形成的。但如果这些欲求是内在于我们人性之中的，那么道德体系或道德规则就不仅仅是历史的产物了。对于这样的问题，我们暂且搁置。沃尔泽关于“公共生活”的论述，直接表明了其理论的历史主义特征。对他而言，正义之所以与社会意义相关，就在于道德本身就是社会的产物。在他看来，如果正义意味着给每个人应得的，那么我们在理解正义是什么之前，首先需要理解每个人应得的是什么，而这就是一个社会历史问题了。因此，道德“可以体现在人们相互之间的交谈中……也可以体现在说服人们相信我们的正当性的道德论证中”[②]。这种交谈的起因可能是特定的和具体的（如因为残忍或背叛），所以结果也可能是特定的和具体的。这一点对“最低限度的道德规范”或者其他形式的道德规范而言都是如此。道德禁令是“许多人讨论的结果”，“是历经许多年自然发展的结果，是试验和错误的结果，是失败、不完善和不牢靠的共识的结果”[③]。道德是历史形成和发展的，这个过程类似于斯达沃特（Jeffrey Stout）所说的“道德修补”。这不仅是社会批评家或知识分子的工作，我们每个人在某种程度上都是“道德修补匠”。[④] 也就是说，我们每个人都对道德传统做着贡献，推动着道德传统不断发展。如果我们考察一下道德在形成过程中所涉及的内容，这一点将更为清晰。德里达（Jacques Derrida）对其有过这样的描述：“列维·施特劳斯说，修补匠就是使用‘手头可得到的工具手段’的人，也就是他周围可运用的工具手段，这些手段已经在那里……”

在《圣经之后的伦理学》中，斯达沃特将“道德修补”作为一种道

① ［美］迈克尔·沃尔泽：《阐释和社会批判》，任辉献等译，江苏人民出版社2010年版，第30页。

② 同上书，第59页。

③ 同上书，第30页。

④ 同上书，第37、43、51页。

德研究的历史方法，它与“反思均衡”的方法在某些方面有些类似。[①] 他提出了极富洞见的看法：道德以一种非常折中的方式历史性地发展着，人们在传统中勾画并重新整理它们，并以新的方式将结果运用到当前的情景与问题之中。[②] 他将托马斯·杰弗逊、马丁·路德·金以及托马斯·阿奎那视为“道德修补匠”，他们都在使用时代的语言向自己的时代诉说。如，阿奎那“真正的成就是综合了柏拉图、斯多亚、犹太人、伊斯兰教、奥古斯丁以及亚里士多德”。这些部分以“道德修补”的方式组织起来，彼此形成相互支撑与强化，共同构成了阿奎那关于自然与社会世界的理解，形成了符合他所在时代要求的道德体系。[③]

在这个意义上，对沃尔泽来说，希伯来先知无疑就是“道德修补匠”。“预言性的信息肯定依赖于此前的信息。它不是什么绝对新的东西，对它们所解释的道德而言，先知既非最早的发现者，也不是最早的创造者。”[④] “事实上，先知们是在当时可以得到的材料中进行选择。”[⑤]

这不仅是关于道德的历史主义的视角，而且也是语境主义的视角。道德辩护依赖伦理学者将其论证中的多种因素相结合的可信度，[⑥] 它并不是将道德的真理性相关于共同体的“公共生活”或“共享理解”。事实上，沃尔泽并不关注道德的真理性。

二　相对主义

当被用作一个批判词汇时，“相对主义”这个哲学词汇的重要功能是揭示一种归谬法，即同时肯定两个或两个以上不一致或相冲突的立场。相对主义的观念被认为是内在冲突的。但我们应该注意到沃尔泽的批评者所提出的相对主义，具有三种不同的形式。根据尼尔森（Kai Nielsen）的分类，包括：（1）文化相对主义；（2）伦理相对主义；（3）后伦理相对

---

① 关于“反思均衡”可以参考 Norman Daniels，“Wide Reflective Equilibrium and Theory Acceptance in Ethics”，*Journal of Philosophy*，vol. 76，1979，pp. 256 – 282。

② J. Stout，*Ethics After Babel*：*The Languanges of Morals and their Discontents*，Boston：Beacon Press，1988，pp. 145 – 162.

③ Ibid.，p. 76.

④ ［美］迈克尔·沃尔泽：《阐释和社会批判》，任辉献等译，江苏人民出版社 2010 年版，第 56 页。

⑤ 同上书，第 104 页。

⑥ 同上书，第 19—22、35 页。

主义。

第一，文化相对主义是“一个经验的（至少是推定的）事实上的论题，即不同人群经常持有不同的甚至是根本上相冲突的道德标准”。作为一种经验主义主张，文化相对主义对沃尔泽而言，应该不是一个问题。实际上，他相信文化相对主义具有一定的合理性。根据文化相对主义的观点，随着历史发展，不同的共同体会形成不同的习俗、惯例和核心价值，也就是不同的公共生活方式。这种生活方式可能与其他共同体的生活方式是冲突的甚至是根本冲突的。但这并不表示沃尔泽同意这种冲突是全面的和整体性的，这种冲突并不是一种非常极端的冲突状况。《正义诸领域》中就提供了很多历史和人类学方面的事例。如果对文化相对主义而言，冲突可能超越“最低限度的道德规范”，那么很清楚沃尔泽并不是这种意义上的文化相对主义者。所有的共同体都在运用“最低限度的道德规范”，只是运用的方式不同而已。沃尔泽接受一种经验意义上的文化相对主义。

事实上，沃尔泽认为，作为一个经验主义问题，在“最低限度”的层次上，文化并不是根本冲突的。这可以反映在他所著的《正义与非正义战争》一书中，他认为，处于战争中的不同共同体，共同持有某些基本相同的战争伦理。同样在《阐释和社会批判》一书中，当他谈到圣经中的社会批判时，“阿摩司对这些民族的判决提出的不是一种当代的、创新的普世主义，而是一种早期的、自然的普世主义。存在一部确定如何对待敌人和外邦人的国际法律……”[①] 沃尔泽关于普遍主义的论述，与极端形式的文化相对主义显然是不一样的。当奥金批评沃尔泽是文化相对主义者时，她似乎表达的就是这种极端形式的文化相对主义，而她真正的意图可能是将沃尔泽视为伦理相对主义者。

第二，伦理相对主义。与仅是经验主张的文化相对主义不同，伦理相对主义认为，即使在相似的条件和背景下，对某个个体或共同体而言是善或正当的东西，对另一个体或共同体而言未必是善的或正当的。

根据这种观点，对沃尔泽而言，道德可能依赖于人们被说服信奉什么。但在讨论奥金的批评时，本书已经回应了这种主张。沃尔泽正义理论中的“最低限度的道德规范”已经反驳了这种观点。但伦理相对主义可

① ［美］迈克尔·沃尔泽：《阐释和社会批判》，任辉献等译，江苏人民出版社 2010 年版，第 99 页。

能也会以如下方式运用于沃尔泽的理论中，如“残忍”被不同文化以不同方式所定义。对沃尔泽而言，是否可能出现这样的情况，即同样的行为在一个共同体中是可憎的，而在另一个共同体中则恰恰相反，甚至是受欢迎的呢？他指出，“最低限度的道德规范”并没有提供“关于谋杀、欺骗、背叛等的先验定义”。[①] 这些词汇的含义，是在社会环境中逐渐变得充实和具体化的。

其实不必过于强调这个问题。我们对很多事物，如何谓“残忍”，经常享有跨文化的理解。就像很多“最低限度的道德规范”所禁止的行为一样，“残忍”是错误的和不被认可的：“如果我们知道丹麦的腐败包括谋杀与背叛，那我们所有人就可以知道腐败意味着什么。”[②] 在沃尔泽看来，尽管关于这些行为没有一种先验的定义，但无论身处何种文化之中，我们都能够以一种大体一致的方式来理解它们。

但在某些特定条件下，某些行为也有可能并不被认为是“残忍的”，这就需要对这些行为的意图与历史，有一个完整的理解。沃尔泽对其他共同体的文化，始终保持着一种审慎的尊重。但这并不意味着，他认为某个共同体的实践总是应该被毫无批判地接受为正当，而应具体问题具体分析。“禁止残忍”虽是“最低限度的道德规范”的一部分，但最终还是应该由共同体来具体决定何谓“残忍”，以及如何对其进行惩罚。这种观点其实并不是伦理相对主义的而是语境主义的。

第三，德沃金、柯亨和丹尼尔斯所认为的相对主义，似乎是一种“后伦理相对主义”。后伦理相对主义，即对于相互冲突的道德规范或道德判断，不存在客观的或外在的标准和方式，来决定何种规范或判断更好；也不存在这样的标准和方式，来确定何种规范或判断是客观的真。

从表面上看，这似乎就是沃尔泽的正义理论观点，因为他毕竟做过如下的判断：“我们（所有人）都是文化的产物；我们创造并生活在有意义的社会里。由于没有办法按这些社会对社会诸善的理解来给这些社会分等和排序，我们就通过尊重男人们和女人们的具体创造来对实际中的男女实

---

① ［美］迈克尔·沃尔泽：《阐释和社会批判》，任辉献等译，江苏人民出版社 2010 年版，第 31 页。

② M. Walzer, *The Company of Critics: Social Criticism and Political Commitment in the Twentieth Century*, New York: Basic Books, 1988, p. 233.

施正义。正义扎根于人们对地位、荣誉、工作以及构成一种共享生活方式的所有东西的不同理解。践踏这些不同的理解（常常）就是不公正地行动。”[①] 可以想象，沃尔泽可以有两种方式来回应上述关于后伦理相对主义的批评。第一种方式是，很多“公共生活”都体现着，关于“最低限度的道德规范”的阐释与文化适用性。即使在原则上也无法确定某个共同体的道德，相对于其他共同体而言是不是客观的真。沃尔泽并没有提出关于道德客观性的解释。对他而言，公共生活的“客观性”，其实就是共同体生活的“客观事实”。这就像围绕在我们周围的自然现象一样，是“从外部”赋予我们的。因此，共同体所共享的“公共生活”（包括共享理解、某些基本价值和历史等）都是“从外部”赋予该共同体成员的。一个人不能选择社会化，就像不能选择天气一样。因此，哈贝马斯所谓的“理性主体的自由共同体”，可以对“公共生活”的背景达成共识，包括它的基本因素和内在冲突等。在这个意义上，公共生活是“客观的”。但对沃尔泽而言，真正重要的并不是道德真理而是道德正当性。

沃尔泽回应后伦理相对主义的另一种方式是，存在一种客观合理的方式，来决定相互冲突的道德规范或道德判断的优劣。也就是通过考察它们符合共同体的“公共生活”或“最低限度的道德规范”的程度来进行判断。对于发生在不同共同体中的道德规范的冲突，我们也可以通过“最低限度的道德规范”进行评价和批判。在此，并不能诉诸共同体的“公共生活”，因为不同的共同体可能并不共享同样的“公共生活”，它们依赖各自共同体历史发展的独特性。沃尔泽特别指出，只有在“最低限度的道德规范”基础上，局外人才能对某个共同体进行批判。[②]

沃尔泽的正义理论，在这一点上确实存在抵牾之处。上文提到，只有在“最低限度的道德规范”的基础上，才能进行跨文化批判。但沃尔泽又承认，存在跨文化共享的“战争规则”，这些规则似乎是不同国家共同体的公共生活的某些最低要求。“我想把塑造我们对战争行为的判断，由行为准则、风俗习惯、职业法规、法律原理、宗教和哲学原则、互惠协议

① ［美］迈克尔·沃尔泽：《正义诸领域：为多元主义与平等一辩》，褚松燕译，译林出版社 2002 年版，第 419 页。

② ［美］迈克尔·沃尔泽：《阐释和社会批判》，任辉献等译，江苏人民出版社 2010 年版，第 96—100 页。

组成的相互关联的有机整体称为战争规约。”① 在这里，共同体是国家共同体而不是个体，但个体也可以在战争规则的基础上，批判其他共同体。

三 语境主义

沃尔泽并不是一位后伦理相对主义者。他的确认为存在一种合理客观的方式，判断相冲突的道德规范或价值。他或许可以更为合理地被称为语境主义者。语境主义认为，“道德要求在很大程度上是随着情境而变化的”。但这并不意味着，道德标准是根据诸如文化范式或世界观这样的概念图式而变化的。相反，道德要求在很大程度上，是由人们的需要以及人们发现自我的客观情形所决定的。沃尔泽在《正义诸领域》中所持的立场就是一种语境主义观念。

尼尔森认为，语境主义并不是一种相对主义形式。他以这样的方式解释了他的立场：“正义是一种理性的必要，就像居住在育空地区的人们，在冬天需要一件厚外衣；而居住在亚马孙地区的人们，从理性上而言就不会有这样的需要。在当今社会中，两个不大熟悉的人不用安全套进行性交就是不负责的；而在艾滋病可以治愈或有疫苗的社会就不会是这样。在这两种情形中，对人们的需要，会出现道德与非道德两种评价。……这一切决定了或合理化了他们所做的某种评价或所具有的某种特定的道德信念。”②

作为公共生活组成部分的“共享理解”，可以符合尼尔森所说的语境主义道德观。沃尔泽在《弑君与革命》中也是这种立场，如他对处决路易十六的合理性的辩护，就是主要诉诸法国人民在那个时代的“共享理解”。国王是一个“双生人”，一方面他是普通人；另一方面他又是政体的个体承担者和最重要的象征。在这种“共享理解”之下，让国王戴着王冠接受公共审判和处决，就是一种道德和社会上的必要。因为国王不仅是一位统治者还是一种象征，处决国王这个象征，可以使消灭君主政体成

---

① ［美］迈克尔·沃尔泽：《正义与非正义战争：通过历史实例的道德论证》，任辉献译，江苏人民出版社2008年版，第50页。

② K. Nielsen, *Marxism and the Moral Point of View*, Boulder, Colorado: Westview Press, 1989, pp. 8 –9.

为可能。[①] 无论从政治上还是从道德上而言，与法国人民公共生活相关的“共享理解”，是维护处决路易十六合理性的决定性因素。

我们对艾滋病毒的认识，与上述关于国王个人与角色的认识，其实是相似的。只不过，前者是一个可以通过经验进行考量的问题，而后者更多的是一个文化问题。与两者相关的道德决定，都要求诉诸社会意义。而这正是沃尔泽正在做的事情。他将社会意义视为道德决定中的关键因素，这种做法并不涉及任何相对主义的形式。但他的理论也的确表现出一种相对缓和的文化相对主义形式。这种形式认为，不同文化包含着相当不同的道德信念，这些道德信念未必都是应该持有的，但它们都对人们的公共生活产生了重要影响。既然这种形式的文化相对主义并不涉及规范性命题，那它就不会成为一个问题。

沃尔泽在《阐释和社会批判》一书中的理论形式也是如此。他认为：“每一个人类社会都为其成员——通过正当化的媒介——提供各种角色的标准、有价值的实践形式以及正当的社会安排。……创造和支持这些标准的人们，通过它们来认识自己的行为。”[②] 违背这些标准就意味着行为不当。在《弑君与革命》中，沃尔泽指出，埃及的以色列奴隶之所以被合乎逻辑地视为被压迫者，原因之一就是他们是“客籍工人和外来劳工”：“这是埃及奴隶制压迫的一部分，在以色列人看来，他们根本不是合法的奴隶。因为他们既不是战争的俘虏，也没有卖身为奴。……哲学家斐洛认为，他们正在被埃及人不正义地奴役着：他们将‘不仅是自由的人而且是客人和恳求者的人’变为奴隶……”[③] 虽然这只是压迫的一部分，并非全部，但“好客的”重要传统在古代与现代文化中一样都是真实的。主人应该友好地对待生活在他们中间的陌生人，他们有这种道德责任。在现代社会，这种原则已扩展到友好地对待难民，以及尊重少数群体的民主与文化等。违背这些原则的行为，必须给出道德合理化的证明。这些道德原则以及生活中的社会和文化事实，应该被作为一种客观因素加以考虑，而

① M. Walzer, *The Revolution of the Saints*: *A Study in the Origins of Radical Politics*, Cambridge, Mass, Harvard University Press, 1965, pp. 22 - 65, 148 - 183.

② ［美］迈克尔·沃尔泽：《阐释和社会批判》，任辉献等译，江苏人民出版社 2010 年版，第 58—60 页。

③ M. Walzer, *Regicide and Revolution*: *Speeches at the Trial of Louis XVI*, London: Cambridge University Press, 1974, p. 29.

这些因素与进行道德决定的语境结构密切相关。

沃尔泽的语境主义观念，并不关注“事物的道德真理”。他并不认为“真理性”应是道德的根本所在。而且，他认为，“正是向神灵和其他人证明我们行为正当性的欲望……促发了道德信念以及道德论证和道德创造”[①]。笔者同意斯达沃特的观点，一个人可能因相信一个伦理命题而被正当化，但这个命题仍可能是错误的。斯达沃特关于道德正当化的定义如下：“从道德上而言，如果人们在现有的条件下已经做到最好了，那他在道德上就是正当的，由此他在道德上也就是无可责难的。如果人们并不清楚事物的道德真理性，也不是因为疏忽，或无意于做非正义的事等，那么他即使从事了我们所认为的邪恶之事，那他仍是无可责难的。”[②] 换言之，正是追求道德正当性的欲望，促使我们讲述关于我们自己或其他人行为的叙事，以便于我们自己处于最为优越的道德情势之下。“如果我们要对一个人提起叛国罪的指控，就必须说出关于这个人的特定的话，并提供证明这些所说之话为真的确凿的证据。如果我们称一个人为叛徒而又说不出特定的话，那么我们就不仅是在矛盾地使用词语，而且纯粹是在撒谎。”[③] “……我们对自己的行为进行辩护；我们判断别人的行为。虽然这些辩护和判断不能像刑事法庭记录那样进行研究，但它们仍是正当的研究对象。通过对它们的研究测试，我相信，关于作为人类活动的战争的全面观点，应该或多或少是系统的道德准则……”[④]

在沃尔泽看来，道德准则并非永恒不变，它可能只是我们目前所能提供的最好的一种准则而已。同时，它也是目前能够最好地帮助我们判断，或合理化我们自己和其他人行为的一种准则而已。诉诸“最低限度的道德规范”，并不是因为它是道德的真理，而是因为它只是目前判断行为正当性的适当标准。也就是说，如果某种行为没有合理化的理由，而违背了最低限度的道德规范，就可以认定它是一种不道德的行为。

---

① ［美］迈克尔·沃尔泽：《阐释和社会批判》，任辉献等译，江苏人民出版社 2010 年版，第 59 页。

② J. Stout, *Ethics After Babel: The Languages of Morals and their Discontents*, Boston: Beacon Press, 1988, p. 86.

③ ［美］迈克尔·沃尔泽：《正义与非正义战争：通过历史实例的道德论证》，任辉献译，江苏人民出版社 2008 年版，第 15 页。

④ 同上书，第ⅷ页。

第五节　社会批评与保守主义

一　“哲学与民主政治”

1981年，沃尔泽在《政治学理论》杂志上发表了一篇文章，比较了实现公共生活的两种路径。一种是政治学路径，另一种则是哲学路径。他倾向于一种多元的政治学路径，而反对追求普遍主义的哲学路径，这种哲学路径要求理论家站在所有特定的共同体之外，去发现或建构对所有共同体都普遍适用的单一的道德或政治真理。他反对维特根斯坦的观点：“哲学家不是任何理想共同体的公民，正因如此，他才得以成为哲学家。”① 沃尔泽主张，对任何社会或政治问题的解决，应站在共同体之中，并承诺于共同体的独特价值与观念。既然“存在很多洞穴却只有一个太阳”，那么“哲学家们的政治成功……将会使单一性凌驾于多元性之上，也就是，对每一个自主独特的共同体，不断重申理想共同体的结构”。“想象一下，不是一个而是一打哲学王：他们的领地被同等地塑造与统治……（如果神是一位哲学王，他将给每个共同体设定同等的地理条件。）这种情形与原初状态下存在的一打共同体是一样的：只存在一种原初状态。”②

沃尔泽认为，我们应该更倾向于政治学尤其是民主政治学而不是哲学。因为哲学无视人们的偏好，并且更为重要的是，它是从人们之外来设计人们的生活方式的。“任何历史共同体的成员，都在塑造他们自己的制度与法律，这样的共同体必然会有它自己独特的而非普遍的生活方式。但这种独特性往往会被压制性的政治过程所改变。”③ 他认为，这一点是对罗尔斯和哈贝马斯正义路径的重要批判。沃尔泽主张，应对政治哲学家的政治角色进行限制，“民主在哲学领域没有权利提出要求，而哲学家在政治领域也没有特别的权力。在意见的世界里，真理只是另一种意见而已，而哲学家只是另一种意见的制造者而已”④。作为公民，政治哲学家当然

---

① M. Walzer, “Philosophy and Democracy”, *Political Theory*, vol. 9, No. 3, August 1981, p. 379.

② Ibid., p. 393.

③ Ibid., p. 395.

④ Ibid., p. 397.

可以积极参与公共辩论，而作为哲学家，他就应该牢记哲学家的适当位置。

后来，沃尔泽关于政治哲学家在政治共同体中的角色的认识有所缓和，他愿意听到哲学家们更多的声音。这可能与他进行正义的相关哲学论证有关，也可能是因为他读到了罗尔斯晚期的作品。无论如何，他认为政治学需要哲学，或者至少认为哲学是有用的。在关于正义的政治辩论中，民主社会的公民应该听取哲学家们的意见："就像在关于环境问题的讨论中，公民们应该听取相关科学家的意见一样；在讨论分配正义问题时，应该听取哲学家们的意见。但这并不意味着，应给予哲学家高于普通人的某种权力，而只是应该关注他们的意见而已。"①

与沃尔泽早期关于哲学家政治角色的认识相比，这是一个明显的发展。显然，他认为，在政治上积极行动的哲学家，并不应该获得比其他公民更多的权利。"尽管哲学家可以主张什么是正当的，但他并不能宣称这种正当性的任何优先性。他必须承认民主政治的各种可能性。"② 沃尔泽主张，在政治辩论中，应该像重视其他领域的专家一样，关注哲学家们的意见。也就是说，应该重视哲学家在专业领域的专业性。他对哲学家的态度的转变，虽不是根本性的，但仍是非常明显的。这种转变意味着，他正在靠近一种普遍化的理论，尤其是罗尔斯的理论。他认为，罗尔斯后期的作品已完全不像其前期的作品那样，超越于政治学之外；他已将其后期理论放在了特定的政治背景中进行论述。在早期，沃尔泽认为罗尔斯的理论形式，有可能导致一种"专注于哲学的"武断，或者导致某些权力人物，人为地运用哲学的方法来解决政治问题。这就像一定要用圆木楔置入方形孔中一样，试图通过理性的逻辑论证，得出圆木楔适用于所有形状的孔的普遍结论。③ 在后期，沃尔泽认为，罗尔斯已经开始承诺一种较弱的主张，即承认哲学的论证还应经过政治学的检验。罗尔斯在其思想后期，主要是在为正义的政治学概念而非哲学概念进行辩护。④ 在一点上，罗尔斯

---

① M. Walzer, "Flight From Philosophy", *New York Review of Books*, February 2, 1989, p. 44.

② M. Walzer, "Philosophy and Democracy", *Political Theory*, vol. 9, No. 3, August, 1981, p. 396.

③ ［美］迈克尔·沃尔泽：《阐释和社会批判》，任辉献等译，江苏人民出版社 2010 年版，第 83 页。

④ M. Walzer, "Flight From Philosophy", *New York Review of Books*, February 2, 1989, p. 43.

似乎正在靠近沃尔泽。

因此，这也从一个侧面反映了，对沃尔泽进行保守主义的批评是不合理的。如果沃尔泽反对运用一些普遍的决定程式，如“原初状态”、“反思均衡”等概念，那么在其理论基础上，他是不是就不能够进行深刻彻底的社会批评了呢？当我们了解了他的社会批评理论之后，答案将是否定的。

二　《阐释和社会批判》

如前文所述，沃尔泽的理论并不是相对主义的。这至少意味着，他有能力运用一种批判的视角进行跨文化的社会批评。通过阅读《阐释和社会批判》一书，我们可以明显看到，沃尔泽已经发展了一种社会批判理论。从表面上看，对公共生活的“阐释”，似乎并不能够提供一种方式，来对公共生活本身的文化以及基本的价值、惯习和制度进行彻底的批判。例如，奥金曾批评沃尔泽的正义理论，并不能对高度等级制社会的价值与制度进行批判。而沃尔泽认为，在他的理论形式下，进行彻底的社会批判完全是可能。他通过《阐释和社会批判》和《批评家群体》两部著作，来论证其社会批评观念。[①]

在《阐释和社会批判》一书中，沃尔泽回应了部分批评者的批评，提供了关于社会批评与当代社会批评家角色的理论论述，同时明确捍卫了他关于正义的特殊主义的论述。《批评家群体》一书，最初是沃尔泽在1985年所做的“关于人类价值的特纳讲座”的演讲内容，1988年，他对其进行了更为理论化的论述，并最终作为《批评家群体》出版。在这本著作中，沃尔泽主要列举了20世纪社会批判的大量实例，对11位社会批评家的生活和工作进行了简要说明。通过列举这些社会批判的实际参与者，来论证其社会批判理论的合理性。

《阐释和社会批判》一书的目的是，“提供理解作为一种社会实践的社会批判的哲学框架”[②]。在这本著作中，沃尔泽试图去说明社会批评最

---

① ［美］迈克尔·沃尔泽：《阐释和社会批判》，任辉献等译，江苏人民出版社2010年版。M. Walzer, *The Company of Critics: Social Criticism and Political Commitment in the Twentieth Century*, New York: Basic Books, 1988.

② ［美］迈克尔·沃尔泽：《阐释和社会批判》，任辉献等译，江苏人民出版社2010年版，第1页。

好理解为，社会批评家在共同体已有的道德基础上，对其所在共同体的批判性阐释。该书共分为三个章节。

第一章描述了道德哲学的三种路径：发现、创造与阐释。第一种路径是与“神启”类似的“发现”：未知的道德真理，是通过“神启”揭示给我们的，或者是由我们自己（如哲学家）在自然中发现的。“神圣法律”一旦被揭示或被发现，就必须被遵守。[①] 第二种路径认为，神不可能给我们揭示真理，我们也不可能发现真理。而且，即使存在普遍的“自然道德律令”，我们也不能辨识它。罗尔斯遵循的就是这种路径。处于“原初地位”的立法者，“如果在没有他们的创造时，本来就存在一个道德世界，那么他们创造的就是那个道德世界。他们创造了一个如果有上帝，上帝就会创造的道德世界”[②]。正如“发现”一样，“创造”的路径也表达了对批判视角的需要——创造者“创造出了可以评判所有个人生活和所有社会风俗习惯的道德”。[③]

沃尔泽继续说道：“但‘发现’总是一种需要进行阐释和整理的神圣或自然律令，只有这样，它们才能得以运用。否则，我们无法知道如何在生活中去运用它们。我们所谓的‘发现’，通常只是确认我们已经知道的事实如此的东西而已。”[④] 另一方面，“创造”则意味着为现存的社会道德提供一种“普遍的正确性”，为我们进行道德判断提供一种客观的标准。但实际上，“创造”只是安排一个“当然的”（已存的）道德世界，而不是去创造一个“应然的”道德世界。[⑤]

这似乎是沃尔泽对“广泛的反思均衡”理念表示理解的原因。他认为，这种理念其实是一种“阐释”路径的运用。当运用这种方法时，我们其实是将已存的道德信念耦合在一起。“重建自己的思想，将其建立在完全属于自己的基础之上”[⑥]。这也是“阐释”的核心所在。“阐释的主张仅仅是：发现和创造都没有必要，因为我们已经拥有了假装要发现和创

---

① ［美］迈克尔·沃尔泽：《阐释和社会批判》，任辉献等译，江苏人民出版社2010年版，第1—10页。

② 同上书，第13页。

③ 同上书，第14页。

④ 同上书，第25页。

⑤ 同上书，第14页。

⑥ 同上书，第9页。

造的东西。……我们不必发现道德世界，因为我们已经生活在道德世界中……哲学发现和创造（暂且不说神创的道德）是经过伪装的阐释；道德哲学其实只有一条道路。”[①]

此外，沃尔泽认为，存在三种类型的社会批评家。前两种是“冷静客观的外来陌生人”与“疏远了故土的本地人”。[②] 他们在社会批评中，具有一定的合理性，但都有严重的局限性。他们都没有地方化的想象力或敏感性；他们寻求一种超然的地位，远离他们置身其中的道德世界，用一种所谓创造和发现的普遍道德标准来批判共同体（好像所批判的并不是他们自己所身处的共同体似的）。这种普遍的道德标准或原则并非地方化的。因此，这种“断裂的”社会批评家，要么以一种传教士的方式“转变本地人”，要么就要像军队那样征服他们。只有这样，“这些本地人才能倾听这些信息，并对之做出反应”[③]。

沃尔泽支持第三种类型的社会批评家：“有关联的社会批评家”。“他们通过与自己伙伴的争论赢得（或没有赢得）权威，他们愤怒地、固执地、有时候冒着巨大的个人风险（所以他也有可能成为英雄）拒绝、反对、抗议。这样的批评家是我们中的一员。”[④] 甘地、奥威尔和波伏娃等是这种社会批评家的代表。沃尔泽认为，只有这种“有关联的批评家”才可以被合理地称为社会批评家。这种“有关联的批评家”向我们指出我们意欲信奉的东西，就像旧约先知那样，让我们看到自己的虚伪。他们提醒我们注意自己的标准，以及我们是如何违背了它们。

在一段精彩的隐喻中，沃尔泽将社会批评家的角色比作“哈姆雷特的眼镜”。“有关联的社会批评家”就是置于社会与我们面前的“眼镜”，就像哈姆雷特对其不贞的母亲所说的那样：“我给你戴上一副眼镜，那时你将看清灵魂深处的自己。”[⑤] 沃尔泽指出，哈姆雷特不再是“公正的旁观者”，而是一个真正的“有关联的批评家”，他假定和其母亲共享同样

---

① ［美］迈克尔·沃尔泽：《阐释和社会批判》，任辉献等译，江苏人民出版社 2010 年版，第 23—25 页。

② 同上书，第 47 页。

③ 同上书，第 56 页。

④ 同上书，第 47—48 页。

⑤ M. Walzer, *The Company of Critics: Social Criticism and Political Commitment in the Twentieth Century*, New York: Basic Books, 1988, pp. 230 - 231.

的基本道德承诺。同样，有关联的批评家“假定和我们共有大致一样的心灵，他就是从这样一种心灵开始的”，进而将其批评建立在一致的道德基本结构基础之上。

在《阐释和社会批判》的第二章中，沃尔泽提出了他对社会批评的理解：“社会批判是一种社会性的活动。‘社会’同时具有和反身代词的作用，很像‘自我批判’中的‘自我’，同时起着指示主语和宾语的作用。当然，社会不能自己批判自己；社会批评家是一些个人，但多数情况下他们也是社会的成员，他们在公共领域对其他参加对话的社会成员发言，他们的话语是对公共生活状况的集体反思。”①

在沃尔泽看来，有效的社会批评家会促使其他人形成一种批判性的自我，对其所身处社会的德性尤其是罪恶进行辩论。对他而言，社会批评就是对话，“它和独白一样多，甚至更多。批评家要比他的社会成员言说的更为激烈、更为持久，也更为深入”。从古代希伯来先知的著作（社会批评家的最早记录）到当代批评家的著作，当沃尔泽描述这些社会批评的基本知识结构时，这种“批判性对话”是很明显的。这个结构由以下几个方面构成：“分辨出公开表明的和表面上冠冕堂皇的观点的虚伪性，抨击实际的行为和制度安排，追寻核心的价值标准（伪善总是一种追寻的线索），要求日常生活符合这种核心价值标准。批评家以激起听众的强烈反感开始，以肯定价值标准结束。”② 因此，“阿摩司的预言是社会批判，因为它质疑领袖、传统、一个特定社会的宗教仪式活动的正当性，因为它是以这个社会承认和分享的价值标准的名义这样做的”③。这听起来似乎很保守，“如果每一种阐释都包含在它的‘文本’中，阐释怎么可能对文本构成一种充分的批判呢?”④ “难道共同生活的状况——彼此贴近、亲密，情感上依恋，视野狭隘局限——不妨害批判性的自我理解吗？……批判需要批判的距离。”⑤ 对于这些问题，沃尔泽以这种方式进行了回应：我们能够批判这种社会批判，因为它自身包含正当化的内在标准，通过这

---

① ［美］迈克尔·沃尔泽：《阐释和社会批判》，任辉献等译，江苏人民出版社 2010 年版，第 42—43 页。

② 同上书，第 110 页。

③ 同上书，第 112—113 页。

④ 同上书，第 21 页。

⑤ 同上书，第 43—44 页。

些标准它可以得到批判。“这些道德标准是人类社会的创造物；它们表现为不同的形式：法律和宗教文本、道德教化故事、史诗、行为规范、礼俗习惯等等。无论是哪种形式它们都要被阐释，阐释的方式既有辩护性的也有批判性的。”①

我们可能会认为，对孕育这些社会产品的文化的阐释将总是可辩护的，因为文化的价值反映在它的社会产品中。但沃尔泽否认这一点。他认为，如果阐释总是可以辩护的，将很容易陷入意识形态，这通常会包含对共同体标准的扭曲，以及由此而来的一种错误的阐释。另外，“并非只有辩护性的阐释才是‘自然、正常的’阐释，道德标准也并不是服服帖帖地顺应社会实践，使人平静安宁，那只是一些功能主义者虚构的乌托邦。这些标准必须通过阐释才能与社会实践一致”②。“我们知道自己没有遵守能证明自己正当性的那些道德标准。一旦我们忘记了，社会批评家就会出来提醒我们。他们的批判性阐释是那种‘自然、正常的’阐释，因为道德就是这样。……他的那些标准是我们共同拥有的。这些标准只不过表面看来是外面来的，其实是同一个共同生活在被认为需要批判时的其他模样。做出不道德行为的人们创造并维持了这些道德标准，（至少有时候）他们也是依据这些标准知道自己的行为是不道德的。”③ 因此，批判的视角依赖于公共生活本身：它包括对传统的重读（或者是旧传统的一种复兴）、对传统的新应用，以及补充一些来自其他传统的新观念，这些新观念可以运用于被批判社会的背景之中。

就沃尔泽而言，社会批评家的批判距离在于，他应该保持相对的独立，但他不是不带感情的或孤立的，他也不应采取一种普遍的姿态。他应该远离权力结构，而不是远离共同体和公共生活。“实际掌权以及像马基雅维利那样为君主附耳献计的雄心壮志，这些都是批判的真正障碍，因为它们使你很难睁开眼看清最需要批判性审视的那些社会侧面。”④ “对批评家的独立性而言，最重要的是什么？那就是不受行政责任、宗教权威、集团权力、政党规制等限制的自由。他是一个反对者的角色，如果要保持这

① ［美］迈克尔·沃尔泽：《阐释和社会批判》，任辉献等译，江苏人民出版社 2010 年版，第 60 页。

② 同上。

③ 同上书，第 61 页。

④ 同上书，第 77 页。

种角色就必须保持独立。”① 但同时批评家也必须是有“有关联的”，承诺于共同体和公共生活，同时与权力者保持距离。“萨特把自己说成是法国的敌人甚至是‘叛徒’，显然是以他特有的傲慢承认来自右翼的敌人的指责，这样他就使自己的事业失去了根据。敌人不可能被承认为社会批评家；他失去了批评者的地位和资格。”② 同时，社会批评家也不能是一位陌生人，因为陌生人不会理解共同体和它的核心价值与实践。沃尔泽十分强调社会批评家应该和其批判的共同体紧密地联系在一起。

三 批评视角与核心价值批判

沃尔泽的“阐释”理论，通常受到保守主义甚至是反自由主义的批评。因为社会的批评者和辩护者对传统意义的理解，可能存在根本分歧。“他们都声称自己是正统而对方是异端，而不去诉诸什么是合理的或公正的。阐释性的社会批评家，可能会反对行使权力的当局；但如果他们加上传统这个权威，就不能被质疑了。……对沃尔泽而言，道德世界几乎是权威性的，就是因为它是我们的。这种主张几乎就是保守主义的。”③ 因此，格兰特（Ruth W. Grant）在上述评论文章中认为，沃尔泽这种处理问题的方式可能是误导性的：他其实并没有运用像他所说的那种方式，来进行社会批评。“就官方所主张的正统而言，至少有些时候它们确实是占主导地位的，而沃尔泽所说的社会批评家，倒有可能是异端。作为一种道德产物，社会批评家重新解释了他自己共同体的传统，从而提供一种特定的也可能是新的关于传统的解读，并认为对于这种解读，无论是人民还是当局都应该感激他们。这也是沃尔泽所说的旧约先知们所做的事情。他认为他们的成功就在于使这种新的解读更有说服力。”④

格兰特已经提出了一个重要问题：“……传统的权威永远不能被质疑。”对沃尔泽而言，确实是这样。在他看来，社会批评家可以诉诸核心

---

① M. Walzer, *The Company of Critics: Social Criticism and Political Commitment in the Twentieth Century*, New York: Basic Books, 1988, pp. 236 – 237.

② ［美］迈克尔·沃尔泽：《阐释和社会批判》，任辉献等译，江苏人民出版社 2010 年版，第 75 页。

③ Ruth W. Grant, “Review of Interpretation and Social Criticism”, *The Journal of Politics*, vol. 50, 1988, p. 261.

④ Ibid. , p. 265.

价值，并在此基础上，批判那些与之相悖的现行实践和制度，但核心价值本身是不能够被质疑的。但他也承认，我们有时需要去批判这些核心价值。赖安（Alan Ryan）也表达了类似观点："罗蒂认为，谴责美国在越南战争中的行为是不公正或不人道的或邪恶的，还不如说谴责其和美国的政治传统相违背来得高明，我们很多人可能会反驳说，它即使和我们的政治传统相符合，它仍然是非正义、不人道和邪恶的。"① 这种批评也同样指向了沃尔泽。沃尔泽可能回应说，罗蒂只是走向了错误的诉求。越南战争成为正义战争理论中最差的一个例子。它是根据几个世纪以来，各个民族建立起来的关于战争的道德标准进行判断的。正如上文提到的，战争规则似乎是国家共同体的一种"公共生活"，它表现了与其他历史共同体的特定公共生活的共有特征。在国际公共生活的核心价值基础上，我们可以对国家间的行为进行批判。

但在战争规约的基础上，我们是否能够批判战争规约本身呢？除非我们可以找到一些外部原则，在这些外部原则的基础上来批判这些战争规约，否则它们就会一成不变。虽然"最低限度的道德规范"根据我们的核心价值，提供给我们特定的指导，但它也只能提供关于某些明显非正义行为的总体禁止。我们还是不能对我们传统本身进行阐释性的社会批判，因为"阐释"建立在某种基础之上，而沃尔泽确信这种基础就是内在于"公共生活"之中的核心价值。

格斯（Raymond Geuss）关于意识形态的分析，在这一点上可能是有用的。根据他的观点，某些制度具有意识形态式的强制性，在普遍或几乎普遍的意义上它是"合法的"，这其实是社会"虚假意识"的结果。这样一来，社会的"基本交往结构"可能就会被扭曲，"可能无法进行自由的讨论，因此，也就不可能形成批判"②。这可能就是奥金想要说明的种姓社会，也是对沃尔泽立场的一种有力批判。因为它指出了这样一个事实，即沃尔泽的标准似乎不可能对社会核心价值形成批判。也就是说，我们所

---

① A. Ryan, "Communitarianism: the Good, the Bad, and the Muddly", *Dissent*, vol. 36, No. 3, summer, 1989, p. 352; R. Rorty, "Postmodernist Bourgeois Liberalism", *The Journal of Philosophy*, vol. 80, 1983, pp. 583 – 589; ［美］理查德·罗蒂：《偶然、反讽与团结》，徐文瑞译，商务印书馆 2003 年版，第 44—69 页。

② R. Geuss, *The Idea of a Critical Theory: Habermas and the Frankfurt School*, New York: Cambridge University Press, 1981, p. 60.

意欲批判的传统越是根本性的，就越难以形成批判。“种姓制度是社会意义的一种奇异组合。声望、知识、财富、职位、地位、食物、衣服甚至社交的社会善：所有这些都要服从智力和身体的等级规制。而等级制本身却仅由信仰的纯粹性这个单一价值所决定。……应用于这个共同体时，形容词‘公正’就排除了这种对权利的侵犯。……它并不能要求违反成员们的共识，而对村里的分配做出一种极端的重新设计。如果它这么要求，那么正义本身就是暴政的。”①

对沃尔泽来说，他想表明两件事情。一是种姓制度难以批判；二是它并没有排除进行批判的可能性：“现在，假定印度村民们确实接受支撑种姓制度的教义。一个到这个村子的来访者也许仍然试图使他们相信——这完全是一种可敬的行为——那些教义是错误的。例如，他可能争论说，男人们和女人们是生而平等的，他们不是许多不同的化身，而是在这个范围内完全平等的。如果他成功了，许多新的分配原则将会出现（依赖于职业是如何被再定义得与人们的新理解相匹配的）。更简单地说，一个现代国家强加到种姓制度上的官僚制，很快就引进了新的原则和区别的界线。宗教仪式的纯洁性不再与公职持有相整合了。国家工作的分配包括不同的标准；可以说，如果贱民被排除在外，我们就能开始——因为他们将开始——讨论不公平了。”② 这些村民的意识是怎样被改变的呢？对沃尔泽来说，这里至少存在两种可能。在社会批判家的触动下，社会的核心价值会发生改变，不再像从前那样根深蒂固；或者与其他核心价值发生了激烈冲突，新的核心价值最终获胜。第一点与沃尔泽所主张的道德假定相一致；而第二点则与他在《阐释和社会批判》和《批评家群体》中的主张相一致。在他的理论中，他并没有主张核心价值总是内在一致的。相比之下，“创造型”的批判或者建立在哲学“发现”基础上的批判，就不会出现上述问题。因为“被创造的”道德律令总是具有约束性。如果“原初状态”或“广泛的反思平衡”或一些其他的“创造型”的道德方法，可以产生出关于正义的权威性结论。当沃尔泽的阐释方法失败时，他也就有可能运用这些方法，也有可能走向这条路径。

---

① ［美］迈克尔·沃尔泽：《正义诸领域：为多元主义与平等一辩》，褚松燕译，译林出版社 2002 年版，第 418—419 页。

② 同上书，第 419—420 页。

相对于其他的社群主义者而言，沃尔泽是唯一一位系统提出分配正义理论的思想家。很多批评者认为，社群主义的政治哲学长于批判而短于构建。但社群主义对自由主义批判的一个深刻洞见，就是在所有的政治理论化过程中，都要注重历史共同体的“公共生活”所发挥的重要作用。忽视地方化价值和实践的任何理论，都将存在对现实不敏感的风险，而正义理论应该将这些价值和实践包含进来。但自由主义也并不是反对地方化的知识。自由主义者也考虑到当代社会多元主义的特征，无法将某个单一的善理论，强加给某个政治共同体的所有成员。因此，自由主义坚持个人主义的路径，以及权利先于善的观念，并肯定个体普遍的政治和法律权利，允许个体自由追求自己关于人类终极目的的认识。但自由主义只看到了共同体内部的多元性，而社群主义则更为强调共同体之间的多元性。

在这种意义上，沃尔泽的思想倾向于社群主义立场，但他是一位自由主义的社群主义者；而罗尔斯则可能是一个社群主义的自由主义者。沃尔泽的思想具有相对主义特征，这也是社群主义的特征：对共享理解的关注；特殊主义的论证形式；对普遍原则和导致普遍原则的方法的拒斥。但本书已经表明，沃尔泽并不是一个相对主义者，但也不可否认，他的社会批判理论存在缺陷。他对不同共同体价值的关注是正确的；他关于有效的社会批判一定具有文化上的特殊性的观点也是合理的；他强调“相关联的”社会批判，应建立在内在于地方公共生活之中的核心价值的基础之上，也是有道理的。但这些主张也有可能削弱社会批评家进行社会批判的彻底性，也就是无法对公共生活本身或其核心价值本身进行批判。局外人虽有可能对公共生活和核心价值形成批判，但根据沃尔泽的社会批判理论，局外人的批判通常是无效的，除非将其限制在“最低限度的”范围内，也就是建立在“最低限度的道德规范”基础之上。

对沃尔泽而言，有效的社会批判，应建立在对公共生活阐释的基础之上。这也是唯一可能的社会批判形式。但他似乎也对两种“创造”路径表示同情：“反思平衡”与“原初状态”。他认为，这两种路径可以整合进“相关联的社会批评”中。这也或许是他的社会批评理论的一个发展前景。通过运用这两种“创造”路径，公共生活和核心价值本身不能被批判的缺陷，就有可能得到克服。也就是将这种观念整合进沃尔泽的社会批评理论中，即通过文化的和批判的互动，我们的价值可以发生改变，这样的改变有可能使价值之间形成批判；核心价值也有可能受到其他共同体的影响，逐渐受到新价值的挑战，这样一来，核心价值的某些方面不断受到质疑进而形成批判。而且，这样做也没有违背沃尔泽所主张的“交流存在于共性之中”的原则，只是共性因素将随着实践的发展而逐渐发生改变而已。可以说，在这一点上，他与罗尔斯正在彼此靠近。

第七章
结论与评价

在本书中，笔者主要对沃尔泽的政治哲学思想进行了历史主义的研究，主要是寻求在情境中考察他的思想在这几十年中的发展变化。笔者认为，相较于简单的哲学分析方法而言，这样的方法可以使我们更好地理解沃尔泽的论著，更好地理解沃尔泽思想的重要性。沃尔泽在《异议》杂志的工作，以及作为反越战运动和公民权利的积极行动者，使他参与了类型多样的政治活动。这些活动使其发展了不同于德沃金和柯亨的平等观念，以及不同于罗尔斯的政治哲学观念。对沃尔泽而言，我们不是通过资源分配来实现平等的，而是通过保证每个人和每个群体，都能在自己所努力的领域中获得成功的方式，实现一种"未经加工的"平等。这样的平等要求一种全新的政治哲学观念，它不是要求我们从我们的"归属"中抽象出来，或者将我们的"归属"视为与正义问题无关；而是承认我们的"归属"对我们生活的重要性。而且，它要求政治哲学应该促进公共辩论，以及关于正义原则适用的"永无止境的推理和说服"。沃尔泽认为，平等和社会批评都要诉诸共同体的"共享理解"。

在沃尔泽看来，德沃金和柯亨等人的平等自由主义，不能构成一个平等社会的基础，因为它未能结合公民行动者的"激情"。这大概是因为他们对抽象的哲学思维的偏爱。这种抽象的哲学思维方式，会导致对多元声音和从公共辩论中产生的多元观点的"独裁主义"的排除。自 20 世纪 50 年代中期以来，沃尔泽一直对分析哲学传统下的自由主义进行批评。他强调对行动主义政治的参与；我们对政治哲学的思考应该是"情境化的"；我们不应关注这样的普遍化问题："在其成员将自己视为自由平等的民主社会中，合理的正义原则是什么?"而是应该关注这样的政治性问题："什么是决定哪些孩子应该进哪所学校的合理原则?"以及"此时此地，我们应该如何协调宗教少数群体与他们具有异议的成员之间的争论?"他倡导对政治哲学的研究应加强政治性的思考。

本节主要提供对沃尔泽学术生涯的一种解释，并主张对沃尔泽使用社群主义者的标签是无意义的。除某些特定情形外，他更喜欢社会民主主义者这个称呼。最后，笔者还将考察其他研究者对沃尔泽思想的某些解释，尤其是奥瑞德的解释；进一步强调采用历史方法对沃尔泽的思想进行研究的优势。本书从对沃尔泽早期论著的阐释开始，重点强调了不同思想传统对其思想的影响，包括纽约知识分子尤其是《异议》杂志的激进民主传统、哈佛大学研究生时代的导师尤其是毕耶的叙事方法以及伦理与法哲学学会的分析哲学传统的影响。就像沃尔泽本人所承认的，没有导师毕耶的影响，他可能不会采纳运用历史来阐释理论，以及用理论来阐明历史的研究方法。这种方法明显反映在他的主要著作《正义诸领域》和《正义与非正义战争》中。沃尔泽在《异议》杂志从事了长达60年的编辑工作。同样，自20世纪60年代中期以来，沃尔泽一直保持着与伦理与法哲学学会的学术对话。例如，沃尔泽对少数群体权利的讨论，是《政治与激情》的重要内容，这主要是由他和金里卡的争论所激发的。金里卡试图通过扩展德沃金和罗尔斯所提出的平等自由主义理论，来解释少数群体的权利。

本书认为，沃尔泽早期的大多数论著，都受到了这些传统的启发或者试图调和这些传统中相冲突的理念。例如，《圣徒的革命》运用毕耶的历史方法，来探讨新教改革运动。同样，《正义与非正义战争》中“决疑法”的运用，在一定程度上代表了他对伦理与法哲学学会研究方法的不满，以及对《异议》杂志学术圈的同情。在20世纪70年代，分析哲学传统下的政治哲学，严重依赖像罗尔斯的“无知之幕”这样的思想实验以及像汤普森的“轨道车”这样的假定事例。沃尔泽始终对这样的假定方法表示怀疑，并更乐意使用实际的历史事例进行理论论证。

随着沃尔泽思想的发展，本书认为，他在这些传统的影响之下逐渐发展出自己的研究主题，这些主题主要包括战争伦理、复合平等以及犹太政治传统。这在一定程度上，也是对这些传统的一种超越。因此，自20世纪80年代以来，沃尔泽的主要论著，在遵循其早期基本洞见的基础上，不断在发展自己独特的观念。例如，在20世纪90年代，他更倾向于研究差异政治而不是对多元主义的辩护。最后，在最近这些年中，沃尔泽通过对全球治理和国际正义问题的考察，已经将这些研究主题结合在一起。例如，他并不认为，战争应该被根除或者一个全球国家是可欲的或可能的。但“占领”和“托管”问题的不断凸显，促使他对传统的主权概念和成员资格概念进行了思考，并主张应对战争伦理进行一定的更新。

从概念上而言，将沃尔泽视为社群主义者对其思想而言并不合适。这既是因为，它未能认真对待沃尔泽将自己视为社会民主主义者的自我描述，也因为它低估了沃尔泽试图将社会主义、自由主义、社群主义甚至保守主义的基本洞见相调和的努力。这种调和是沃尔泽思想的一个重要特征。尤其是在“自由主义的社群主义批评”这篇文章中，沃尔泽主张，社群主义是对自由主义的“一种周期性修正”，而且这种周期性会永恒出现，“就像社会民主一样，社群主义在自由主义政治旁边确立了自己的一个位置，但并不能完全取代自由主义”[①]。同样，自由主义也永远不能排除对社群主义批评的需要。因此，自由主义、社群主义和社会民主在将来可预见的时间里，都将是多元社会的组成部分。在之后的《论宽容》中，沃尔泽认为，不同群体的文化包容问题，要求我们既要成为自由主义者，也要成为社群主义者。而在自由主义和社群主义之间需要依赖某种政治力量进行平衡，他认为，这种平衡力量恰恰就是社会民主。在其早期思想中，沃尔泽已经树立了这样的观念，即自由主义和社会民主主义是不能区分的，它们都是社会生活的不同领域被“社会化”的结果。[②]

对沃尔泽而言，纯粹的意识形态从来不是政治哲学应该追求的东西，政治哲学应该吸收和利用任何有用的意识形态进行论证，并应该避免意识形态派系之间的偏见。这明显是受到《异议》杂志学术圈的影响。《异议》杂志主张，应致力于发掘社会主义传统所遗留的有用的东西，并从不同的意识形态视角进行政治哲学研究。在创立之初，《异议》杂志就将自己定位为美国自由主义和苏联共产主义之外的第三阵营，并试图将自由主义传统中的价值元素，融入社会主义事业中去。它的这种定位对沃尔泽的思想产生了深刻影响。

---

① M. Walzer, “The Communitarian Critique of Liberalism”, *Political Theory*, No. 18, 1990, pp. 6 – 23.

② “Socializing the Welfare State”, in A. Gutmann, *Democracy and the Welfare State*, Princeton: Princeton University Press, 1988, pp. 13 – 26.

此外，豪的激进民主主义思想也对沃尔泽产生了重要影响。沃尔泽认为，激进民主主义在美国自由主义政治中所获得的永久地位，在很大程度上要归功于豪的《社会主义与美国》。在这本著作中，豪主张，任何激进的运动，都必须将自己的智识根源建立在自由主义之中。但这一定是一种批判性的建立，因为自由主义和社会主义在很多方面都是难以区分的。[①]这个主张也明显反映在豪所创办的《异议》杂志的研究和实践中：从20世纪50年代后期以来，《异议》杂志就包含了对自由主义、市场和社会主义的讨论；它一贯主张，社会民主主义必须吸收诸如个人选择和非集中的市场经济等自由主义的价值元素。

对不同思想传统的分析，有助于理解沃尔泽从不同智识传统中汲取知识资源的努力。沃尔泽运用了自由主义和社群主义的思想资源，但他既不是自由主义者也不是社群主义者。他与社群主义的关系，引起了学术界的众多争论。“自由主义与社群主义之辨”的很多评论者，都无法确定沃尔泽是不是真正的社群主义者。沃尔泽的“社群主义倾向”，根源于他对社会民主主义的承诺。社会民主主义比自由主义更为强调决策过程中的大众参与，以及进行积极参与的公民共同体的重要性。沃尔泽试图将社会民主主义与自由主义的核心洞见结合起来。他非常重视自由主义对平等的关注，但他认为自由主义并不能促进一个平等的社会。原因在于，自由主义对“社会的复杂性”认识不足，或者往往忽视社会生活的“生动经验”。沃尔泽的“复合平等”，就是对平等自由主义这种缺陷的修正。在其后期的思想中，进一步强调了“解放与赋权”对平等的重要性。[②]

沃尔泽关于平等的核心观点是，平等并非是简单地确保人们同样的权利和法律地位，或者确保平等的资源和福利分配。这些只是自由主义和社会主义的平等观念。他认为，正确理解的平等一定是复合的，它要比古典自由主义对公正程序的强调，或者当代自由主义对资源平等分配的强调，以及马克思主义所追求的平等的福利供给的观点都更为复杂。一个平等的

---

① I. Howe, “Socialism and Liberalism: Articles of Conciliation”, in N. Jumonville, *The New York Intellectuals Reader*, New York and Oxford: Routledge, 2002, pp. 371 – 389.

② M. Walzer, *Politics and Passion: Toward a More Egalitarian Liberalism*, New Haven: Yale University Press, 2005, pp. 21 – 43.

社会应该包含上述观点所提到的那些基本形式，但又绝不止这些。平等必须确保支配资源分配的原则，能够合理反映参与分配的人们对这些资源所持有的共享理解。“每个人在其专长的领域都可以是自己的统治者。”按照沃尔泽的理解，这将是复合平等的基本形式，并不存在可以衡量我们是否平等的单一标准。在《正义诸领域》中，沃尔泽将“简单平等”的社会，形容为“奥威尔式”的社会，即受到严格统治而失去人性的社会。这也表明，任何“简单平等”的社会，都将不可避免地衰落和失败。从一定意义上而言，《正义诸领域》也可以被视为沃尔泽在20世纪对社会主义的拯救。它通过吸收（如限制政治权力）自由主义的洞见，并将其与沃尔泽称为社会主义本质的东西（如限制市场）相结合。对沃尔泽而言，自由主义和社会主义关于平等的认识都富有很多洞见，但它们的论述最终都是有缺陷的。因为它们都过于简单化，只有吸收和利用这两种传统的“复合平等”，才能符合当代社会的多元特征。

沃尔泽将正义观念视为社会的产物，并认为平等的社会是不断被创造和再创造的；对“共享理解”的诉诸，其实就是对永恒的政治辩论的诉诸，这是对社会民主而不是对共同体本身的捍卫。沃尔泽对社会民主传统的吸收利用，以及他对自由主义洞见的借鉴，是理解其思想的关键。这也有助于解释沃尔泽本人为什么经常诉诸共同体而反对社群主义者标签的原因。

本书的另一个核心主张是，只有通过对沃尔泽的思想进行历史性阐释，才能更合理地把握他的整个思想逻辑。奥瑞德的分析哲学式的解释，并不能使我们更为实质性地把握沃尔泽的整个思想。他的《沃尔泽论战争与正义》一书，对沃尔泽的战争伦理，尤其是对“战后正义”观念进行了分析；此外，他也试图表明沃尔泽的方法论、分配正义与战争理论是如何联系的。但他将沃尔泽的著作几乎是完全作为一系列的理论问题来对待的，忽视了沃尔泽的政治哲学思想既是哲学的又是政治的。人们通常将政治哲学视为分析哲学的一个自主研究领域，而割裂了政治哲学与公共辩论和政策制定等相关政治领域的关联性。例如，沃尔泽在《阐释和社会批判》和《批评家群体》中主张，“阐释”路径要比“发现”和“创造”路径更为可取。“阐释”是对既存权力结构进行批评的最好方法，“因为社会批评家可以为社会竖起一面镜子，并指出它是如何与其所宣称的主张相矛盾的"[①]。奥瑞德就忽视了沃尔泽所强调的"内在的批评总是可能的"主张的政治性质。在沃尔泽看来，"内在批评"的首要目标就是对支配的批判。因为支配会导致特定社会精英的持续统治，并使社会无法保持对自身信念的承诺。

将政治哲学作为分析哲学的一个自主研究领域，也导致了奥瑞德对沃尔泽关于社会批评论述的一种误解。例如，他批评沃尔泽为政治哲学家和知识分子赋予了一种民主社会所不允许的权力，因为沃尔泽认为这些人可以提供对"共享理解"的最好解读。[②] 但沃尔泽的"哲学与民主"一文表明，奥瑞德的这种观点是对沃尔泽意图的颠倒。因为沃尔泽在这篇文章中坚定地认为，在意见领域即政治领域中，哲学家的真理仅是另一种意见而已，它并不享有比任何其他的意见更高的特权。奥瑞德错误地将"最好的解读"具体化为一个实体，而沃尔泽的本意是"最好的解读"永远是不断变化的，因为在政治中并不存在终极的答案。除非假定哲学真理，在本质上是与"政治论辩的最终观点"是一致的，否则就没有必要担心政治哲学家或社会批评家会对政治论辩产生不正当的影响。如果假定哲学真理很容易转变成具有说服力的政治修辞，那么沃尔泽的"复合平等"就是一种幻想，因为"领域的分离"仅仅是"不平等"的永恒往复。但奥瑞德并没有论证这种假定是可以成立的，因为他已经误解了沃尔泽对"阐释"和"最好解读"的理解。他错误地将"阐释"理解为"传统"的同义词。[③] 因此，就像德沃金和柯亨所认为的那样，他也批评沃尔泽的论证是保守主义的或社群主义的。实际上，沃尔泽对"阐释"路径的捍卫和对"共享理解"的诉诸，并不仅仅是对公共自决权的辩护，也是对特定共同体中决策权力分配的辩护。在沃尔泽的整个思想中，他反对政治哲学家试图通过一系列的正义程序或原则，一劳永逸地确定政治共同体应如何运作的做法。某些程序或许是政治制度的必要特征，但它们不可能是

---

① ［美］迈克尔·沃尔泽：《阐释和社会批判》，任辉献等译，江苏人民出版社 2010 年版，第 2 章；M. Walzer, *The Company of Critics: Social Criticism and Political Commitment in the Twentieth Century*, New York: Basic Books, 1988, chapter 1。

② B. Orend, *Michael Walzer on War and Justice*, Cardiff: University of Wales Press, 2000, pp. 25 – 29.

③ B. Orend, *Michael Walzer on War and Justice*, Cardiff: University of Wales Press, 2000, ch. 7.

充分的，也不可能是价值中立的。某些政治哲学家的这种做法，很可能会封闭政治辩论，并因此而阻碍公民对开放性辩论的参与。沃尔泽将“阐释”路径视为更可取的原因之一，就是因为它是持续开放的：总是存在多元的“阐释”以及持续进行阐释性辩论的理由。在他看来，这是政治哲学家应该鼓励而不是应该担忧的东西。所以，阐释性的社会批评要比分析哲学更为可取，因为它和人类社会生活本身一样古老，并因此而永恒地伴随人类社会。沃尔泽的这种观点，体现了激进民主传统对他的影响。就像自由主义者一样，马克思主义者也经常将政治努力或哲学论证的任务，视为建立完善的社会或政治制度。而沃尔泽提醒人们认识到，国家是不会消亡的，政治辩论和分歧将会永恒存在。

通过沃尔泽对美国医疗卫生制度的解读，我们可以更深刻地理解他的“阐释”和“共享理解”观念。在《阐释和社会批判》中，沃恩克（Georgia Warnke）认为，沃尔泽对美国医疗卫生制度的论述，是对美国社会“共享理解”的一种片面解读；而在“给每个人应得的”一文中，德沃金也认为，沃尔泽并没有给出充分的理由让我们相信，“最低限度的医疗供给与最低限度之上的私人医疗供给，是与美国社会的共享理解不一致的”①。但沃尔泽是将对“共享理解”的任何解读，都视为一种不充分的解读。因此，沃恩克的观点并不能算作是对沃尔泽“诉诸共享理解是正义的支点”的主张的批评。德沃金的批评同样也是如此，他似乎假定存在一种与我们的“共享理解”相一致的单一的和毋庸置疑的解释。按照沃尔泽的观点，如果某种主张经过广泛的政治辩论，而被认为是缺乏说服力的；即使它可能与我们的“共享理解”相一致，这种观点也不应被实施。因为我们必须接受“民主不可避免的风险，即人们有权利错误的行动”。② 需要强调的是，对沃尔泽进行任何非情境化的解读，都将会遗漏他对社会民主和持续的民主辩论的承诺。

沃尔泽在本质上是一位公共知识分子和社会民主主义者。本书将他对参与式公共生活的承诺，作为其思想的核心。沃尔泽思想的发展，在极大程度上是由于不断变化的政治现实所激发的。这一点明显体现在他对正义

---

① R. Dworkin, “To Each His Own”, the *New York Review of Books*, April 14, 1983.

② M. Walzer, “Liberalism and the Art of Separation”, *Political Theory*, No. 12, 1984, pp. 315 – 330.

战争理论、公民社会和差异政治的考察之中。例如，在《正义与非正义战争》中，沃尔泽并没有集中关注“战后正义”问题，只是强调只有在极端情形下，人道主义干涉才是被允许的；而在近期出版的《论战争》中，由于世界政治的变化，他则重点关注了“战后正义”的解决方案，并更乐意支持人道主义干涉。2009 年，《离开》这本著作出版，[①] 由于卢旺达的种族灭绝、两次海湾战争以及反恐战争等政治现实的影响，沃尔泽也不再像《正义与非正义战争》中那样强烈地坚持，唯一正义的战争就是自卫的战争。同样，20 世纪 90 年代苏联的解体和美国的移民潮，也影响了沃尔泽对复合平等理论的修正。他开始承认国家应在确定社会生活领域的内容方面，而不仅仅是在管理领域间的边界方面，发挥更大的作用；他也更为关注种族差异而不仅是社会多元主义。

沃尔泽的思想在这几十年中所发生的变化，很大程度上是对美国和世界政治发展所面临问题的回应。这一点与麦金太尔、罗尔斯等同时代的思想家相比更为明显。通过将沃尔泽的思想置于特定的情境中，我们可以看出这些发展变化，并能够发现他的核心思想在这些发展变化中的连续性，这也是应对沃尔泽的思想进行历史性研究的原因之一。总的来看，沃尔泽对政治哲学的最大贡献，是他开拓了一种政治哲学研究的不同模式。这一点与当代政治哲学的主流研究方法明显不同，这也使得沃尔泽的思想独具一格。他一直强调，他本人既是理论家，也是活动家；既是政治哲学家，也是寻求促进社会民主主义事业的政治行动者；既是学院型的学者，也是公共知识分子。沃尔泽作为一位成功的公共知识分子，既是由于其学术论著的巨大影响力，也是由于其终生致力于公共杂志的编辑工作。因此，他已经指出了一条连通政治参与的政治哲学道路。这条道路超越了纯粹的学术研究，以一种平静、反思但有担当的方式，直接表达日常政治生活中的问题。就这一点而言，美国乃至整个知识界将长久地受惠于他。

---

① M. Walzer and N. Mills, *Getting Out: Historical Perspectives on Leaving Iraq*, Philadelphia, University of Pennsylvania Press, 2009.

附　　录

一　沃尔泽的著作

1. *The Revolution of the Saints*: *A Study in the Origins of Radical Politics*, Harvard University Press, 1965.

2. *Obligations*: *Essays on Disobedience*, *War and Citizenship*, Harvard University Press, 1970.

3. *Political Action*, Quadrangle Books, 1971.

4. *Regicide and Revolution*, Cambridge University Press, 1974.

5. *Just and Unjust Wars*, Basic Books, 1977, second edition, 1992, third edition 2000, fourth edition, 2006.

6. *Radical Principles*, Basic Books, 1980.

7. *Spheres of Justice*, Basic Books, 1983.

8. *Exodus and Revolution*, Basic Books, 1985.

9. *Interpretation and Social Criticism*, Harvard University Press, 1987.

10. *The Company of Critics*, Basic Books, 1988, second edition, 2002.

11. *What It Means to be an American*, Marsilio, 1992.

12. *Civil Society and American Democracy*, Rotbuch Verlag, 1992, selected essays—in German.

13. *Thick and Thin*: *Moral Argument at Home and Abroad*, Notre Dame Press, 1994.

14. *Pluralism*, *Justice*, *and Equality*, *with David Miller*, Oxford University Press, 1995.

15. *Toward a Global Civil Society*, *editor*, Berghahn Books, 1995.

16. *On Toleration*, Yale University Press, 1997.

17. *Arguments from the Left*, Atlas, 1997, selected essays—in Swedish.

18. *Pluralism and Democracy*, Éditions Esprit, 1997, selected essays—in

French.

19. *Reason, Politics, and Passion*, Fischer Taschenbuch Verlag, 1999 - The Horkheimer Lectures, in German.

20. *The Jewish Political Tradition, vol. I Authority, co-edited, with Menachem Lorberbaum, Noam Zohar, and Yair Lorberbaum*, Yale University Press, 2000.

21. *Exilic Politics in the Hebrew Bible*, Mohr Siebeck, 2001, in German.

22. *War, Politics, and Morality*, Ediciones Paidos, 2001, selected essays—in Spanish.

23. *The Thread of Politics: Democracy, Social Criticism, and World Government*, Edizioni Diabasis, 2002, selected essays—in Italian.

24. *Erklärte Kriege-Kriegserklärungen*, Europäische Verlagsanstalt, 2003, selected essays—in German.

25. *The Jewish Political Tradition, vol. II Membership, co-edited, with Menachem Lorberbaum, Noam Zohar, and Yair Lorberbaum*, Yale University Press, 2003.

26. *Arguing about War*, Yale University Press, 2004, selected essays and articles.

27. *Politics and Passion: Toward a More Egalitarian Liberalism*, Yale University Press, 2005.

28. *Law, Politics, and Morality in Judaism*, Princeton University Press, 2006.

29. *Thinking Politically: Essays in Political Theory*, Yale University Press, 2007.

30. *Getting Out: Historical Perspectives on Leaving Iraq, co-edited, with N. Mills*, Pennsylvania University Press, 2009.

二　沃尔泽的主要论文

31. "The Only Revolution: Notes on the Theory of Modernization", *Dissent*, 1964.

32. "Democracy and the Conscript", *Dissent*, 1966.

33. "Anti-Communism and the CIA", *Dissent*, 1967.

34. "The Condition of Greece: Twenty Years After the Truman Doctrine", *Dissent*, 1967.

35. "The Exodus and Revolution: An Exercise in Comparative History", *Mosaic*, 1967.

36. "Moral Judgment in Time of War", *Dissent*, 1967.

37. "The Obligation to Disobey", *Ethics*, 1967.

38. "On the Role of Symbolism in Political Thought", *Political Science Quarterly*, 1967.

39. "A Journey to Israel", *Dissent*, 1970.

40. "Citizens' Politics: How to Do It", *Dissent*, 1971.

41. "World War II: Why Was This War Different?" *Philosophy and Public Affairs*, 1971.

42. "Political Action: The Problem of Dirty Hands", *Philosophy and Public Affairs*, 1973.

43. "In Defense of Equality", *Dissent*, 1973.

44. "Civility and Civil Virtue in Contemporary America", *Social Research*, 1974.

45. "Terrorism: A Debate", *New Republic*, 1975.

46. "A Theory of Revolution," *Marxist Perspectives*, 1979.

47. "The Pastoral Retreat of the New Left", *Dissent*, 1979.

48. "Political Decision-Making and Political Education", in M. Richter *Political Theory and Political Education*, Princeton University Press, 1980.

49. "The Moral Standing of States", *Philosophy and Public Affairs*, 1980.

50. "The Political Theory of Ethnic Pluralism", in S. Thernstrom, A. Orlow, and O. Handlin *Harvard Encyclopedia of American Ethnic Groups*, Belknap Press, 1980.

51. "The Distribution of Membership", in P. G. Brown and H. Shue *Boundaries: National Autonomy and its Limits*, Rowman & Littlefield, 1981.

52. "Philosophy and Democracy", *Political Theory*, 1981.

53. "Two Kinds of Military Responsibility", *Parameters*, 1981.

54. "Socialism and the Gift Relationship", *Dissent*, 1982.

55. "The Politics of Michel Foucault", *Dissent*, 1983.

56. "Liberalism and the Art of Separation", *Political Theory*, 1984.

57. "Deterrence and Democracy: In a Nuclear Age We Need Both 'Normal' and 'Abnormal' Politics", *New Republic*, 1984.

58. "Introduction" to Isaiah Berlin's *The Hedgehog and the Fox*, Simon and Shuster, 1986.

59. "Justice Here and Now", in Frank S. Lucash *Justice and Equality Here and Now*, Cornell University Press, 1986.

60. "Toward a Theory of Social Assignments", in W. Knowlton and R. Zechhauser *American Society: Public and Private Responsibilities*, Cambridge: Harper and Row, Ballinger, 1986.

61. "What's Terrorism And What Isn't?" *Dissent*, 1986.

62. "The Long-Term Perspective", *Bulletin of the New York Academy of Medicine*, 1986.

63. "Notes on Self-Criticism", *Social Research*, 1987.

64. "Socializing the Welfare State", in A. Gutmann *Democracy and the Welfare State*, Princeton University Press, 1988.

65. "The Green Line: After the Uprising, Israel's New Border", *New Republic*, 1988.

66. "Terrorism: A Critique of Excuses", in S. Luper Foy *Problems of International Justice*, Boulder: Westview Press, 1988.

67. "The Theory of Aggression", in S. Luper Foy *Problems of International Justice*, Boulder: Westview Press, 1988.

68. "Citizenship", in T. Ball, J. Farr, and R. L. Hanson *Political Innovation and Conceptual Change*, Cambridge University Press, 1989.

69. "A Critique of Philosophical Conversation", *The Philosophical Forum*, 1989.

70. "What Does It Mean to Be an 'American'?" *Social Research*, 1990.

71. "The Communitarian Critique of Liberalism", *Political Theory*, 1990.

72. "The Idea of Civil Society", *Dissent*, 1991.

73. "The New Tribalism", *Dissent*, 1992.

74. "The Legal Codes of Ancient Israel", *Yale Journal of Law and the*

Humanities, 1992.

75. "The Idea of Holy War in Ancient Israel", *Journal of Religious Ethics*, 1992.

76. "Moral Minimalism", in W. R. Shea and A. Spadafora, *From the Twilight of Probability: Ethics and Politics*, Canton, Mass: Watson Publishing International, Science History Publications, 1992.

77. "Objectivity and Social Meaning", in M. Nussbaum and A. Sen *The Quality of Life*, Clarendon Press, Oxford, 1993.

78. "Exclusion, Injustice, and the Democratic State", *Dissent*, 1993.

79. "Multiculturalism and Individualism", *Dissent*, 1994.

80. "Shared Meanings in a Poly-Ethnic Democratic Setting", *Journal of Religious Ethics*, 1994.

81. "The Civil Society Argument," in R. Beiner *Theorizing Citizenship*, Albany: State University of New York Press, 1995.

82. "The Concept of Civil Society", in M. Walzer *Toward a Global Civil Society*, Providence, R. I. and Oxford: Berghahn Books, 1995.

83. "Fifty Years After Hiroshima", *Dissent*, 1995.

84. "The Politics of Rescue", *Dissent*, 1995.

85. "Education, Democratic Citizenship, and Multiculturalism", *Journal of Philosophy of Education*, 1995.

86. "Response", in D. Miller and M. Walzer *Pluralism, Justice, and Equality*, Oxford: Oxford University Press, 1995.

87. "Preface" to Jean-Paul Sartre's *Anti-Semite and Jew*, Schocken Books, 1995.

88. "On Negative Politics", in B. Yack *Liberalism without Illusions: Essays on Liberal Theory and the Political Vision of Judith N. Shklar*, University of Chicago Press, 1996.

89. "War and Peace in the Jewish Tradition", in *The Ethics of War and Peace*, Princeton University Press, 1996.

90. "The Politics of Difference: Statehood and Toleration in a Multicultural World", in R. McKin and J. McMahan *The Morality of Nationalism*, New York: Oxford University Press, 1997.

91. "Rethinking Social Democracy", *Dissent*, 1998.

92. "Multiculturalism and the Politics of Interest", in D. Biale, M. Galchinsky, and S. Heschel *Insider/Outsider: American Jews and Multiculturalism*, University of California Press, 1998.

93. "On Involuntary Association", in A. Gutmann *Freedom of Association*, Princeton University Press, 1998.

94. "Michael Sandel's America", in A. Allen and M. Regan, Jr. *Debating Democracy's Discontent: Essays on American Politics, Law, and Public Philosophy*, Oxford: Oxford University Press, 1998.

95. "Deliberation and What Else?" in S. Macedo *Deliberative Politics Politics: Essays on Democracy and Disagreement*, Oxford University Press, 1999.

96. "International Society: What is the Best We Can Do?" in *Ethical Perspectives*, Leuven, Belgium, 1999.

97. "Drawing the Line: Religion and Politics", *Utah Law Review*, 1999.

98. "Governing the Globe: What Is the Best We Can Do?" *Dissent*, 2000.

99. "Emergency Ethics", in J. Carl Ficarrotta *The Leader's Imperative: ethics, integrity, and responsibility*, Purdue: Purdue University Press, 2001.

100. "Liberalism, Nationalism, Reform", in R. Dworkin, M. Lilla, and R. Silvers *The Legacy of Isaiah Berlin*, New York: New York Review Books, 2001.

101. "Double Effect", in P. Woodward *The Doctrine of Double Effect: Philosophers Debate a Controversial Moral Principle*, Notre Dame: University of Notre Dame Press, 2001.

102. "Nation-States and Immigrant Societies", in W. Kymlicka, M. Opalski *Can Liberal Pluralism Be Exported?: Western Political Theory and Ethnic Relations in Eastern Europe*, Oxford: Oxford University Press, 2001.

103. "The Triumph of Just War Theory (and the Dangers of Success)", *Social Research*, 2002.

104. "Can There Be a Decent Left?" *Dissent*, 2002.

105. "The Four Wars of Israel/Palestine", *Dissent*, 2002.

106. "The 9/11 License", *Renewal*, 2002.

107. "The Argument about Humanitarian Intervention", *Dissent*, 2002.

108. "Equality and Civil Society", in S. Chambers and W. Kymlicka *Alternative Conceptions of Civil Society*, Princeton: Princeton University Press, 2002.

109. "Passion and Politics", *Philosophy and Social Criticism*, 2002.

110. "What Rights for Illiberal Communities?" in Daniel A. Bell and Avner de-Shalit *Forms of Justice: Critical Perspectives on David Miller's Political Philosophy*, Lanham, MD: Rowman & Littlefield Publishers, Inc., 2003.

111. "The Right Way", *The New York Review of Books*, 2003.

112. "What a Little War in Iraq Could Do", *The New York Times*, 2003.

113. "Is There an American Empire?" *Dissent*, 2003.

114. "Zionism and Judaism", in J. Malino *Judaism and Modernity: The Religious Philosophy of David Hartman*, Hampshire, UK, and Burlington, Vermont: Ashgate Publishing, 2004.

115. "A Liberal Perspective on Deterrence and Proliferation of Weapons of Mass Destruction", in S. Hashmi and S. Lee *Ethics and Weapons of Mass Destruction: Religious and Secular Perspectives*, Cambridge: Cambridge University Press, 2004.

116. "Can There Be a Moral Foreign Policy?" in E. Dionne Junior, J. Bethke Elshtain, and K. Drogosz *Liberty and Power: A Dialogue on Religion and US Foreign Policy in an Unjust World*, Washington: Brookings Institution Press, 2004.

117. "All God's Children Got Values", *Dissent*, 2005.

118. "Regime Change and Just War", *Dissent*, 2006.

119. "Commanded and Permitted Wars", in M. Walzer *Law, Politics, and Morality in Judaism*, Princeton: Princeton University Press, 2006.

120. "On Fighting Terrorism Justly", *International Relations*, 2007.

121. "The Crime of Aggressive War", *Washington University Global Studies Law Review*, 2007.

122. "The Anomalies of Jewish Political Identity", in M. Halbertal and

D. Hartman *Judaism and the Challenges of Modern Life*, Continuum: New York, 2007.

123. "Can We Choose Politically Between Right and Left?" in W. Helmreich, M. Rosenblum, and D. Schimel *The Jewish Condition: Challenges and Responses*, New Brunswick, NJ: Transaction Publishers, 2008.

124. "The Moral Standing of States: A Response to Four Critics", in T. Pogge and K. Horton *Global Ethics: Seminal Essays*, Paragon House, 2008.

125. "On Promoting Democracy", *Ethics & International Affairs*, 2008.

126. "Israel: Civilians & Combatants", *The New York Review of Books*, 2009.

三　沃尔泽著作汉译本

127. ［美］迈克尔·沃尔泽：《正义诸领域：为多元主义与平等一辩》，褚松燕译，译林出版社 2002 年版。

128. ［美］迈克尔·沃尔泽：《论宽容》，袁建华译，上海人民出版社 2002 年版。

129. ［美］迈克尔·沃尔泽：《正义与非正义战争：通过历史实例的道德论证》，任辉献译，江苏人民出版社 2008 年版。

130. ［美］迈克尔·沃尔泽：《阐释和社会批判》，任辉献等译，江苏人民出版社 2010 年版。

131. ［美］迈克尔·沃尔泽等编：《犹太政治传统》第 1 卷，刘平等译，华东师范大学出版社 2011 年版。

132. ［美］迈克尔·沃尔泽等编：《犹太政治传统》第 2 卷，冯洁音译，华东师范大学出版社 2011 年版。

133. ［美］迈克尔·沃尔泽：《论战争》，任辉献等译，江苏人民出版社 2011 年版。

参考文献

一　外文文献

1. John Rawls, "Outline of a Decision Procedure for Ethics", *Philosophical Review*, vol. 60, 1951.

2. I. Howe and L. Coser, *The American Communist Party: A Critical History*, New York: Frederick A Praeger, 1962.

3. S. Beer, *British Politics in the Collectivist Age*, New York: Alfred Knopf, 1965.

4. I. Howe, *Beyond the New Left*, New York: The McCall Publishing Company, 1970.

5. Kai Nielsen, "Rationality and Relativism", *Philosophy and Social Science*, vol. 4, 1974.

6. Gilbert Harman, "Moral Relativism Defended", *Philosophical Review*, 1975.

7. R. Wasserstrom, "Review of Michael Walzer's Just and Unjust Wars: A Moral Argument with Historical Illustrations", *Harvard Law Review*, vol. 92, No. 2, 1978.

8. G. Doppelt, "Walzer's Theory of Morality in International Relations", *Philosophy and Public Affairs*, vol. 8, No. 1, 1978.

9. I. Howe, *Leon Trotsky*, New York: Viking Press, 1978.

10. Charles R. Beitz, *Political Theory and International Relations*, Princeton, NJ: Princeton University Press, 1979.

11. Norman Daniels, "Wide Reflective Equilibrium and Theory Acceptance in Ethics", *Journal of Philosophy*, vol. 76, 1979.

12. C. Beitz, "Bounded Morality: Justice and the State in World Politics", *International Organizations*, vol. 33, No. 3, 1979.

13. I. Howe, *Twenty-Five Years of Dissent: An American Tradition*, New York:

Methuen, 1979.

14. P. Steinfels, *The Neo-Conservatives: The Men Who Are Changing America's Politics*, New York: Simon & Schuster, 1979.

15. C. A. J. Coady, "The Leaders and the Led: Problems of Just War Theory", *Inquiry*, vol. 23, 1980.

16. D. Luban, "Just War and Human Rights", *Philosophy and Public Affairs*, vol. 9, No. 2, 1980.

17. Raymond Geuss, *The Idea of a Critical Theory: Habermas and the Frankfurt School*, New York: Cambridge University Press, 1981.

18. Brian Barry, "Review of Radical Principles", *Ethics*, vol. 92, 1982.

19. Stephen Hart, "Ethical Relativism, Left-Wing Politics", *Dissent*, vol. 29, 1982.

20. John Rawls, "Social Unity and Primary Goods", in A. Sen and B. Williams (eds.), *Utilitarianism and Beyond*, New York: Cambridge University Press, 1982.

21. I. Howe, *A Margin of Hope: An Intellectual Autobiography*, San Diego: Harcourt Brace Jovanovich, 1982.

22. T. Scanlon, "Contractualism and Utilitarianism", in A. Sen and B. Williams, *Utilitarianism and Beyond*, Cambridge: Cambridge University Press, 1982.

23. Ronald Dworkin, "To Each His Own", *New York Review of Books*, 1983.

24. Michael Walzer and Ronald Dworkin, "Spheres of Justice: An Exchange", *The New York Review of Books*, 1983.

25. T. D. Campbell, "Review of Spheres of Justice", *Philosophical Books*, vol. 25, 1984.

26. Christopher M. Coope, "Review of Spheres of Justice", *Journal of Applied Philosophy*, vol. 1, 1984.

27. William A. Galston, "Review of Spheres of Justice", *Ethics* vol. 94, 1984.

28. Barrie Paskins, "Review of Spheres of Justice", *Philosophy* vol. 59, 1984.

29. Michael Sandel, "Morality and the Liberal Ideal", *The New Republic*, 1984.

30. Allen Taylor, "Review of Spheres of Justice", *The Review of Metaphysics*, vol. 38, 1984.

31. M. Sandel, "The Procedural Republic and the Unencumbered Self", *Political Theory*, vol. 12, No. 1, 1984.

32. Wesley E. Cooper, "Review of Spheres of Justice", *Canadian Philosophical Review*, vol. 5, 1985.

33. Amy Gutmann, "Communitarian Critics of Liberalism", *Philosophy and Public Affairs*, vol. 14, 1985.

34. Thomas Morawetz, "Tension in 'the Art of Separation'", *Political Theory*, vol. 13, 1985.

35. John Rawls, "Justice as Fairness: Political not Metaphysical", *Philosophy and Public Affairs*, vol. 14, 1985.

36. Bernard Williams, *Ethics and the Limits of Philosophy*, Cambridge, Mass.: Harvard University Press, 1985.

37. I. Howe, *Socialism and America*, San Diego: Harcourt Brace Jovanovich, 1985.

38. John Rawls, "Justice as Fairness: Political Not Metaphysical", *Philosophy and Public Affairs*, vol. 14, No. 3, 1985.

39. Joshua Cohen, "Review of Spheres of Justice", *Journal of Philosophy*, 1986.

40. Lyle A. Downing and Robert B. Thigpen, "Beyond Shared Understanding", *Political Theory*, vol. 14, 1986.

41. Michael Howard, "Walzer's Socialism", *Social Theory and Practice*, vol. 12, 1986.

42. Tracey B. Strong, "Review of Exodus and Revolution", *Political Theory*, vol. 14, 1986.

43. Iris Marion Young, "The Ideal of Community and the Politics of Difference", *Social Theory and Practice*, vol. 12, 1986.

44. A. Bloom, *Prodigal Sons: The New York Intellectuals and Their World*, Oxford: Oxford University Press, 1986.

45. J. Cohen, "Book Reviews: Spheres of Justice: A Defense of Pluralism and Equality", *The Journal of Philosophy*, vol. 83, No. 8, 1986.

46. T. Cooney, *The Rise of the New York Intellectuals: Partisan Review and Its Circle, Madison: The University of Wisconsin Press*, 1986.

47. Frank Cunningham, *Democratic Theory and Socialism*, New York: Cambridge University Press, 1987.

48. Stephen L. Darwall, "How Nowhere Can You Get (and Do Ethics)?" *Ethics*, vol. 98, 1987.

49. Charles E. Larmore, *Patterns of Moral Complexity*, New York: Camnbridge University Press, 1987.

50. Chantal Mouffe, "Rawls: Political Philosophy Without Politics", *Philosophy and Social Criticism*, vol. 13, 1987.

51. Susan Moller Okin, "Justice and Gender", *Philosophy and public Affairs*, vol. 16, 1987.

52. John Rawls, "The Idea of An Overlapping Consensus", *Oxford Journal of Legal Studies*, vol. 7, 1987.

53. Arthur Ripstein, "Foundationalism in Political Theory", *Philosoohy and Public Affairs*, vol. 16, 1987.

54. John R. Wallach, "Liberals, Communitarians and the Tasks of Political Theory", *Political Theory*, vol. 15, 1987.

55. A. Wald, *The New York Intellectuals: The Rise and Decline of the Anti-Stalinist Left from the 1930s to the 1980s*, Chapel Hill: The University of North Carolina Press, 1987.

56. IsaiahBerlin, "On the Pursuit of the Ideal", *New York Review of Books*, 1988.

57. Ruth W. Grant, "Review of Interpretation and Social Criticism", *The Journal of Politics*, vol. 50, 1988.

58. Will Kymlicka, "Liberalism and Communitarianism", *Canadian Journal of Philosophy*, vol. 18, 1988.

59. Chantal Mouffe, "American Liberalism and its Critics: Rawls, Taylor, Sandel and Walzer", *Praxis International*, vol. 8, 1988.

60. Mark H. Roelofs, "Liberation Theology: The Recovery of Biblical Radicalism", *American Political Science Review*, vol. 82, 1988.

61. Bernard Rosen, "Review of Interpretation and Social Criticism", *Journal of*

Higher Education, 1988.

62. Jeffrey Stout, *Ethics After Babel*: *The Languages of Morals and their Discontents*, Boston: Beacon Press, 1988.

63. Michael Weiler, "Review of Interpretation and Social Criticism", *Quarterly Journal of Speech*, vol. 74, 1988.

64. David Zaret, "Review of Interpretation and Social Criticism", *Contemporary Sociology*: *An International Journal of Reviews*, vol. 17, 1988.

65. Allen E. Buchanan, "Assessing the Communitarian Critique of Liberalism", *Ethics*, vol. 99, 1989.

66. William A. Galston, "Pluralism and Social Unity", *Ethics*, vol. 99, 1989.

67. Amy Gutmann, "The Central Role of Rawls's Theory", *Dissent* vol. 36, 1989.

68. Don Herzog, "Up Toward Liberalism", *Dissent*, vol. 36, 1989.

69. Will Kymlicka, "Liberal Individualism and Liberal Neutrality", *Ethics*, vol. 99, 1989.

70. Kai Nielsen, *Marxism and the Moral Point of View*, Boulder, Colorado: Westview Press, 1989.

71. Alan Ryan, "Communitarianism: the Good, the Bad and the Muddly", *Dissent*, vol. 36, 1989.

72. R. Beiner, *What's the Matter with Liberalism*? Berkeley and Los Angeles: University of California Press, 1992.

73. G. Warnke, *Justice and Interpretation*, Cambridge: MIT Press, 1993.

74. H. Wilford, *The New York Intellectuals*: *From vanguard to institution*, Manchester: Manchester University Press, 1995.

75. J. Andre, "Blocked Exchanges: A Taxonomy", in D. Miller and M. Walzer, *Pluralism*, *Justice*, *and Equality*, Oxford: Oxford University Press, 1995.

76. R. Arneson, "Against 'Complex' Equality", in D. Miller and M. Walzer *Pluralism*, *Justice*, *and Equality*, Oxford: Oxford University Press, 1995.

77. B. Barry, "Spherical Justice and Global Injustice", in D. Miller and M. Walzer, *Pluralism*, *Justice*, *and Equality*, Oxford: Oxford University Press, 1995.

78. J. Carens, "Complex Justice, Cultural Difference, and Political Community", in D. Miller and M. Walzer, *Pluralism, Justice, and Equality*, Oxford: Oxford University Press, 1995.

79. S. Okin, "Politics and the Complex Inequality of Gender", in D. Miller and M. Walzer *Pluralism, Justice, and Equality*, Oxford: Oxford University Press, 1995.

80. M. Rustin, "Equality in Post-Modern Times", in D. Miller and M. Walzer, *Pluralism, Justice, and Equality*, Oxford: Oxford University Press, 1995.

81. A. Gutmann and D. Thompson, *Democracy and Disagreement*, Cambridge: Harvard University Press, 1996.

82. M. Ruthven, *Islam: A Very Short Introduction*, Oxford: Oxford University Press, 1997.

83. M. Bevir, *The Logic of the History of Ideas*, Cambridge: Cambridge University Press, 1999.

84. K. Waltz, "Globalization and Governance", *Political Science & Politics*, vol. 32, No. 4, 1999.

85. I. Young, *Inclusion and Democracy*, Oxford: Oxford University Press, 2000.

86. R. Jacoby, *The Last Intellectuals: American Culture in the Age of Academe*, New York: Basic Books, 2000.

87. B. Orend, *Michael Walzer on War and Justice*, Cardiff: University of Wales Press, 2000.

88. B. Orend, *War and International Justice: A Kantian Perspective*, Wilfried Laurier University Press, 2000.

89. B. Orend, "Justice After War", *Ethics and International Affairs*, vol. 16, No. 1, 2002.

90. H. Richardson, *Democratic Autonomy: Public Reasoning About the Ends of Policy*, New York: Oxford University Press, 2002.

91. M. Bevir, "From Idealism to Communitarianism: The Inheritance and Legacy of John Macmurray", *History of Political Thought XXIV*, No. 2, 2003.

92. G. Sorin, *Irving Howe: A Life of Passionate Dissent*, New York: New York University Press, 2005.

93. A. Ravitzky, "Prohibited Wars", in M. Walzer *Law, Politics, and Morality in Judaism*, Princeton: Princeton University Press, 2006.

94. I. Howe, "Socialism and Liberalism: Articles of Conciliation", in N. Jumonville, *The New York Intellectuals Reader*, New York and Oxford: Routledge, 2007.

95. N. Jumonville, *The New York Intellectuals Reader*, New York and Oxford: Routledge, 2007.

96. T. Reiner, "Texts as Performances: How to Reconstruct Webs of Beliefs from Expressed Utterances", *Journal of the Philosophy of History*, vol. 3, 2009.

97. M. Hulliung, *The American Liberal Tradition Reconsidered: The Contested Legacy of Louis Hartz*, Lawrence, KA: University Press of Kansas, 2010.

98. M. Stears, *Demanding Democracy: American Radicals in Search of a New Politics*, Princeton: Princeton University Press, 2010.

二　中文文献

1. ［法］卢梭：《社会契约论》，何兆武译，商务印书馆 1980 年版。

2. ［美］巴林顿・摩尔：《民主和专制的社会起源》，拓夫等译，华夏出版社 1987 年版。

3. 万俊人：《现代西方伦理学史》，北京大学出版社 1992 年版。

4. ［美］列奥・施特劳斯等编著：《政治学说史》，李天然等译，河北人民出版社 1993 年版。

5. 韩震：《当代西方的另一种正义理论》，《哲学动态》1994 年第 4 期。

6. ［美］梯利：《西方哲学史》，葛力译，商务印书馆 1995 年版。

7. ［美］麦金太尔：《谁之正义？何种合理性？》，万俊人等译，当代中国出版社 1996 年版。

8. ［美］莱因霍尔德・尼布尔：《道德的人与不道德的社会》，蒋庆等译，贵州人民出版社 1998 年版。

9. 俞可平：《社群主义》，中国社会科学出版社 1998 年版。

10. ［美］J. 范伯格：《自由、权利和社会正义》，王守昌等译，贵州人民出版社 1998 年版。
11. 刘军宁等编：《自由与社群》，生活・读书・新知三联书店 1998 年版。
12. 李强：《自由主义》，中国社会科学出版社 1998 年版。
13. ［德］马克斯・韦伯：《社会科学方法论》，李秋零等译，中国人民大学出版社 1999 年版。
14. ［美］麦金太尔：《三种对立的道德探究观》，万俊人等译，商务印书馆 1999 年版。
15. ［英］休谟：《道德原理探究》，王淑芹译，中国社会科学出版社 1999 年版。
16. 应奇：《当代政治哲学的三足鼎立》，《国外社会科学》1999 年第 3 期。
17. ［法］贡斯当：《古代人的自由与现代人的自由》，阎克文等译，商务印书馆 1999 年版。
18. 徐大同等：《当代西方政治思潮》，天津人民出版社 2001 年版。
19. 何包钢：《沃尔泽的多元正义理论评析》，《二十一世纪》2001 年第 8 期。
20. 徐友渔：《当代西方政治哲学的若干理论》，《国外社会科学》2001 年第 5 期。
21. 慈继伟：《正义的两面》，生活・读书・新知三联书店 2001 年版。
22. ［美］迈克尔・桑德尔：《自由主义与正义的局限》，万俊人译，译林出版社 2001 年版。
23. ［美］纳坦・塔科夫：《为了自由：洛克的教育思想》，邓文正译，生活・读书・新知三联书店 2001 年版。
24. ［美］查尔斯・泰勒：《黑格尔》，张国清等译，译林出版社 2002 年版。
25. 顾肃：《当代自由主义对社群主义理论挑战的回应》，《哲学动态》2002 年第 11 期。
26. ［荷］伯纳德・曼德维尔：《蜜蜂的寓言》，肖聿译，中国社会科学出版社 2002 年版。
27. ［美］托马斯・库恩：《科学革命的结构》，金吴伦等译，北京大学出版社 2003 年版。
28. ［德］克劳塞维茨：《战争论》，钮先钟译，广西师范大学出版社 2003

年版。

29. ［德］卡尔·施密特：《政治的概念》，刘小枫等译，上海人民出版社 2003 年版。
30. 徐贲：《分配正义和群体认同：社会正义在中国》，《当代中国研究》2003 年第 4 期。
31. 徐贲：《战争伦理和群体认同分歧》，《伦理学》2003 年第 10 期。
32. 张传有：《正义的困境》，《山东大学学报》2003 年第 4 期。
33. 顾肃：《自由主义基本理念》，中央编译出版社 2003 年版。
34. ［英］昆廷·斯金纳：《自由主义之前的自由》，李宏图译，上海三联书店 2004 年版。
35. ［英］布莱恩·巴里：《正义诸理论》，孙晓春等译，吉林人民出版社 2004 年版。
36. ［英］安东尼·阿巴拉斯特：《西方自由主义的兴衰》，曹海军等译，吉林人民出版社 2004 年版。
37. ［美］蒯因：《语词和对象》，陈启伟等译，中国人民大学出版社 2005 年版。
38. ［美］普特南：《实在论的多副面孔》，冯艳译，中国人民大学出版社 2005 年版。
39. ［英］昆廷·斯金纳、［瑞典］斯特拉思：《国家与公民：历史、理论、展望》，彭利平译，华东师范大学出版社 2005 年版。
40. ［芬兰］凯瑞·帕罗内：《昆廷·斯金纳思想研究》，李宏图等译，华东师范大学出版社 2005 年版。
41. ［加］威尔·金里卡：《自由主义、社群与文化》，应奇等译，上海译文出版社 2005 年版。
42. 马晓燕：《沃尔泽多元主义正义标准及其局限：女性主义的一种批判视角》，《中华女子学院学报》2005 年第 5 期。
43. 张秀：《两个国家、两种多元正义论：M. 沃尔泽与 D. 米勒多元主义正义论之初步比较》，《哈尔滨学院学报》2005 年第 6 期。
44. ［美］威瑟斯布恩等：《多维视界中的维特根斯坦》，郝亿春等译，华东师范大学出版社 2005 年版。
45. ［美］戴维·米勒：《社会正义原则》，应奇译，江苏人民出版社 2005 年版。

46. ［德］奥特弗利德·赫费：《政治的正义性》，庞学铨等译，上海译文出版社 2005 年版。
47. 欧阳英：《走进西方政治哲学》，中央编译出版社 2005 年版。
48. 龚群：《罗尔斯政治哲学》，商务印书馆 2006 年版。
49. ［英］昆廷·斯金纳：《近代英国政治话语》，潘兴明等译，华东师范大学出版社 2006 年版。
50. 高信奇：《沃尔泽的多元正义论探析》，《科技经济市场》2006 年第 5 期。
51. 张艳婉：《当代西方的正义新路：沃尔泽多元正义论浅析》，《哈尔滨学院学报》2006 年第 2 期。
52. 张秀：《两种多元主义正义论的比较：迈克尔·沃尔泽与戴维·米勒正义理论的异同思考》，《社会科学家》2006 年第 1 期。
53. ［法］埃利·哈列维：《哲学激进主义的兴起》，曹海军等译，吉林人民出版社 2006 年版。
54. ［德］克劳斯·奥菲：《福利国家的矛盾》，郭忠华等译，吉林人民出版社 2006 年版。
55. ［英］约瑟夫·拉兹：《自由的道德》，孙晓春等译，吉林人民出版社 2006 年版。
56. ［美］施特劳斯等：《回归古典政治哲学》，朱雁冰等译，华夏出版社 2006 年版。
57. ［美］本杰明·巴伯：《强势民主》，彭斌等译，吉林人民出版社 2006 年版。
58. ［英］史蒂芬·缪哈尔、亚当·斯威夫特：《自由主义者与社群主义者》，孙晓春译，吉林人民出版社 2007 年版。
59. 张书元、石斌：《沃尔泽的正义战争论述评：兼论美国学术理论界有关海外军事干涉的思想分野》，《美国研究》2007 年第 3 期。
60. 姚大志：《何谓正义：当代西方政治哲学研究》，人民出版社 2007 年版。
61. ［美］雅各比：《乌托邦之死》，姚建彬译，新星出版社 2007 年版。
62. ［美］罗纳德·德沃金：《原则问题》，张国清译，江苏人民出版社 2008 年版。
63. ［美］罗纳德·德沃金：《认真对待权利》，信春鹰、吴玉章译，上海三联书店 2008 年版。

64. ［英］洛克：《政府论》下篇，叶启芳等译，商务印书馆 2008 年版。
65. ［英］约翰·密尔：《密尔论民主与社会主义》，胡勇译，吉林出版集团有限责任公司 2008 年版。
66. 曹瑞涛：《多元时代的"正义方舟"》，浙江大学出版社 2008 年版。
67. ［美］迈克尔·桑德尔：《民主的不满：美国在寻求一种公共哲学》，曾纪茂译，江苏人民出版社 2008 年版。
68. 陈应春：《多元的正义复合的平等：沃尔泽正义观解读》，《理论界》2008 年第 4 期。
69. 哈刚：《沃尔泽多元主义正义观及其局限》，《宁夏党校学报》2008 年第 5 期。
70. 翁祖彪：《复合平等理论及其对转型期中国的借鉴意义：读沃尔泽〈正义诸领域〉有感》，《中国农业大学学报（社会科学版）》2008 年第 4 期。
71. ［美］罗伯特·诺齐克：《无政府、国家和乌托邦》，姚大志译，中国社会科学出版社 2008 年版。
72. ［美］马克·里拉：《维柯：反现代的创生》，张小勇译，新星出版社 2008 年版。
73. ［英］戴维·罗斯：《正当与善》，林南译，上海译文出版社 2008 年版。
74. ［美］约翰·罗尔斯：《正义论》（修订版），何怀宏等译，中国社会科学出版社 2009 年版。
75. ［美］詹姆逊：《单一的现代性》，王逢振译，中国人民大学出版社 2009 年版。
76. ［古希腊］亚里士多德：《政治学》，吴寿彭译，商务印书馆 2009 年版。
77. ［美］房龙：《宽容》，张蕾芳译，译林出版社 2009 年版。
78. 何霜梅：《正义与社群》，人民出版社 2009 年版。
79. ［法］托克维尔：《论美国的民主》，董果良译，商务印书馆 2009 年版。
80. ［美］理查德·罗蒂：《后形而上学希望》，张国清译，上海译文出版社 2009 年版。
81. ［美］理查德·罗蒂：《哲学的场景》，王俊等译，上海译文出版社 2009 年版。
82. ［美］乔治·萨拜因：《政治学说史》，邓正来译，上海人民出版社

2009 年版。
83. ［美］阿拉斯戴尔·麦金太尔：《伦理学简史》，龚群译，商务印书馆 2010 年版。
84. 韩升：《生活于共同体之中：查尔斯·泰勒的政治哲学》，中国社会科学出版社 2010 年版。
85. ［英］约翰·密尔：《论自由》，顾肃译，译林出版社 2010 年版。
86. ［英］休谟：《论道德原理 论人类理智》，周晓亮译，译林出版社 2010 年版。
87. ［美］托马斯·内格尔：《本然的观点》，贾可春译，中国人民大学出版社 2010 年版。
88. 徐清飞：《求索正义：罗尔斯正义理论发展探究》，法律出版社 2010 年版。
89. ［美］涛慕思·博格：《罗尔斯：生平与正义理论》，顾肃等译，中国人民大学出版社 2010 年版。
90. ［美］涛慕思·博格：《康德、罗尔斯与全球正义》，刘莘等译，上海译文出版社 2010 年版。
91. 文长春：《正义：政治哲学的视界》，黑龙江大学出版社 2010 年版。
92. 徐贲：《通往尊严的公共生活》，新星出版社 2010 年版。
93. 包利民：《古典政治哲学史论》，人民出版社 2010 年版。
94. ［美］阿拉斯戴尔·麦金太尔：《追寻美德》，宋继杰译，译林出版社 2011 年版。
95. 张容南：《一种解释学的现代性话语：查尔斯·泰勒论现代性》，上海人民出版社 2011 年版。
96. ［印］阿玛蒂亚·森、［英］伯纳德·威廉姆斯编：《超越功利主义》，梁捷等译，复旦大学出版社 2011 年版。
97. ［英］亚当·斯密：《道德情操论》，宋德利译，译林出版社 2011 年版。
98. ［美］约翰·罗尔斯：《政治自由主义》（增订版），万俊人译，译林出版社 2011 年版。
99. ［美］约翰·罗尔斯：《政治哲学史讲义》，杨通进等译，中国社会科学出版社 2011 年版。
100. ［美］约翰·罗尔斯：《万民法》，张晓辉等译，吉林人民出版社 2011 年版。

101. 杨伟清：《正当与善：罗尔斯思想中的核心问题》，人民出版社 2011 年版。

102. ［英］昆廷·斯金纳：《现代政治思想的基础》，奚瑞森等译，译林出版社 2011 年版。

103. ［美］亚当·普热沃尔斯基：《资本主义与社会民主》，丁韶彬译，中国人民大学出版社 2012 年版。

104. ［美］达尔：《论民主》，李风华译，中国人民大学出版社 2012 年版。

105. ［英］哈罗德·拉斯基：《欧洲自由主义的兴起》，林冈等译，中国人民大学出版社 2012 年版。

106. ［英］约翰·基恩：《全球公民社会》，李勇刚译，中国人民大学出版社 2012 年版。

107. ［意］克罗齐：《历史学的理论和历史》，田时纲译，中国人民大学出版社 2012 年版。

108. ［荷］佩西·莱宁：《罗尔斯政治哲学导论》，孟伟译，人民出版社 2012 年版。

109. 刘贺青：《罗尔斯国际政治思想研究》，上海大学出版社 2012 年版。

后　记

本书是由我的博士学位论文修改而来的，伴着一路的希冀与探索走来。落笔之际，回眸论文的萌发与写作，忆及期间的学习和生活，多年努力，甘苦自知。

我的博士论文是在浙江大学哲学系完成的，我在这里接受了严格而系统的学术训练。感谢我的导师张国清教授，张教授长期从事西方政治哲学的翻译和研究工作，我庆幸能够师从先生。先生严谨而务实的治学态度、大气而开阔的理论品格、博学而独到的知识结构让我受益很多。每每回想和先生在一起的场景，无不为先生的博学和深刻而肃然起敬！在论文的写作过程中，先生悉心教诲，带我一次次走出迷茫与困惑，其情其景终生难忘！攻读博士的时间一晃而过，很多事却刻骨铭心。而其之所以如此，就是先生对我的关切使然！当我因学习和生活中的某些事而苦恼时，先生总是给予无私的关怀和帮助。我为拥有这样一位导师而深感自豪！人生或许是多变的，但这份情感永远不会变！

本书的完成也是与很多人士和机构的帮助分不开的。在此，我要对浙江大学人文学院的应奇教授、杨大春教授、包利民教授、庞学铨教授、王志成教授以及公共管理学院的毛丹教授、高力克教授等表示衷心的感谢。他们深刻而富有远见的学术观点及对后学者的宽容和鼓励，都将对我今后的研究产生影响。本书的出版得到浙江省社科联的大力支持和资助。同时，本书的完成离不开对众多前辈学者研究成果的吸收和借鉴，他们对知识的辛勤耕耘为后学者开辟了前进的道路。

本书能在中国社会科学出版社出版，是我的荣幸。他们卓越而有成效的工作是我学习的榜样。

最后，感谢亲人对我的一贯支持和鼓励！

刁小行

2014 年 5 月